U0538485

國立臺灣師範大學歷史學系研究叢書（05）

清代司法實務中的錯誤
——以《刑案匯覽・毆期親尊長》為中心

王學倫　著

秀威資訊科技股份有限公司

本書承蒙

國立臺灣師範大學歷史學系
教師及研究生學術論著補助出版

「國立臺灣師範大學歷史學系研究叢書」出版緣起

本研究叢書之出版，緣於本系對捐（募）款運用方式之思考。

本系向有師長捐款，多指定獎學金或論文出版用途。近年系友捐款，則多表示由本系自由運用。本系鑒於捐款意義深長，為使其發揮最大效益，決定制定使用規範。2011年1月14日系務會議上初次通過〈國立臺灣師範大學歷史學系捐（募）款使用辦法〉，規定除捐款者指定用途外，捐、募各款得使用於補助本系出版、研究生論文發表獎勵、演講、學術會議等學術活動。2013年10月18日進一步通過〈國立臺灣師範大學歷史學系教師及研究生學術論著出版補助實施要點〉，嗣後略有修訂。至2018年1月12日，系務會議決定將補助出版專書作成系列，並以「國立臺灣師範大學歷史學系研究叢書」名之。

本系原有「郭廷以獎學金」補助專書出版，以研究生學位論文為限，每年大約僅能擇一出版。「國立臺灣師範大學歷史學系研究叢書」擴大獎助範圍，期能提升本系學術風氣，鼓動研究量能。舉凡本系教師未曾出版或接受其他機構獎助出版之學術論著，或本系研究生畢業後二年內未曾出版或接受其他機構獎助出版之學位論文，皆可提出申請，經由審查機制核可出版。

本系創系以來，即以發展學術自期。本系前輩致力於此，卓然有成。我輩理當踵厲發揚，為知識累積繼續貢獻一方之力。藉由出版，本系學術研究成果得以公諸大眾，激盪更多思想火花，創造更多對話空間。「國立臺灣師範大學歷史學系研究叢書」出版前夕，謹在此略敘緣起，並對捐助者致上最深謝忱。

國立臺灣師範大學歷史學系系主任　陳惠芬

2018年10月

6 清代司法實務中的錯誤──以《刑案匯覽‧毆期親尊長》為中心

推薦序
用繡花針勾串歷史的幽微處

　　在法學領域中的法制史研究議題，曾有過「虛學」與「實學」的爭論。其爭點是：法律系的學生畢業後絕大部分都準備從事司法實務工作，而法制史研究往往被視為「虛學」而不是「實學」，所以法律系的學生不太讀法制史。特別是國家公務員考試取消「中國法制史」之後，法制史更被視為冷門學科。另一方面，歷史系的學生也不太讀法制史，因為害怕自己的法學素養不夠，專業訓練不足。兩科系的人都有其對法制史研究的疑慮，因此法制史研究相對於其他領域就顯得比較不受重視。

　　本書作者學倫君同時具有歷史系與法律系雙學位，因其法學訓練的基礎，加上對歷史研究的熱愛，決定選擇以法制史作為研究課題，遂而擁有比歷史系或法律系研究生更多優勢可以從事法制史研究。呈現在讀者面前的這本書，就是他投入這個領域的初步成果，而這個成果獲得了法學界和歷史學界師長的雙重肯定，成為更強化他繼續邁向學術之路前進的信心。

　　個人從事法制史研究已逾三十年，長期關注動態法制史的研究取向，因而對於個案研究也特別有興趣。正因如此，總覺得成書於清代的《刑案匯覽》是一部擁有豐富司法素材，可以好好運用、發揮的好史料。當學倫君確定要研究中國法制史，並與我商議研究課題時，我認為以他的法學素養和歷史學訓練，一定可以在《刑案匯覽》這部紀載各種疑案的案例彙編中找到合適的題目揮灑。我同時也提示或許可以關注有關司法實務上的「錯誤」問題和糾錯機制。這是個人最初的粗糙想法，但學倫君做出了更加細緻而周密的個案研究，並且遠超乎

我預期的成果,正所謂青出於藍而勝於藍,令人感到相當欣慰。

在詳細閱讀《刑案匯覽》之後,學倫君為了有效聚焦,並且可以更深入討論個案,決定以〈清代司法實務中的錯誤—以《刑案匯覽‧毆期親尊長》為中心〉為題,細膩地分析清代司法實務中有關毆期親尊長案件所涉及的錯誤。

當我們談到司法審判的「錯誤」時,很自然想到「事實的辨明」和「法條的適用」的錯誤。但學倫君所處理的課題遠比這樣的思維還複雜許多。

一方面因為他置身於無數的司法個案中,又聚焦在與身分有關的犯罪。在古代中國司法審判中,只要涉及身分問題,往往使案件本身變得更加複雜難解,而引發諸多爭端,這就逼使學倫君必須走向更錯綜的分析之路,而這也是他選擇以「毆期親尊長」作為研究課題的初衷,這樣的選擇也彰顯他不畏艱難、不怕挑戰的學術心態。

另一方面,學倫君固然也對動態法制史研究深感興趣,但他更想探析靜態法條與動態實務之間應如何勾串與檢討,並從中理解法律變遷中所反映的社會現況與實際需求,這又使得他不能僅僅關注個案,而更要留意在司法實踐過程中,司法官員如何從中檢討法條的效用,乃至於注意到律與例可能存在的衝突等等複雜的法律議題。

這兩條線的工作都相當艱鉅,卻促使學倫君走出一條更加深邃的研究之路。他有條不紊的開始進行史料分析;層次井然的鋪排論文結構;在錯誤、糾錯與法律條文之間穿梭,開展嚴謹的論述。特別是看他分析司法個案,其手法精妙,宛如拿著繡花針在法律與歷史之間進行勾串,讓歷史幽微處能獲得彰顯;司法疑案能獲得合理解釋;法律與社會變遷也同時獲得關照。這樣微妙的手法,使得這本充滿學術味的著作,有了趣味盎然的意蘊,讓讀者很自然被其中的個案分析所吸引,並逐漸走入作者所織就出來的清代法制之網,綿密而緊實、豐富而多彩,因而自然發出驚嘆與讚賞。我個人也因而受益良多,這正是教學相長的範例。作為本書的最早讀者之一,深悉本書的精妙之處,

但卻又未必能以文字具體表達，相信讀者必定可以從中獲得更深體會。是為序。

陳登武

2024年8月8日

寫於客座德國明斯特大學

清代司法實務中的錯誤──以《刑案匯覽・毆期親尊長》為中心

自序

　　當我開始撰寫學位論文時，從未料想到會有一天能夠出版成書。如今這一切成真，不僅是對我個人努力的肯定，更是一種榮譽和驚喜。

　　我自認從以前到現在，都不是一個聰明人，正是因為得到許多貴人的相助，才有今天的成就。這本書的出版，首先要感謝我的指導教授陳登武老師，他一直非常尊重我的書寫方法及方向，並給予無私的支持和指導。感謝陳惠馨老師和江存孝老師，針對本書提供法學界的專業觀點，使我能夠更好地完善和深化我的研究。

　　這本書探討清代《刑案匯覽・毆期親尊長門》記載的錯誤案件，對這些案件進行分類，強調錯誤類型的區分，並以說帖事實為標準，指出刑部或律例館官員認為下級審斷案錯誤的地方。法律推理部分則注重律和例實際的適用結果，特別是遇到疑難案情時，刑部論處的方法。

　　這本書的獨到之處在於研究方法，嘗試融合歷史學與法學的知識，重新詮釋這兩門學問的跨領域整合，希冀在人文社會科學研究中展現新穎性。透過對案例的整理及分析，我試圖揭示在清代司法體系中，親屬犯罪案件的錯誤如何發生以及其背後的社會背景和法律意義。

　　即便到現在，我仍在努力尋找史學和法學之間的平衡，如何更好地呈現這些研究成果，或許是我在出版這本書之際，可以繼續思考和進步的地方。此外，我也要感謝碩士畢業後接觸的體育界，持續讓我學習不同的領域，拓展我的視野。

　　最後，感謝我的父母，雖然他們不清楚學術是什麼，但一路支持我的進修之路，這份支持是我不斷前行的最大動力。另外，現在學術專著出版非常不容易，需要很多人的協助。感謝秀威出版的人玉編輯

和雋恆小姐，在眾多稿件裡，願意花時間幫助拙作出版。

　　這本書的出版只是一個起點。我希望它能夠為學術界和所有對清代法律史感興趣的讀者提供參考價值，也希望它能夠引發更多關於清代司法錯誤和法律實踐的研究和討論。

　　謹以此書，獻給所有熱愛歷史和法律研究的人，感謝自己的努力，更感謝這些伯樂們。

學倫　筆

2024年7月21日

目　錄

「國立臺灣師範大學歷史學系研究叢書」出版緣起／陳惠芬 5
推薦序　用繡花針勾串歷史的幽微處／陳登武……………… 7
自序……………………………………………………………… 11

第一章　緒論 ……………………………………………… 17
　　第一節　研究動機 ………………………………………… 17
　　第二節　清代審判制度概論及裁判實態舉隅 …………… 19
　　第三節　研究回顧 ………………………………………… 25
　　第四節　研究方法 ………………………………………… 44

第二章　毆期親尊長的律例規定 ………………………… 47
　　第一節　毆期親尊長律例的沿革 ………………………… 48
　　第二節　修法爭議：「聽從尊長毆死次尊仍尊本律」的探討 74
　　第三節　小結 ……………………………………………… 108

第三章　刑部「毆期親尊長門」案件的類型 …………… 109
　　第一節　誤傷誤斃期親尊長 ……………………………… 114
　　第二節　聽從親屬或他人為之的犯罪 …………………… 127

第三節　救護情切和有心無心相關案件 …………………… 144
　　　第四節　小結 ……………………………………………………… 165

第四章　刑部對司法審理的法律推理 ……………………………… 167
　　　第一節　律例和成案間的適用 ………………………………… 170
　　　第二節　罪名的減輕加重 ……………………………………… 206

第五章　結論 ………………………………………………………………… 241

徵引書目 ……………………………………………………………………… 249

表目錄

表2-1-1	明律律上註「姐妹出嫁兄弟爲人後」律學家之解釋	54
表2-1-2	明律律文「外孫外祖父母」律學家之解釋	55
表2-1-3	清代「毆期親尊長門」律文構成要件和法律效果	62
表2-1-4	清律「毆期親尊長」律文演變	66
表2-1-5	明清律學家對明例「毆期親尊長」之見解	68
表2-1-6	清代「毆期親尊長門」13條例文描述的犯罪情狀	71
表2-2-1	毆大功以下尊長「聽從下手」例文變遷	79
表2-2-2	毆期親尊長「卑幼聽從尊長共毆止科傷罪」例文變遷	81
表2-2-3	刑部說帖有關通查秋審新舊服制個案比較表	88
表2-2-4	《刑案匯覽》「卑幼聽從尊長共毆以次期親尊長」案件	105
表3-1-1	《刑案匯覽》「弟因劈柴下手稍偏誤殺胞兄」相關案件	124
表3-1-2	《刑案匯覽》「誤傷誤斃期親尊長」案件類型	126
表3-2-1	《刑案匯覽》「聽從父親命令毆殺期親尊長」案件類型	133
表3-2-2	《刑案匯覽》「聽從母親命令毆殺期親尊長」案件類型	139
表3-2-3	《刑案匯覽》「聽從卑幼和他人命令毆殺期親尊長」類型	143
表3-3-1	《刑案匯覽》「情急和可矜憫」應夾簽類型案件	148
表3-3-2	《刑案匯覽》「情急和可矜憫」不准夾簽類型案件	153
表3-3-3	《刑案匯覽》「有心嚇戳無心抵戳分別夾簽」說帖比較	161
表3-3-4	《刑案匯覽》道光二年和十二年「有心無心」類型案件	164
表4-1-1	《刑案匯覽》卑幼銃傷期親尊長其餘案件說帖比較	188
表4-1-2	「毆期親尊長門」有心干犯與刃傷夾簽的例文變遷	204
表4-2-1	《刑案匯覽》卑幼毆傷期親尊長傷後平復相關案件比較	215
表4-2-2	期親尊長殺死爲匪卑幼的例文變遷	222
表4-2-3	尊長殺死有罪卑幼案件說帖比較	226
表4-2-4	同族者殺死有罪卑幼相關案件說帖比較	232
表4-2-5	族長殺死有罪卑幼相關案件說帖比較	238

圖目錄

圖1-1　乾隆十一年（1746）刑部附屬律例館與十三司法律意見交流　36

第一章　緒論

第一節　研究動機

「錯誤」在現實生活中十分常見,而「錯誤」在法律上的意義、評價也是法學界常關注的議題。從實體法,特別是刑法學的觀點來看,若行為人主觀上的認識跟客觀上發生的不一致,便是「錯誤」。

討論法律上的錯誤前,首先要具備的基本認知是,「所知」與「所欲」乃故意的成立要件,行為人對犯罪行為有所認識,而決意或容任其發生,這時法律就會予以處罰。從現代刑法的脈絡來看,行為人的主觀認識與客觀上發生的事實,兩者間具有密切關係,若主觀的認識與客觀的事實不符,會影響行為人的決意,發生錯誤,進而影響其刑事責任。[1]

至於程序法上的錯誤,以我國刑事訴訟法為例,足以構成上訴、非常上訴或再審之事由。[2]筆者在閱讀清代裁判史料《刑案匯覽》時,發現當中有多起被刑部,認為總督或巡撫審判錯誤、情罪未協的案件。尤其是親屬之間的犯罪,各有不同具體法律適用的狀況,進而引發筆者深究的興趣,遂以此作為題目發想。本文研究的主題既然是「錯誤」,綜合歷史學和法學後的定義自有先行釐清的必要。

從文義解釋的角度來看,司法實務中的「錯誤」,原則是指違反

---

[1] 參黃源盛,〈古今之間——唐律與台灣刑法中關於「錯誤」的規範及其法理〉,《政大法學評論》,126（臺北,2012.4）,頁1-56。

[2] 本文為歷史學論文,此現代法學的議題簡要論之。原則上,我國的審級制度以最高法院做為終審法院。然而,歷經長久的時間,為避免訴訟層級的肥大化,並非所有犯罪均能上訴第三審,上訴第三審的限制,可參考刑事訴訟法第376條、第377條以及第394條第1項本文的規定。相關論著可參柯耀程,〈限制三審上訴之規範檢討——評釋字第七五二號解釋〉,《月旦法學雜誌》,271（臺北,2017.12）,頁147-154。

法律規定的「錯誤判決」。排除學界對錯誤定義的爭論，本文探討的清代司法實務錯誤可以從兩個面向理解，廣義是指違反國家法、天理及人情的「錯誤判決」；狹義上僅指違反法律適用的「錯誤判決」。後者更強調法律適用的「對」與「錯」，不考慮案件涉及的其他不確定因素，以「法律」作為評價的準則，強調依法、按律斷案。[3]此外，在出現所謂「空白法律」時，審判者可以援引相似的案件或自行做解釋，以對法律漏洞進行填補或價值補充。[4]

本文採取的是廣義的錯誤定義，以涵蓋「錯誤」引發的各種議題。也因此，不採取法律學界所稱的「實體法／程序法」的二分模式。史料選用方面，選擇道光十四年（1834）成書的《刑案匯覽》，其收錄乾隆元年至道光十四年間（1736-1834），以刑部為審理主體的法律案件疑難總匯。[5]換句話說，是以「刑部認定的錯誤」為主軸研究。

筆者選擇以「司法實務錯誤」為主題進行研究的原因，首先，在清代中國的背景裡，刑部是除了皇帝，在司法實務裡具有最高審判權的司法機關，從中能理解刑部對不同案件的思考模式。其次，以清代刑部為研究主題的論著極為豐碩，故本文欲在這些論著的基礎上，嘗試進一步的討論。

選定研究的史料為《刑案匯覽》後，其收錄的案件範圍甚廣，有必要擇一主題進行研究。依據筆者統計與前人研究，《刑案匯覽》各門類裡，「威逼人致死」、「存留養親」、「殺死姦夫」等門的案

---

[3] 清代錯誤的定義與學說爭議，參呂姝潔，〈關於清代「有錯必糾」刑事司法原則的分析〉，《前沿》，391（內蒙古，2016.5），頁54-55。

[4] 此問題涉及現代刑法關於「空白刑法」的適用，包含空白刑法的填補規範變更屬於法律變更抑或是事實變更？參閱林鈺雄，《新刑法總則》（臺北：元照，2021），頁64-65。

[5] 《刑案匯覽》的相關介紹，參閱邱澎生，〈淺析《刑案匯覽》的知識史〉，《中研院歷史語言研究所法律史研究室2004年第九次研讀會》，頁1。另外，日本學者的清代刑事相關史料介紹，可見高遠拓兒，〈清代刑事裁判關連史料〉，收入〔日〕山本英史等編，《中国近世法制史料読解ハンドブック》（東京：東洋文庫，2019），頁239-276。

件數量較多,「毆期親尊長門」的案件為數亦不少。[6]前幾項門類已有相當豐碩的研究成果,故選擇「毆期親尊長」展開主題論述。需要強調的是,毆期親尊長涉及的議題廣且深,足以強烈彰顯在「服制量刑」原則下的傳統中國身分法議題。甚者,還能跟前述存留養親、殺死姦夫類型案件比較,進行更深層的分析。於是,本文擬就《刑案匯覽》毆期親尊長門案件進行探討,整理及分類刑部糾錯的類型,同時,觀察毆期親尊長門的實際律例適用。

第二節　清代審判制度概論及裁判實態舉隅

《刑案匯覽》既與刑名案件有關,則應先探討和說明清代的審判制度和機關,特別是訴訟程序。[7]清代的審級制度,依循州縣、府道、按察司、督撫、刑部、皇帝,由下而上逐漸分層。[8]徒刑以上的案件經過州縣初步審理後,不論當事人是否提起上訴,均需向上一級報告案情及擬判,同時將卷宗連同犯人,一併轉到上一審級進行再次審理,稱為「逐級審轉覆核制」。[9]地方訴訟程序由州縣負責,處理

---

[6] 前人研究的統計,參〔日〕小口彥太,〈清代中國の刑事裁判における成案の法源性〉,《東洋史研究》,45:2(京都,1986.9),頁289。第二大類的威逼人致死罪統計和分析,參王志強〈清代刑部的法律推理〉,收入氏著,《法律多元視角下的清代國家法》(北京:北京大學出版社,2003),頁68-70。

[7] 清代各司法機關的職能或特殊性,地方各官署的職能,參閱傅宗懋,〈清代司法制度概述〉,收入氏著,《清制論文集(下)》(臺北:臺灣商務印書館,1977),頁297-306。

[8] 此為原則,例外的情行為清代初期,涉及駐防民人和旗人的案件,此時由都統會同總督提奏。在新疆則由巡撫會同伊犁將軍題奏。見〔清〕崑岡等修,《大清會典事例‧光緒朝》,《續修四庫全書》,第810冊(上海:上海古籍出版社,1997),卷55,〈刑部〉,頁3b。

[9] 審轉制度的介紹,參閱王泰升,〈論清朝地方衙門審案機制的運作——以《淡新檔案》為中心〉,《中央研究院歷史語言研究所集刊》,第86本第2分(臺北,2015.6),頁421-469。

民間細事；至於人命和竊盜、強盜等處徒刑之案，會至督撫。流刑至刑部，死刑則由三法司處理。[10]

至於審轉制度的機能，上級審判機關透過審轉，對下級機關審理的案件進行監督，若下級審有適用法律錯誤、事實認定錯誤的情狀，則予以改判或駁回，稱為「部駁」或「院駁」。[11]透過這樣的制度，將各審級串連，以達成連貫和清楚的司法審級體系。[12]審判機關方面，清代的中央司法審判機關為「三法司」，意指刑部、大理寺、都察院。三者之中，刑部最具實質和最高的司法審判權，惟在遇到某些特殊類型的案件時，需大理寺的覆核與都察院的監督。意即若刑部審理不當，大理寺可以駁回更審；若刑部與大理寺的認識有重大違誤，則都察院有權彈劾。[13]此外，約從雍正年間（1723）開始，審轉制度漸趨嚴格，連審轉的限制亦是如此。[14]

綜言之，《刑案匯覽》毆期親尊長門的案件論述呈現及類型劃分，本段擬以「律本文之適用錯誤」為主題討論。《刑案匯覽》做為案件的集結，自然會將其他書裡值得參酌的案件，彙整後加以收錄，

---

[10] 黃源盛，《中國法史導論》（臺北：犁齋社有限公司，2016），頁235-236。
[11] 若以「刑度」的標準區分，分為題駁和咨駁。前者是指刑部在死刑駁審時，須經皇帝同意，方能為之；後者指徒刑以上的駁審，不用具題，可以直接咨文總督或巡撫，要求其直接改正。相關論述參袁松、閆文博，〈清代刑部議駁案件制度的糾錯功能探析〉，《南開法律評論》，第10輯（天津，2015.12），頁57-67。另參鄭秦，〈論清代的秋審制度〉，收入氏著，《清代法律制度研究》（北京：中國政法大學出版社，2000），頁189-195。
[12] 若照現今的司法管轄權來看，對應的審判機關無權審理相關案件，當然無權受理，然而機關所做的判決並不是「預審」，而是正式審判，需要擬定正式的罪名及實行嚴格的程序，是做為後面有權審理機關判決的基礎。相關論述，參黃源盛，《中國法史導論》，頁235-236。
[13] 黃源盛，《中國法史導論》，頁236。
[14] 清代訟師與幕友間的互動以及下級審官員的結案壓力，可說是審轉制度趨於嚴格的最佳例證，已有學者進行相關研究。詳見邱澎生，〈以法為名：訟師與幕友對明清法律秩序的衝擊〉，《新史學》，15：4（臺北，2004.12），頁108-112。

當中最著名的是馬世璘（生卒年不詳）於乾隆58年（1793）刊刻的《新增成案所見集》（下稱《所見集》）。[15]乾隆三年（1738）和十三年（1748），各發生一起兄弟姐妹間毆傷、推跌的案件。雖然事實情狀不同，不過從刑部斷案的結論可知，本質上仍是毆期親尊長律本文適用的議題。乾隆三年案載：

> 直督　題李昌先自跌傷後，被胞弟李茂毆傷。旋因跌傷抽風身死，將李茂加等擬流咨部。以是否實係跌傷，有無證據，駁令確訊去後。茲據該督疏稱：覆審李昌因恨李茂不給豆石花費，乘醉攜刀尋鬧，由糞堆爬牆入院，因失手倒栽牆下石上，磕傷顖門偏右。李茂奔告胞叔李淑斌趕到，目擊勸解。迨後李淑斌又因其頭帶血痕，用布包裹。則實係跌傷有據，且驗屍時於牆下，查驗石塊血跡相符，更為跌傷確據。至李昌已將弟家鐵鍋打破，李淑斌趕至，喝阻不聽，復持刀逕兇向扎，李淑斌喝令李茂毆打奪刀，李茂用拳毆其左、右肋，不能奪刀，復棍毆臁肕倒地，始將刀奪下。李淑斌代為包裹送回。嗣李昌將包布揭開，傷處進風，越八日抽風殞命。則李昌顖門，實係自行跌傷，苑由抽風毫無疑義。但李茂毆傷李昌左、右肋臁肕，雖係伊叔教令，傷非致命，實屬有干倫紀，應仍照原擬等因。應如所題，李茂合依弟毆胞兄傷者、杖一百、徒三年律，量加一等，擬杖一百、流二千里。
> 乾隆三年案　照所見集錄[16]

這起《所見集》收錄之案已是第二次審理。第一次審理時，直隸

---

[15] 此類成案或駁案的相關研究，可參程實，〈重新審視清律中的不行之造意者——對中法史共同犯罪理論的反思〉，《法制史研究》，38（臺北，2021.12），頁289-322。

[16] 〔清〕祝慶祺編次、鮑書芸參定，《刑案匯覽》，影清光緒12年（1886）刊本（臺北：成文出版社，1968），冊6，卷42，〈兄已跌傷復被弟毆死由於跌〉，頁2648。

總督根據刑部駁審的意見，再次調查死者李昌是否實屬跌傷且有無證據，透過勘驗牆下的石塊血痕以及包紮傷口的布後，確信李昌是自行跌傷。不過案情調查有更進一步的發展，直隸總督指出，李昌之弟李茂，出於胞叔李淑斌的教令，毆打李昌奪刀。因此，刑部認為應分為兩個層面而論，其一，李昌顖門受傷，是自行跌傷，後抽風身死的部分無疑義。其次，李茂毆傷李昌左、右肋臁肕是事實，雖然出於胞叔的教令，且傷非致命，可是仍和倫紀相關，應論罪科刑。從而，刑部肯認直隸總督所題，將李茂依「弟毆胞兄傷律」，杖一百、徒三年，因事涉倫紀，應量加一等，擬杖一百、流二千里。[17]

〈兄已跌傷復被弟毆死由於跌〉的下一案，同為《所見集》記載之案，且案情頗為離奇。時間發生在乾隆十三年：

> 川撫　題李開甲胞姊黃李氏在夫家守志，李開甲前往探望，與李氏夫弟黃在伸同宿。是夜，李氏私產一女，自行取鋤打死。李開甲聞小兒啼哭，同黃在伸進視，見李氏俯立牀邊，下體光赤。李開甲促其就寢，李氏不顧李開甲，以黃在伸現在門外，耳目逼近，情狀難堪，而伊姊赤身，又不便近前攙扶，羞忿交迫，倉皇無措，隨奪鋤推拄李氏上牀，不意失手致傷腰眼，李氏仆跌，磕傷額顱。詎李氏仆跌之後，又產一女。李氏旋即殞命，其姑呂氏聽聞，忽忙奔視，不知女娃在地，失腳踹斃。

案件的當事人有四位，李開甲及其姐李氏、李氏丈夫的弟弟黃在伸、婆婆呂氏。案情是李氏在夫家，李開甲過去探望，和其姐夫弟黃在伸同住一個屋簷下。某日夜裡，李氏私產一女，女嬰哭啼，李開甲前往查看。李氏赤裸且黃在伸於門外等因，李開甲便拿鋤趕李氏上床，不料失手，倒致傷其腰和眼，而李氏跌倒，磕傷額顱。值得注意

---

[17] 本案未論教唆毆打的胞叔李淑斌應論何罪，筆者根據例文推斷，可論以毆大功以下尊長門第4條例文、毆期親尊長門第4、10、11條例文。

的是,此時李氏又產一女後死亡,使得案件更具戲劇性。婆婆呂氏聽聞聲響奔視,不知女嬰在地而將其踩死。四川巡撫的擬判,將李開甲擬斬立決,呂氏照過失殺收贖。不過,刑部認為斷案未允協:

> 查李氏失節私產,在李開甲原屬羞忿難堪,推令就寢,並無毆打情事。其時尚有一胎未產,因傷震動身死,亦非李開甲意料所及。該撫將李開甲擬以斬決,聲請未減;呂氏照凡人過失殺收贖,均未允協。應令另行妥擬去後。旋據遵駁,將李開甲改依過失殺胞姊律,杖一百,徒三年;呂氏將李氏姦生之女誤行踹斃,應予免議。
> 乾隆十三年題准案　照所見集錄[18]

首先,李開甲羞忿難堪,推令李氏就寢的行為,並無毆打情事,從而不應論以斬立決,聲請未減。另從過失、無意、不料的視角來看,李氏尚有一胎私產,因傷震動身死,並非李開甲的過錯。至於婆婆呂氏,更是因誤踩斃胎兒,出於無心,無從論罪。總結來說,刑部直接將李開甲改依過失殺胞姊律,杖一百,徒三年;呂氏則免議,才能達到整個案件和律例允協的境界。

最後,道光五年(1825)時,貴州巡撫諮詢一起〈兩弟將兄毆傷後兄因醉跌斃〉案件,刑部在說帖認為屬於錯誤。刑部認為錯誤的理由,是巡撫對律本文裡,卑幼共毆期親尊長的規定分辨不清。刑部解釋道,必須主使謀毆,才有首犯和從犯可分。進一步表示說帖案情的描述,是各自毆打,並非聽糾共毆,也非聽從主使,最後應各科各罪,於是將行為人改依「弟毆傷胞兄律」,擬以杖一百、徒三年。[19]

---

[18] 〔清〕祝慶祺編次、鮑書芸參定,《刑案匯覽》,冊6,卷42,〈見姊赤身私產推決〉,頁2648-2649。
[19] 〔清〕祝慶祺編次、鮑書芸參定,《刑案匯覽》,冊6,卷42,〈見姊赤身私產推決〉,頁2647-2648。

由以上乾隆和道光年間的案件可知，《刑案匯覽》本身，甚至是毆期親尊長門裡所稱的錯誤，並非單純指「有錯」的錯誤，而是須按照案件敘述的內容，判斷實際是否錯誤。換言之，錯誤的類型包含事實與法律上的錯誤。使用的用語，有「不符」、「錯」、「誤」、「允協」、「未協」等，本文也會納入討論。把這些《刑案匯覽》的案件進行分類的意義在於，從這些案件中找出一個共通的規則，以利研究者類型化的研究。[20]再者，「刑部如何思考錯誤」亦是本文關心的另一個課題，並選擇《刑案匯覽》其中一門的犯罪，進行錯誤案件的分析，描繪「錯誤」之體系。

完成錯誤定義的解說後，下一步則要說明「錯誤」與現代法學用語「錯誤判決」間的關係。現代法學所謂「錯誤判決」若不加以解釋，則可能會被誤認為是運用刑法「錯誤理論」的概念解讀清代的裁判。[21]本文使用「錯誤判決」此類用語，並非指前述運用「錯誤理論」的清代判決，而是在各式「錯誤」下，說帖、通行乃至成案可能形成的狀態。研究的最後一部分，則是聚焦探討「錯誤」可能形成的原因，佐以《宮中檔》等史料，發掘中央與地方對「錯誤」的認知有何差別。

綜合言之，基於《刑案匯覽》的史料性質與清代審級制度的搭配，所載的案件以刑部說帖最大宗，若再依照說帖的類型，還可以再分為三個種類，第一種是刑部直接就流刑以上的案件進行討論跟說明；第二種是下級審針對事實不符或法律適用有疑問，諮詢刑部的意見，請刑部給予最適當的「解答」；最後一種則是下級審自己提出審理該案的意見，再呈請刑部表達對該意見是否同意，若同意，則刑部

---

[20] 有關分類、類型的意義和解釋，參閱亞圖‧考夫曼（Arthur Kaufmann）著、吳從周譯，《類推與「事物本質」：兼論類型理論》（臺北：新學林出版股份有限公司，2016），頁111-117。

[21] 錯誤理論相當複雜，若運用刑法學的三階段論，主要集中在構成要件錯誤以及違法性認識錯誤，底下還可分為若干種型態。相關論述參林山田，《刑法通論（上）》（臺北：元照出版，2008），頁414-426。

會請下級審「照覆」，即比照辦理之意。

質言之，筆者針對《刑案匯覽》斸期親尊長門，實質意義的問題意識有三個。第一，《刑案匯覽》中紀錄的錯誤有哪些類型？其次，做為清代司法審判最高機關的刑部，如何思考這些錯誤？又如何處理這些錯誤？復再次，錯誤的形成原因有哪些？除解決上述三個疑問之外，希冀透過本文，對《刑案匯覽》所呈現的錯誤研究，能清楚地梳理脈絡與作出新的研究啟發。

第三節　研究回顧

《刑案匯覽》的相關研究眾多，以美國學者布迪（Derk Bodde, 1909-2003）和莫里斯（Clarence Morris, 1937-2020）兩人合著的《中華帝國的法律》（*Law in Imperial China*）一書為代表。[22]該書的第五章和第六章，針對《刑案匯覽》全書進行分析，透過統計學的方法，完整呈現各類型案件的所占比例。不過，卻忽視中國傳統法律文化的大脈絡以及地方各省的差異性，較為機械性地說明案例。

日本學者中村茂夫（1925-2012）以《大清律例》中的「過失」為切入點，展開清代刑法的研究，同時以《刑案匯覽》內的案件，做為討論法律與實務認定「過失」差異的輔助，是相當細膩的研究。中村氏的研究貢獻在於，使中國固有法律的研究回歸當時的脈絡，而非以現代刑法的標準套入清代的法律解釋，建構屬於清代中國法自己的「法模型」。[23]

---

[22] Derk Bodde and Clarence Morris, *Law in Imperial China: Exemplified by 190 Ch'ing Dynasty Case.* Cambridge, Mass.: Harvard University Press, 1973.中譯本可參布迪與莫里斯著、朱勇譯，《中華帝國的法律》，南京：江蘇人民出版社，1995。

[23] 有關中村茂夫的清代法制史研究，可見趙晶，〈論中村茂夫的東洋法制史研究〉，《法制史研究》，36（臺北，2019.12），頁275-304。另外有關

陳惠馨《清代法律新探》一書具備引導讀者思考、開創廣義比較法研究的書寫模式。全書分為三編，依序探討清代法制的現行研究以及《大清律例》與《唐律》之比較；[24]其次，以「清代的法律是什麼」[25]為開頭，除基本的《大清律例》外，亦囊括其他清代的法律形式，如：各式的《則例》、《事例》和《省例》等，並解釋《大清律例》裡「律」與「例」間的關係，綜合各項成果可以發現，清代法律的規範形式相當多元且綿密，並非僅有傳統的刑、罪、罰的關係。[26]最後，則就清代法律人的培養、《刑科題本》內法律運作的結構作結。

值得注意的是，陳氏在本書中運用《唐律》、《大明律》與1532年《卡洛林那法典》（Die Peinliche Gerichtsordung Kaiser Karls V）的比較法研究，詳細探討刑事制度的規範成果，透過德國近代法典的比較，重新思考與認識中國傳統法典或法規範的體系。[27]宏觀的思考脈絡，對本文的撰寫甚有幫助和啟發。另一關注點與本文較為相關，即本書的第二與第三部分，討論清朝法制時應注意的「多元」觀點，甚至是

中村氏對《刑案匯覽》的介紹，參閱中村茂夫，〈清代の刑案：《刑案匯覽》を主として〉，收入滋賀秀三編，《中国法制史：基本資料の研究》（東京：東京大学出版会，1993），頁715-737。

[24] 陳惠馨，〈唐朝與清朝法律的比較——以《唐律》及《大清律例》為例〉，收入氏著，《清代法制新探（修訂第二版）》（臺北：五南圖書出版，2014），頁119-132。

[25] 「法律是什麼」為大專院校法理學課程裡，最先提出的問題，接著是「法規範帶來的社會影響為何」等一連串延伸的議題。不論是近代或現代法學者，如：Hans Kelsen（1881-1973）、Gustav Radbruch（1878-1949）等均有研究，相關論著，可見〔奧〕凱爾森，《法與國家的一般理論》，北京：中國大百科全書出版社，1996。〔德〕拉德布魯赫，《法學導論》，北京：中國大百科全書出版社，2003。〔英〕哈特，《法律的概念》，北京：中國大百科全書出版社，1996。〔日〕長谷部恭男著、郭怡青譯，《法律是什麼？法哲學的思辨旅程》，臺北，商周出版，2012。

[26] 陳惠馨，〈《大清律例》的「律」與「例」及清朝其他法規範〉，收入氏著，《清代法制新探（修訂第二版）》，頁120-132。

[27] 陳惠馨，〈《唐律》、《大明律》與德國近代刑法典的比較〉，收入氏著《清代法制新探（修訂第二版）》，頁93。

書裡舉出的《刑科題本》、《刑案匯覽》等裁判案件,在書寫及分析方法上,對筆者研究的成形,提供多方向的史料與思考。[28]

要言之,陳惠馨《清朝法制新探》呈現的研究方向多元,結合現代法學所言的實體法與程序法,融合法規範與法實踐,透過對史料的分析掌握,著實建構屬於具有清朝自身脈絡的「法律帝國」。[29]

中國法律史談到《刑案匯覽》的論著裡,英國學者馬若斐（Geoffrey MacCormack, 1937-）的研究應重視。其在1996年出版《傳統中國法的精神》（*The Spirit of Traditional Chinese Law*）一書,可說是對傳統中國法的特色進行完整的研究,提出四項中國傳統法的特徵:一、整體而論,中國傳統法趨向保守且儒家色彩重。二、刑法裡的倫理基礎,出自於儒家法律,強調三綱及五常。三、刑法的規範目的,在處理各種層面人的關係,如:政治關係、社會關係、家庭關係。四、「以人為本」是法典所要體現的核心價值,這樣的觀點,同時亦影響道德在法典中的地位。司法實例方面,其運用《刑案匯覽》的一些案例,解釋和證實法律和司法實務呈現的不同樣貌。不論是在寫作或是論述,都是本文值得參酌的典範。[30]

筆者將《刑案匯覽》的細部研究分為四個面向,避免文獻回顧的論述過於龐雜。其一,和本文將探討的司法體系,較有關連的糾錯制度。其次,《刑案匯覽》裡的法律推理。復再次,和《刑案匯覽》相類似的其他清代刑案彙編,特別是「說帖」的定義與實際司法運作的

---

[28] 相關論述,可見陳惠馨,〈清朝的審判紀錄——以《刑科題本》為例〉、〈透過《刑科題本》瞭解清朝法律的運作〉,皆收入氏著《清代法制新探（修訂第二版）》,頁169-187、239-266。

[29] 筆者選用「法律帝國」一詞,係因陳惠馨曾以該語做為〈重建清朝的法律帝國:從清代內閣題本刑科婚姻姦情檔案談起——以依強姦未成或但經調戲本婦羞忿自盡案為例〉一文的開頭,透過陳氏的論著,能確實感受清代亦受到法律的規範甚大,下至百姓上至官員,均是生活在德沃金（Ronald Myles Dworkin, 1931-2013）所說的「法律帝國」當中。

[30] 該書與本文較有關的章節是第五章〈基本的家庭關係〉和第九章〈立法與法律推理〉。參〔英〕馬若斐著、陳煜譯,《傳統中國法的精神》（北京:中國政法大出版社,2013）,頁56-78、127-146。

研究。最後，本文探討和服制相關的毆期親尊長，故《刑案匯覽》裡的服制案件研究應討論。此外，服制案件在清代中期開始，涉及司法實務的「夾簽」議題，此處亦予探討。

（一）《刑案匯覽》與清代的糾錯責任體制

「清代司法的糾錯體制研究」與本文高度相關。有研究者從案件內容著手，亦有從「錯誤判決的責任機制」出發。白陽〈優禮與管控之間：清代錯案責任「雙軌制」之形成及其原因探析〉指出清代司法中對於錯誤判決的責任追究，是以《吏部處分則例》為主、《大清律例》為輔的雙軌制法律體系，再者，之所以會有這樣的體系追究責任，出於官僚政治的角度，是「管控」與「優遇」兩者之間的平衡或妥協。[31]然而，白氏是從秦漢時代開始談起，當中歷經唐宋，最終到明清時期，則朝代在彼此跨越之時，對於責任的追究是否有所轉變或是斷裂？其在文中未詳細說明。[32]

呂姝潔〈關於清代「有錯必糾」刑事司法原則的分析〉一文從「有錯必糾」的文化視角談起，認為清代的司法審判者相當程度上會作出符合社會、百姓認可的正義與秩序判決，更從制度面著手，認為清代的司法審判者在制度的規範下，不至於作出「拋開律例」斷案的行為，當中亦有審判者素質的規範，進一步加強這樣的制度維護，非法律秩序層面，則有宗教的報應觀作為支持的基礎。[33]其詳細說明、討論「有錯必糾」的形成背景及運作、維護機制，同時引用《刑案匯

---

[31] 白陽，〈優禮與管控之間：清代錯案責任「雙軌制」之形成及其原因探析〉，《交大法學》，33：3（上海，2020.7），頁77-85。

[32] 白氏的另篇文章〈清代錯案追責制度運行中的困境及原因探析〉側重討論「連帶責任」的問題和影響，然而當中的一些觀點，與此篇文章並無太大不同。見白陽，〈清代錯案追責制度運行中的困境及原因探析〉，《浙江社會科學》，271（杭州，2019.7），頁50-54。

[33] 呂姝潔，〈關於清代「有錯必糾」刑事司法原則的分析〉，頁54-60。

覽》中的案例說明糾錯的實務運作。然而，文章後半部分與過去研究討論的傳統中國法特性並無不同，或許受限於篇幅，未特別體現「清代司法實務」與其他朝代的不同之處。

有研究論著從一兩個案例談清代整體的糾錯機制。高振遠〈平冤飭吏清代司法錯案責任追究制度評析——以道光年間榆次縣趙添中京控案讞獄為例〉以道光年間的《宮中檔》為史料，探討冤案與糾錯制度的關係，當中使用《刑案匯覽》的原因僅是為說明錯案責任追究的「連坐」特點，未能充分發揮。要言之，《刑案匯覽》在上述的研究成果中，僅是作為輔助地位，而並非以《刑案匯覽》該史料作為研究的中心。

最後，《刑案匯覽》錯案分類研究方面，李燕〈清代審判糾錯機制研究〉一文以清代審判中的錯誤為主軸，從歷代的審判錯誤糾舉談起，再就所謂清代司法中的「錯案」類型化並討論，最後則就清代司法的糾錯程序和運行特徵探討，當中的第二部分與本文要處理的《刑案匯覽》錯誤類型化雷同，故筆者需要注意是否能有所突破。李氏認為，清代的錯案類型可分成「事實認定不清或錯誤的案件」、「律例適用不當的案件」、「不合情理的案件」、「官吏不純或惡意動機導致的錯案」四類。[34]然而，其未就案件用語不是使用「錯誤」，但實質為錯誤的個案進行探討，其次，案件的分類是否能全然適用這四個類型，是能再補足之處。[35]質言之，本文以「毆期親尊長」為中心，嘗試探討在服制和法律之間，作為司法的審判者會如何調適，是本文和李氏研究的不同之處。綜上，《刑案匯覽》與清代糾錯體制的研究，重在討論法律層面，下級審犯下司法錯誤後，國家法律給予的相關處罰，強調中央跟地方的「處罰互動」關係。

---

[34] 李燕，〈清代審判糾錯機制研究〉（北京：中國政法大學博士學位論文，2008.3），頁2。
[35] 李燕，〈清代審判糾錯機制研究〉，頁43，引註161。

(二)《刑案匯覽》裡的法律推理與成案研究

法律推理的研究，在《刑案匯覽》研究裡亦占有一席之地。而其相關概念可從「法學方法論」的角度審視。[36]所謂「法律推理」是現代法學的一種術語，指在法律辯論裡，運用法律理由解釋的過程。[37]也有學者將法律推理區分成廣義、狹義，認為廣義是指「法官在面對審理案件做成裁定之時，歷經的各式心理」；狹義則是指「法官提出判決結果之時，用來支持其判決依據的各式論證」。[38]不論採取哪種定義，可知法律推理有部分內涵是審判者對法條的解釋，解釋方法包括「文義解釋」與「類推適用」等審判者對法律的認識方法。[39]

王志強〈清代司法中的法律推理〉[40]一文先就「法律推理」的定義進行說明，認為中國古代審判活動中的論證裁判過程，除了可以反映各級政府官僚為代表的菁英和管理階層外，還能反映各式社會群體對於法律文化與司法實務的認知，體現中國法的特色，其也認為過去的清代司法研究雖然少提到「法律推理」這一用詞，可是運用此種概念的研究相當廣泛。[41]有鑑於相關資料與研究充分，王氏以清代為

---

[36] 所謂法學方法論，是指在實體法和程序法上，運用法學的思想、概念、解釋，來研究何謂法律及其效力、司法審判的運作為何。論及法學方法論的專論很多，有從基礎法學跟應用法學分門別類切入，而這個定義是筆者參閱多本討論法學方法的論著後，所得出的定義，在此特別說明。

[37] 史蒂文‧J‧伯頓，《法律和法律推理導論》（北京：中國政法大學出版社，1998），頁1。

[38] 邱澎生，《當法律遇上經濟──明清中國的商業法律》（臺北：五南圖書出版股份有限公司，2008），頁189。

[39] 法學解釋的方法有文義解釋、限縮解釋、擴張解釋、體系解釋、歷史解釋、目的解釋、當然解釋，在性質相類似的案件中，還有一種針對法律漏洞的補充是「類推適用」。有關刑法的解釋方法論，可見林鈺雄，《新刑法總則》，頁46-52。

[40] 「刑部法律推理」在王志強的論著中極為常見。研究性質相似者還有王氏的一篇研究〈清代刑部的法律推理〉。該文收入王志強，《法律多元視角下的清代國家法》（北京：北京大學出版社，2003），頁68-97。

[41] 王志強，〈清代司法中的法律推理〉，收入柳立言主編，《中國史新論：法律史分冊》（臺北：聯經出版公司，2008），頁283-284。

例,討論刑事的人命盜案和民事糾紛審理裡,法律推理過程。刑事方面運用的史料即是《刑案匯覽》,其以道光年間的四個案件開頭,就刑部官員對該案的事實認定與描述進行探討。

要言之,王氏對於《刑案匯覽》的史料運用,以刑部官員的法律推理過程和因果關係為主,案件裡的「過錯」並非論述重點,本文嘗試以此切入研究。[42]

清代法律推理的研究,還有陳新宇〈清代的法律方法論——以《刑案彙覽三編》為中心的論證〉。該文主要針對法學解釋方法中的「類推適用」進行探討,先從傳統律學的角度出發,討論何謂律學,再就法律應用的觀點,說明法律應用的應然跟實然,最後就《刑案彙覽三編》誣告門裡,全部64個案例討論「比附」的原理原則。其選擇誣告門的案例理由,是認為誣告條為傳統法律中「加減最精而盡變者」而極具代表性。[43]透過陳氏的分析,可知類推適用的基準在事理切合與情罪的一致,情、理、法三者的協調運用,在案情上,刑部是參照地方刑名幕友的案情陳述進行法律審,不做事實審的參與,可是仍能看出刑部對案件真相認定的過程。

陳新宇的該篇研究突顯法律邏輯的縝密性,其論述方法透由《刑案匯覽》中的誣告案件,使讀者更系統性地理解律學與司法審判實務的關係。其他關於《刑案匯覽》法律推理與法學方法論的研究,多與王氏與陳氏大相逕庭,多是在進行理論的論述後,擇取《刑案匯覽》

---

[42] 有學者認為刑部在《刑案匯覽》中的審判角色,只負責法律審而非事實審,故刑部所看到案情會經過地方刑名幕友的「精心剪裁」。當然有時刑部對地方刑名幕友所提供案情感到疑惑,在「說帖」的部分會說明斟酌採用的理由。然而,基於《刑案匯覽》的要點在蒐羅疑難案件,而不是透過審理案情釐清事實真相,故筆者在本文分析案情內容時,會注意案情的真實與虛假。相關討論見邱澎生,〈真相大白?明清刑案中的法律推理〉,收入熊秉真主編,《讓證據說話(中國篇)》(臺北:麥田出版,2001),頁162-163。

[43] 陳新宇,〈清代的法律方法論——以《刑案彙覽三編》為中心的論證〉,《法制史研究》,6(臺北,2004.12),頁108。

中的幾則案例進行理論的分析應證，特別是刑部的說帖，同時討論律例館官員的審判思想。[44]

法律推理的研究外，亦有論著專門討論《刑案匯覽》的成案效力與運作方法。[45]這些成案值得研究的理由在於，《刑案匯覽》照《大清律例》各種類型的名稱收錄，主要分成四類：說帖、成案、通行、其他。成案的運用是《刑案匯覽》研究的第二大宗。所謂成案，可區分廣義與狹義，狹義是指審判者在「例無專條、援引比附，加減定擬」的情形下，對疑難案件進行比附處理；廣義是指刑部，包含所有高層司法機關批准或辦理的舊案。[46]多數學者採取廣義進行相關研究。[47]

---

[44] 限於篇幅與研究性質的相似性，筆者在此不多做論述，僅列相關研究，讀者可自行參考。期刊論文方面，有李杰，〈《刑案匯覽》中的法律適用研究〉，《臨沂大學學報》，39：1（山東，2017.2），頁135-144。陳小潔，〈中國傳統司法判例情理表達的方式——以《刑案匯覽》中裁判依據的選取為視角〉，《政法論壇》，33：3（北京，2015.5），頁114-124。陳新宇，〈比附援引：罰當其罪還是「罪」當其罰？從兩個具體案例入手〉，《清華法學》，2（北京，2003.11），頁335-341。林志堅，〈清代比附援引新探〉，《江蘇警官學院學報》，27：1（江蘇，2012.7），頁97-105。姚志偉，〈清代刑事審判中的依法判決問題研究——以《刑案匯覽》的誣告案件為基礎〉，《社科縱橫》，22：12（甘肅，2007.12），頁58-60。王小丹，〈清代越訴案件多元樣態之解構——以《刑案匯覽》為中心〉，《黑河學刊》，199（黑龍江，2014.2），頁105-108。陳新宇，〈規則與情理——「刺馬」案的法律適用研究〉，《清華法學》，22（北京，2009.7），頁116-120。管偉，〈試論清代司法實踐中比附適用的類比方法——以《刑案匯覽三編》為例〉，《法律方法》，9（上海，2009.10），頁305-312。管偉，〈論中國傳統司法官比附援引實踐中的思維特色——以《刑案匯覽》為例〉，《法律方法》，7（上海，2008.4），頁267-275。賀文潔，〈論案外因素之於古代法官的比附援引實踐——以《刑案匯覽三編》為中心〉，《法制與社會》，85（雲南，2009.5），頁145-146。學位論文則有韓雪梅，〈從清代司法實踐看中國傳統思維方式〉，吉林：吉林大學碩士學位論文，2015.5。

[45] 中國是否有所謂「判例法」（Cases Law）的存在，學界尚無定論。可是就明清時期而言，判例法確實存在，甚至有「成案」名詞的出現，解釋也與西方的判例法不同，參考蘇亦工，《明清律典與條例（修訂版）》（北京：商務印書館，2020），頁282-295。

[46] 王志強，〈清代成案的效力和其運用中的論證方式〉，頁98。

[47] 王志強，〈清代成案的效力和其運用中的論證方式〉，頁98。

日本學者小口彥太（こぐちひこた, 1947- ）〈清代中國刑事審判中成案的法源性〉一文，以「成案被刑部駁回的理由」為中心，分出三種類型討論成案的法源性：第一，成案過於久遠；第二，成案未成為通行或條例；第三，成案與定例相牴觸，當中跟法源性被否定最相關的是成案未成為通行或條例。然而小口氏認為，此類型真正的「實質要件」是刑部與督撫意見的相牴觸，在法律形式主義比較薄弱的中國，「成案未成為通行或條例」的類型不可能具有實效性。[48]

王志強〈清代成案的效力和其運用中的論證方式〉一文，在小口彥太的研究基礎上，透過《刑案匯覽》本編與其他的成案，先從「成案」的東亞研究史開頭，再就成案的發展、效力與成文法的關係以及作為最高裁判權力的皇帝對成案的態度，指出法律跟成案的適用順序是先法律後成案，成案本身居於從屬的地位。[49]此外，為了審判的快速妥當性，成案雖始終未獲成文法承認，可是依據個案情形的不同，刑部清吏司仍會適當的就已經定例的成案進行適用。[50]小口氏在結論處提到，探討成案的法源等法律推理或法學方法時，必須置於傳統中國的法律語境裡，不能完全以現代法律的體系和理論當作普遍標準，否則解釋司法實踐時，會遇到許多障礙。[51]

---

[48] 此論點道出傳統中國法的特色，小口氏僅討論「成案」，但在其他類型如說帖，是否真是如此？是本文想嘗試解決的問題之一。見〔日〕小口彥太，〈清代中國の刑事裁判における成案の法源性〉，《東洋史研究》，45：2（京都，1986.9），頁289。中譯文章可見〔日〕小口彥太，〈清代中國刑事審判中成案的法源性〉，收入寺田浩明主編，《中國法制史考證・丙編第四卷・日本學者考證中國法制史重要成果選譯・明清卷》（北京：北京中國社會科學出版社，2003），頁307。

[49] 王志強，〈清代成案的效力和其運用中的論證方式〉，頁99-101。

[50] 這裡先引用王氏的一段話：「在清代，成案始終並未獲得中央制定法的正式認可」然而，其後面引用的《大清律例》解釋，該條文的內容是指未依規定變成「例」的成案，非指所有的成案都不被中央認可，故這邊有待商榷。見王志強，〈清代成案的效力和其運用中的論證方式〉，頁99-100。

[51] 王志強，〈清代成案的效力和其運用中的論證方式〉，頁120。此外，因其他討論成案的論著與王志強的專論性質極為相似且探討內容未有突出的地方，故僅羅列並簡單說明。李鳳鳴〈清代重案中的成案適用──以《刑

綜上所述，關於《刑案匯覽》中的法律推理與成案研究，已相當成熟，雖不是筆者對《刑案匯覽》毆期親尊長門的主要研究方向，卻有極為緊密的關聯。甚至在解釋案例說帖時，提供重要的理論基礎。

（三）《刑案匯覽》和其他刑案彙編研究

清代的法律文獻極為豐富。除成文法形式的律例運用之外，尚有章程、通行，以及成案等司法實務案例。本文探討的《刑案匯覽》是這類司法實務案例的類型之一。其特色在於刑部透過收錄大量的實務案例，供審判者參酌引用與學習，以致清代後期，刑部官員部分致力於成案集的編纂，即使律例明文禁止成案的援引，司法實務工作者仍特別重視之。[52]

李明〈清代刑部與「成案集」的整理〉，以刑部重視檔案卷宗管理的角度，以及對成案集編纂的興盛兩方面來談成案的編纂。其指出刑部對成案集的編纂和重視，是研讀律學的表現之一。此外，基於刑部藏冊檔案的豐富，以及多次辦理疑難案件的經驗，有助於成案集

案匯覽》為中心〉的論述脈絡與王氏論著相似，同樣是先討論清代司法裁判的法源，再討論成案的法律位階，最後就成案的適用或不適用說明其理由，見李鳳鳴，〈清代重案中的成案適用——以《刑案匯覽》為中心〉，《北京大學學報（哲學社會科學版）》，57：2（北京，2020.3），頁147-157。胡興東《中國古代判例法運作機制研究——以元朝和清朝為比較的考察》雖名為「比較」，但卻是分開論述，當中就「先例」的創建、適用跟論證機制進行析論，同時點出清代判例法的特性，證實中國古代判例法之存在及和西方的差異，且指出清代判例法相較於元代，較為不穩定且非法律體系的組成部分。至於《刑案匯覽》的史料運用，胡氏多使用當中的人命與盜竊案做為中心討論，在分類上更加細緻，如就「類推適用」的部分，區分為性質類比跟案情類比。要言之，該書的重點在於透過兩個朝代比較法的視角，來檢視元清兩代判例法運作。見胡興東，《中國古代判例法運作機制研究——以元朝和清朝為比較的考察》，北京：北京大學出版社，2010。

[52] 李明，〈清代刑部與「成案集」的整理〉，《法制史研究》，37（臺北，2020.12），頁299。

質量的提升。另從成案集傳播的面向來看，刑部的各種成案集，也成為地方審判參考的資料之一，上下、內外的流動更有助於成案集的傳播。[53]李氏的文章有助於讀者瞭解成案集在清代整體司法體系裡所扮演的角色與地位。

《刑案匯覽》的文書形式，誠如前述有四類，當中說帖為最大宗。邱澎生〈由唐律「輕重相舉」看十九世紀清代刑部說帖的「比附重輕」〉一文已指出，說帖的定義包含條陳意見及辦法的書簡、政府公文書、邀約書信。[54]最重要的是，說帖與審轉制度架構下的刑部官員互動有極大的關係，其運作方法是，刑部底下有律例館、十三司[55]跟刑部主管官員，稱為堂官，而刑部十三司的官員在針對「例無專條、情節疑似」的案件需要准駁時，會綜合各式狀況跟法律規定，撰寫說帖。大約乾隆中期（1775）左右，刑部的堂司開始將這些「例無專條、情節疑似」的案件交給律例館的官員覆核，再交給十三司照覆。[56]如圖一所示。

要言之，邱氏以唐律的「輕重相舉」法理看乾隆中葉開始，刑部說帖呈現的「比附重輕」情形。刑部律例館官員提供給刑部堂官的說帖，製作過程歷經查核、旁參律例、檢驗成案、折衷結論四個

---

[53] 李明，〈清代刑部與「成案集」的整理〉，頁297。
[54] 邱澎生，〈由唐律「輕重相舉」看十九世紀清代刑部說帖的「比附重輕」〉，《法制史研究》，19（臺北，2011.6），頁125-126。
[55] 此處的十三司，為整併左右兩司後，計算出的數量。清代的「司」是指「清吏司」。屬刑部內部單位，首長為郎中、副職為員外郎。乾隆六年（1741），改現審左司為奉天司、改現審右司為直隸司，總計有18個司，直至清末為止。其中督捕司不具司法實權。其餘司的職權為「凡外省刑名之案，題者、咨者到部，各憑其供勘，察其證據、按其律例，覆其擬斷，具稿呈堂而定以准駁。凡十有七司，皆傲焉」參〔清〕托津等奉敕纂，《欽定大清會典・嘉慶朝》，《近代中國史料叢刊・三編》，第64輯，第640冊（臺北：文海出版社，1991），卷44，〈刑部・直隸清吏司〉，頁2063。另參那思陸，《清代中央司法審判制度》（臺北：文史哲出版社，1992），頁82-89。
[56] 邱澎生，〈由唐律「輕重相舉」看十九世紀清代刑部說帖的「比附重輕」〉，頁126、131-133。

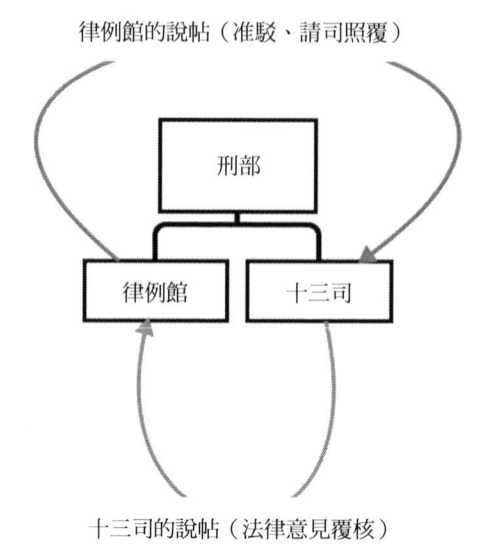

```
                律例館的說帖（准駁、請司照覆）

                          ┌──────┐
                          │ 刑部 │
                          └──┬───┘
                    ┌────────┴────────┐
                    │                  │
                ┌───┴───┐        ┌────┴────┐
                │ 律例館 │        │ 十三司  │
                └───────┘        └─────────┘

                十三司的說帖（法律意見覆核）
```

圖1-1　乾隆十一年（1746）刑部附屬律例館與十三司法律意見交流
說　　明：司法案件從1775年開始，逐步批交律例館覆核。律例館官員會撰寫說帖，准駁十三司的意見，再交付十三司照辦。
資料來源：〔清〕趙爾巽等撰，《清史稿》（北京：中華書局，1977），卷142，〈刑法一〉，頁4186。

過程，進而做出最適當的論斷。對說帖的定義與實際運作研究有重要貢獻。

（四）《刑案匯覽》裡的服制議題

　　本文研究《刑案匯覽》的「毆期親尊長」案件，自應討論何謂期親及尊長。期親為傳統中國五服制度的一種，五服制度又是喪服制度下的產物。喪服，顧名思義是人們為哀悼死者所穿著的衣帽服飾。擴及制度層面而論，代表依死者和生者間的親疏遠近關係，建立一套喪

禮時應遵循的制度,特別是親屬和非親屬之間的關係。[57]

前人研究探討喪服制度者已相當多。[58]若從法律的角度來看,可分成三種研究成果:一、晉律的「准五服以制罪」[59]是親屬內外定罪量刑的基準,唐以後的法律多承襲此制度。二、喪服制度和法律制度的五服有所不同。法律制度談及的範圍較廣,以致論及犯罪處罰時,涉及的親屬和非親屬對象眾多。[60]三、禮制和法制的五服制度從魏晉以後開始並存,直至《大清新刑律》(原稱《欽定大清刑律》)的制定,才逐漸在制度層面消逝。[61]

本文既研究清代,自應從清代的親屬和五服制度談起。清代律例裡的親屬,從宗親到姻親、有服親到無服親等,範圍很廣。律例用語方面,僅使用「尊長」一詞,實不足以涵蓋所有的範圍。觀察《大清律例》所稱的服制親屬,分為宗親、姻親以及妻親。父系成員都是

---

[57] 五服和喪服制度的基本定義,參丁凌華,《中國喪服制度史》(上海:上海人民出版社,2000),頁1-8。

[58] 單純只討論喪服和五服制度的研究,以丁凌華為要。此外,亦有鄧聲國的著作,參見鄧聲國,《清代五服文獻概論》,北京:北京大學出版社,2005。

[59] 《晉書・刑法志》原句為「峻禮教之防,準五服以制罪也」引自〔唐〕房玄齡等,《晉書》(北京:中華書局,1974),卷30,〈刑法志〉,頁927。不過,丁凌華卻有不同看法。其以《通典》、《晉書・禮志》為據,指出「準五服制罪」確立於東漢末。建安年間曹操制定的《魏科》,斷限比《晉律》早六十年。參丁凌華,〈喪服學研究與「準五服制罪」〉,收入張伯元主編,《法律文獻整理與研究》(北京:北京大學出版社,2005),頁136-153。後亦收入氏著,《五服制度與傳統法律》(北京:商務印書館,2013),頁198-202。相關論述亦可參劉怡君,〈《儀禮》對《唐律疏議》的影響——以「親屬名分」諸問題為探討核心〉,《中央大學人文學報》,55(桃園,2013.7),頁167-171。

[60] 不過,法律規定和法實踐不同。瞿同祖在《中國法律與中國社會》一書裡,以「禁止同姓為婚」為例,透過《刑案匯覽》的記載,指出清代的法實踐裡,並不禁止同姓為婚,也就是不強制離異。見瞿同祖,《中國法律與中國社會》(北京:中華書局,1981),頁90-92。另參魏道明,《清代家族內的罪與刑》(北京:社會科學文獻出版社,2021),頁4。

[61] 丁凌華,《中國喪服制度史》(上海:上海人民出版社,2000),頁1-8。

親屬,而同一宗內的成員稱為近親,之外則屬遠親,又稱為「袒免親」。[62]

至於姻親是指透過婚姻產生的親屬關係,可想而知,自然為妻和母之輩,《大清律例》裡,母被列入親屬範圍的有母的祖父母、外祖父母、母的兄弟、母的姐妹、舅之子、堂舅之子、兩姨之子、堂姨之子、舅之孫、姨之孫。妻被列入親屬範圍的則有妻祖父母、妻外祖父母、妻父母、妻叔伯、妻之姑、妻兄弟及婦、妻之姊妹、女之子、妻兄弟子、妻姊妹子、女之孫。因此,本文所稱的親屬,同這些範圍,值得注意的是,本文要探討的期親尊長,據《大清律例・諸圖・五服圖》載:「有不開載祖父母,統稱期親尊長者,高、曾亦同也。」[63] 換言之,清律例所規範的親屬範圍和前代相較依舊廣泛。從而,在實際司法案件裡,有名為尊長,但實際無服制之人,同樣適用毆期親尊長門律例的情況發生。[64]

親屬的範圍確立後,服制亦有必要論述。清代的服制承襲明《孝慈錄》,[65]惟道光朝始有變化。以服養母之喪為例,有別於宋初《開寶禮》規定服齊衰[66]三年,《孝慈錄》增為斬衰三年,清初的《大清律例》和《大清會典》皆為斬衰三年。可是,道光年間的《大清通

---

[62] 〔清〕李瀚章等纂,《大清律例彙輯便覽》,冊1,卷3,〈服制〉附纂通行,頁268-280。另參徐淵,《《儀禮・喪服》服敘變除圖釋》(北京:中華書局,2017),頁251-253。

[63] 〔清〕李瀚章等纂,《大清律例彙輯便覽》(臺北:成文出版社,1968),冊1,卷2,〈諸圖〉律本文,頁206。

[64] 〔清〕祝慶祺編次、鮑書芸參定,《刑案匯覽》,影清光緒12年(1886)刊本(臺北:成文出版社,1968),冊6,卷43,〈無服族長活埋忤逆應死族婦〉,頁2731-2733。依毆期親尊長門第9條例文規定,有服尊長毆殺有罪卑幼,可減刑。該案是無服的族長,司法實務仍適用之,顯見法律和實務的不同。

[65] 相關研究見狄君宏,〈論《孝慈錄》之改制與影響〉,《臺大中文學報》,56(臺北,2017.3),頁95-150。

[66] 五服依照《儀禮・喪服》的相關記載,分為五等:斬衰、齊衰、大功、小功、緦麻。十三經注疏整理委員會編,《儀禮注疏》(北京:北京大學出版社,2000),卷28,〈喪服第十一〉,頁621-638。

禮》改為齊衰不杖期。[67]可見清代服制和前面朝代的不同,其核心思想在於維護本宗的利益。

　　親屬和服制外,毆期親尊長門裡的案件,「情理」的部分為數不少,有為救父母而傷伯叔父母、有本無心犯罪卻為之。這時律例以及司法實務的審判者,為兼顧案情和律例,會在題本內敘明可原情節,或是在題本內附加簽帖,聲請減刑。在司法實務的用語裡,多會用「可矜」代表,此外,這類型案件涉及服制命案居多。[68]

　　前人研究裡探討夾簽者並不多,以青海師範大學歷史學院的研究為主。邊芸〈清代刑事審判中的「兩請」與「夾簽」〉一文,從夾簽制度的前身——兩請制度說起。所謂兩請,全名「兩議請旨」,代表在奏章內提交兩種以上的方案,供有權裁斷者決定。[69]其運用《刑科題本》等史料,證實清代涉及「兩請」的條例係針對「父祖被毆情形下的常人相犯」和「親屬相犯」兩種性質的犯罪。此外,「夾簽」多出現在人命案裡,特別是「殺死姦夫」、「戲殺誤殺過失殺傷人」以及「毆大功以下尊長」條、「毆期親尊長」條。顯見,兩者均涉及服制案件。[70]

　　邊氏再進一步論及司法實務運作,指出乾隆十三年(1748)夾簽成為定例前,兩種形式的審斷方式已被實務採納。兩請多用在「情可矜憫」的毆死尊長服制命案,而夾簽則僅出現在個別案件裡,不得擅引為例。[71]乾隆十六年(1751),律例館以兩請為舊制,開始刪除相

---

[67] 所謂杖期,是指手執喪棒服一年的喪期。清律同唐律,舉例來說,原先禮制過於複雜,將母升為斬衰,即同父制。見十三經註疏整理委員會編,《儀禮註疏》卷29,〈喪服第十一〉,頁642-650。另參魏道明,《清代家族內的罪與刑》,頁6-9。

[68] 相關論述參邊芸,〈文武之道:從夾簽制度看乾隆朝前期治國之策的轉變〉,《青海民族研究》,33:1(青海,2022.3),頁170-175。

[69] 邊芸,〈文武之道:從夾簽制度看乾隆朝前期治國之策的轉變〉,頁170。

[70] 邊芸,〈清代刑事審判中的「兩請」與「夾簽」〉,《青海社會科學》,2020:1(青海,2020.1),頁193-194。

[71] 邊芸,〈清代刑事審判中的「兩請」與「夾簽」〉,頁195。

關例文，惟並未就此消逝。嘉慶八年（1803），《刑案匯覽》〈救父情切毆死胞伯止准夾簽〉一案即展現這兩種制度的並存。[72]

從歷史的發展來看，邊芸〈文武之道：從夾簽制度看乾隆朝前期治國之策的轉變〉一文，透過《清實錄》和《大清會典》等文獻史料，認為夾簽制度確立於乾隆十三年（1748），此時正好為乾隆朝治國之策由從「相對寬緩」走向「整飭端肅」調整的重要表徵。[73]其認為夾簽制度是用來「維護服制」，具備「法外之仁」的特殊性，實質層面為確立「依法決斷」的原則，進而強化司法集權，滿足國家統治需要。[74]總結來說，邊氏的文章，能使吾人清楚知曉清代兩請與夾簽制度的意義，以及其從訂立到廢除的過程，對清代司法審判裡，「法外之仁」的闡釋更加明瞭。

邊芸之外還有魏道明的研究。其在《清代家族內的罪與刑》一書裡，針對卑幼殺傷尊長案件裡的夾簽制度探析，其認為夾簽制度只在服制案件中被採用，原因是法律規定對於卑幼殺傷尊長的處罰過於嚴酷，即「情輕法重」。為平衡這類狀況，才產生夾簽制度。[75]魏氏綜合各家說法，再佐以司法實例，有助於夾簽制度論述的理解。

透由前述清代親屬和服制，以及司法實務裡夾簽制度定義後，始能對前人研究論及的議題有清楚的理解。清代服制法律的研究，部分與「存留養親」有關。所謂存留養親，又名「權留養親」，在探討清代秋審制度時有論及。按《大清律例·名例律》「犯罪存留養親」條的規定：

---

[72] 參〔清〕祝慶祺編次、鮑書芸參定，《刑案匯覽》，冊6，卷43，〈救父情切毆死胞伯止准夾簽〉，頁2689-2690。邊芸，〈清代刑事審判中的「兩請」與「夾簽」〉，頁195-196。

[73] 相關論述參邊芸，〈文武之道：從夾簽制度看乾隆朝前期治國之策的轉變〉，頁170。

[74] 邊芸，〈文武之道：從夾簽制度看乾隆朝前期治國之策的轉變〉，頁170-174。

[75] 魏道明，《清代家族內的罪與刑》，頁44-47。

凡犯死罪，非常赦不原者，而祖父母高、曾同、父母老七十以上疾篤廢應侍或老或疾，家無以次成丁十六以上者即與獨子無異，有司推問明白，開具所犯罪名並應侍緣由，奏聞，取自上裁。若犯徒流而祖父母、父母老疾無人侍養者，止杖一百，餘罪收贖，存留養親軍犯准此。[76]

　　從以上的律文內容得知，「犯死罪，非常赦不原者」、「祖父母高、曾同、父母老七十以上疾篤廢應侍，家無以次成丁」以及「犯徒流」是犯罪存留養親的基本構成要件。[77]多與儒家禮教、家族本位、司法審判三方面相關，探討審判者在情、理、法的適切運用，同時在清末西法變革之際，該制度的存廢爭議。

　　林佳筠〈清代「存留養親」的法律面與實務面之研究——以《刑案匯覽》為中心〉使用《刑案匯覽》為史料，全面討論清代「存留養親」制度的法律理論與司法實務。先論漢代以降、清代以前的存留養親，再就清律存留養親的相關條目進行分析，同時，《刑案匯覽》中的存留養親案件，做司法運作實務的探討，最後，配合晚清禮法之爭裡《欽定大清刑律》存留養親的存廢問題，完整論述「存留養親」的開始與終結。筆者整理《刑案匯覽》三編中的錯誤，與存留養親有關的案件不在少數，該研究也提及刑部認為存留養親呈送程序錯誤的案件，會加以解釋，以期地方能以官方補充說明參考，或利用判例來正確理解不同罪刑的性質對照，進而重新納入法律系統裡。[78]

---

[76] 〔清〕薛允升著、黃靜嘉編校，《讀例存疑重刊本》，第二冊，〈卷三名例律上〉「犯罪存留養親」條，編號018-00，頁72。

[77] 「存留養親」的法律與實務，本文限於篇幅，只簡單介紹，詳細的論述可見林佳筠，〈清代「存留養親」的法律面與實務面之研究——以《刑案匯覽》為中心〉（臺北：國立臺灣師範大學歷史學系碩士論文，2015.6），頁17-89。

[78] 林佳筠，〈清代「存留養親」的法律面與實務面之研究——以《刑案匯覽》為中心〉，頁124。還有兩篇研究也是談論清代存留養親的制度。楊曄〈法外施仁的背後：以清代「存留養親」論傳統法特質之原理〉一文，將「存留養親」定性為法外施恩的一項特例，全文以傳統中國法的架構進行論述，同樣也討論情、理、法三者在《刑案匯覽》存留養親案件的運作

傳統中國社會受到儒家學說、宗法制度等各種因素影響，形成一種家、國一體，親貴、忠孝、君臣相通的政治制度，從這種政治制度加以延伸，形成一種以宗族為本位、倫理為核心的身分秩序社會。[79] 意即個人在社會上享有的權利或負擔的義務，原則上取決於自身的身分。同時，傳統中國之律基於身分差異，從唐以降的立法基礎是基於禮教。禮教的基礎又是基於五倫，有鑑於此，「尊卑」、「上下」的概念因應而生。刑法上，同樣是犯罪行為，因行為主體與客體的身分、輩分、性別甚至是職業的不同，而有不同的適用結果，此外亦涉及刑的加重與減輕，所謂的君臣、親子、夫妻、良賤等關係即是如此。[80]

　　另種清代法律服制的研究，以子孫違犯教令和不孝為主。王小丹〈淺析清代子孫違犯教令罪——以《刑案匯覽》為中心〉從律文的角度切入，輔以《刑案匯覽》中的案件為論證，其舉出五個案例，說明審判者在面對子孫違犯教令案件的處理態度，認為審判者在下判決時基本上是不考慮對子孫不服管教的原因，對不服管教的情節亦未深究，只要尊長認為並告發其子孫不服管教，輕者杖責，重者充軍，顯

　　狀況。值得討論的是「存留養親」制度是否真如字面所示，是為展現孝道、人倫的概念？背後是否含有政治、社會、文化等其他因素交錯而成的目的？參見楊曄，〈法外施仁的背後：以清代「存留養親」論傳統法特質之原理〉，《研究生法學》，34：3（湖北，2019.6），頁10-20。另篇周磊〈淺析清代的存留養親制度——以《刑案匯覽》八十一個案例為藍本〉選擇《刑案匯覽》中的81個存留養親案件為史料基礎，從存留養親的構成要件切入，具體分析存留養親制度在清代的適用標準，惟受限於篇幅，內容與題目並不符合，且目的是做為死刑廢除的借鏡，僅具初步參考價值。參見周磊，〈淺析清代的存留養親制度——以《刑案匯覽》八十一個案例為藍本〉，《知識經濟》，181（重慶，2011.4），頁32。

[79] 黃源盛，〈從傳統身分差等到近代平權立法〉，收入氏著，《中國傳統法制與思想》（臺北：五南圖書出版，1998），頁371。

[80] 有認為傳統中國法的性質是「諸法合體，民刑不分」，學說對此紛爭眾多，限於篇幅，此處不多談。欲瞭解者可參胡旭晟，〈中國古代法結構形式的特點爭議——兼談法史研究的一個理論問題〉，收入胡旭晟，《解釋性的法史學》（北京：中國政法大學出版社，2005），頁174-181。這裡使用這樣的區別標準跟實益，是為方便讀者理解。

見尊長權力的龐大。[81]孝道與尊長的絕對處分權是其論述的核心,並舉《刑案匯覽》的相關案件簡單討論,使讀者對《刑案匯覽》的子孫違犯教令的案件有初步的認識,至於背後的歷史脈絡無法清楚理解。[82]

劉佳惠〈清代不孝罪述評——以《刑案匯覽》有關案例為依據〉以「不孝」做為研究的中心,援引《刑案匯覽》中的幾則案例,先從不孝罪的產生跟流變開始說明,再依照《刑案匯覽》案情的輕重程度,從詈罵到謀殺父母、祖父母說明這些「真實案例」的司法情況,最後與《唐律》進行比較,強調傳統中國孝道的重要。[83]

有論者集大成,從上述此種「親親」和「尊尊」的身分秩序觀研究。王忠春與張分田合著的〈從清代「親親」的懲戒權問題看皇權之「尊尊」——以《刑案匯覽》為主要視角〉一文,首先討論皇權跟尊長權的關係,指出皇權對尊長權的限制,某部分原因是基於政權維護的考量。其次,論及司法實踐方面,乾隆年間出現的「呈請發遣」制度,更是將「呈請發遣」的國法做為家長懲戒卑親屬的唯一依據,政府試圖透過國法引領民間的習慣法、限制家長的權力。[84]

王氏和張氏選擇《刑案匯覽》中的「發遣充軍」案例進行解說,除論證家長懲戒權受皇權的限制外,更是為證明,國家權力在清代的高度發展,所導致的社會控制。相較於其他論及《刑案匯覽》與服制

---

[81] 王小丹,〈淺析清代子孫違犯教令罪——以《刑案匯覽》為中心〉,《經濟師》,252(山西,2011.4),頁87。
[82] 子孫違犯教令的研究,還有學者單純從律條著手,再配合《刑案匯覽》的一兩個案例進行討論。祖偉〈論清律「子孫違犯教令」的定罪與量刑〉一文即是這樣的書寫模式,使得《刑案匯覽》成為單純的案例說明。見祖偉,〈論清律「子孫違犯教令」的定罪與量刑〉,《法制與經濟》,237(廣西,2017.3),頁167-168、171。
[83] 劉佳惠,〈清代不孝罪述評——以《刑案匯覽》有關案例為依據〉,《湖北經濟學院學報(人文社會科學版)》,13:6(湖北,2016.6),頁94-97。
[84] 王忠春、張分田,〈從清代「親親」的懲戒權問題看皇權之「尊尊」——以《刑案匯覽》為主要視角〉,《歷史教學》,555(天津,2008.5),頁49。

的論著,該篇研究對於案例跟論述主題的契合度較高,在寫作手法上可做為本文的參考對象。[85]

綜前所述,《刑案匯覽》的服制研究眾多,且另有搭配刑科題本做整體研究。其特色在於,服制親屬間的尊卑與上下關係造成最終法律適用結果的不同,原則上,身為尊者和長者會獲得一定程度的減刑,以維持服制親屬間的倫常紀律。然而,本文欲提出更細緻的問題,即具體的減刑措施和程度,更重要的是,運用的律例是否均出於毆期親尊長門。從而上開提及的所有研究,提供本文良好的思考方向,具開導之作用。

第四節　研究方法

本文以《刑案匯覽》為核心,佐以《大清律例》及《大清會典事例》等清代成文法典進行法律與實務的探究。此外,本文的研究方法與一般歷史研究法不同,將嘗試帶入法學方法進行論述,書寫上盡可能要求兼顧「歷史事實」與「法學理論」的衡平。行文間偶會出現以今釋古的狀況,並非陷於「古今不分」的混淆情狀,而是借用現代刑法學上的一些基本概念,有助於《刑案匯覽》法律與實務上對「錯誤」的理解,為一種值得試驗的方法。

---

[85] 其他有從尊長懲戒權切入的研究,當中亦有提到《刑案匯覽》。王小丹〈清代丈夫懲戒權研究——從《刑案匯覽》中看理與法容忍的家庭暴力〉一文以男性懲戒權為論述中心,指出清代傳統家庭在大多數人的認知下,總被認為丈夫的懲戒權毫無限制,可以任意對不孝順長輩的妻妾毆打,嚴重者甚至死亡。可是在《刑案匯覽》的案件紀錄中,多反映丈夫在實施懲戒權時,仍受到法律的嚴格限制。該文以「先律法解釋,後案例說明」的敘述方法行文,雖完整呈現法律條文規定跟司法實務的落差,卻沒對這樣的現象進行解釋。王小丹,〈清代丈夫懲戒權研究——從《刑案匯覽》中看理與法容忍的家庭暴力〉,《理論界》,463(湖北,2012.4),頁82-84。

本文可能面臨的研究限制，除史學與法學理論的運用平衡外，《刑案匯覽》的史料性質，被學界稱為「各省疑難案件的總匯」、「中央司法官員對全國難度較高司法案件的解釋匯編」[86]因此，在此論述基礎上，「法律審」是《刑案匯覽》主要呈現的意旨，則「事實審」似乎就無討論的必要。不過筆者認為，在清代司法實務嚴格執行審轉制度的前提下，刑部能參與的事實審案件不多，但對地方每年咨部的案件進行處理，是刑部的日常工作。從而，對瞭解刑部在具體案件裡，如何認定事實、適用法律與懲罰犯罪，仍有參考價值。[87]

　　最後，《刑案匯覽》所載的「錯誤」案件，並不會都以「錯誤」二字記載，所以「不符」、「錯」、「誤」、「均未允協」、「輕重未協」等實質是錯誤的用語，是在選擇、定義錯誤案件時要注意的細節。簡言之，筆者在研究行文間，綜合官修典籍等其他史料，論述清代整體的司法體系以及毆期親尊長門的錯誤案件類型。

---

[86] 邱澎生，〈真相大白？明清刑案中的法律推理〉，收入熊秉真主編，《讓證據說話（中國篇）》（臺北：麥田出版，2001），頁162-163。

[87] 此觀點參閱劉志勇，〈清代刑部對「因公科斂」案件的處理——以《刑案匯覽》收錄案件為例〉，《貴州社會科學》，226（貴州，2008.10），頁123。

第二章　毆期親尊長的律例規定

　　朝代的更迭牽引法律制度的變革。唐、明、清三代，隨著時間、空間、人物的不同，在原有的律例基礎上會加以承繼或延伸，[1]本章以時序為主軸，討論「毆期親尊長」的律文和例文變化。書寫與討論前，「毆期親尊長」一詞裡的「尊長」和「期親」法律概念有必要先定義。再解讀唐律的規範和明清兩代的律例變化發展。[2]

　　第一節討論唐明清律和明清例的內容，以及各家律註的解釋有何不同？第二節就清代「毆期親尊長」例文修訂過程中，選擇一條具有實際爭議的例文探討。「毆期親尊長門」13條例文裡，有條例文涉及「卑幼聽從期親尊長毆打次期親尊長，若下手輕，是否止科傷罪」的問題。乾隆五十四年（1788）的通行[3]、道光五年（1825）的奏改條例，至道光十四年（1834）通行後的最終例文確立，已爭論數十載。

　　值得注意的是，《刑案匯覽》的眉批處，與此問題相關的案例說

---

[1] 此為傳統中國法律史研究的觀點。宋代的法典稱之為《宋建隆重詳定刑統》（簡稱《宋刑統》），就編目體例排列上，係《唐律》的延伸與變化。另外可以注意的是，元代亦有《大元聖政國朝典章》、《通制條格》和《至正條格》等成文法典的存在，間接或直接影響法典的編纂。相關研究可參姚大力，〈論元代刑法體系的形成〉，收入柳立言編，《宋元時代的法律思想和社會》（臺北：國立編譯館，2001）頁83-128。後亦收入氏著，《蒙元制度與政治文化》（北京：北京大學出版社，2011），頁279-321。另可參王信杰，《元代刑罰制度研究——以五刑體系為中心》（新北市：花木蘭文化出版社，2016），頁1-104。

[2] 本章在律例上的解讀，會以現代法律所稱的「構成要件」、「法律效果」等用語行法條之解構。理由基於兩點，一為使讀者便於理解，二為以現代法的法條解構概念來看，也較有次序，不至於紊亂。特此說明。

[3] 所謂通行是指「例無專條」，而由刑部建議納入全國適用法規範者而言。相關解說參閱〔清〕祝慶祺編次、鮑書芸參定，《刑案匯覽》，影清光緒12年（1886）刊本（臺北：成文出版社，1968），冊1，卷1，〈凡例〉，頁5-8。

帖有標示「共毆以次尊長例已刪除」字樣。[4]不過，刪除或移改的原因以及具奏的當事人如何對自己的觀點提出有力的證據，前人研究裡多未提及。本節書寫的方式，除探討該條例文的演變過程，亦針對這些要點嘗試解析。

綜言之，本章要釐清的問題，首先，「毆期親尊長」在唐明清的法律概念，以及《大清律例》「毆期親尊長門」的律例規範態樣。其次，討論例文的演變、成立要件與規範對象。同時留意，面對不同的行為主體時，刑罰規定是否有變重或變輕。最後從「卑幼聽從期親尊長毆打次期親尊長，下手輕止科傷罪」的實際法律問題切入，討論涉及的律例爭點與規範的修訂。

第一節　毆期親尊長律例的沿革

本節探討唐明清「毆期親尊長」的法律沿革。書寫的架構，分成「律文」與「例文」兩個部分。第一部分，首先就法律規定的「期親」定義加以論述。其次，就明律的規範探討，特別是各律學家對註腳的解釋。第二部分，則針對明代與清代的例文進行討論。明代的例文，主要針對「手執刀刃，情狀兇惡」以及「卑姪爭產」的議題討論，而清代的例文，因事涉多種社會態樣，在此擬做為後面論及法律推理時的「引路先鋒」。

---

[4] 如：第42卷〈聽從孀母毆斃胞叔下手傷輕〉一案（編號24）。見〔清〕祝慶祺編次、鮑書芸參定，《刑案匯覽》，冊6，卷42，〈聽從孀母毆斃胞叔下手傷輕〉，頁2665-2666。

一、「毆期親尊長」律文的規定

（一）唐律和明律的規定[5]

孔子《孝經》記載：「夫孝，德之本也，教之所由生也。」[6]孝乃德之本，甚至把孝視為「至德要道」[7]，顯見孝的重要性。清人王永彬（1792-1869）的《圍爐夜話》更說：「常存仁孝心，則天下凡不可為者，皆不忍為，所以孝居百行之先；一起邪淫念，則生平極不欲為者，皆不難為，所以淫是萬惡之首。」[8]孝道可說是中國的根本。孝道穩固後，直接或間接影響家庭制度，甚至是中國的政治和社會文化，舉凡「忠」、「仁」亦伴隨之。中國法律上跟「不孝」相關的處罰規定，從中國較具成文法系統的《唐律》便有規範，延伸至明律和清律。[9]

---

[5] 本節原先應從服制談起，再就法律的規定進行討論。惟限於篇幅，僅就唐律的律文探討。有關唐律和服制，甚至和十三經的關係，劉怡君〈《儀禮》對《唐律疏議》的影響──以「親屬名分」諸問題為探討核心〉一文第五部分「『期親』的問題」詳細的比較《儀禮》和《唐律》間的不同之處，值得參考。見劉怡君，〈《儀禮》對《唐律疏議》的影響──以「親屬名分」諸問題為探討核心〉，《中央大學人文學報》，55（桃園，2013.7），頁167-171。該文後部分收入氏著，《援經入律──《唐律疏議》立法樞軸與詮釋進路》（臺北：萬卷樓圖書，2022），第六章，〈《唐律疏議》的親屬關係〉，頁229-297。

[6] 十三經注疏整理委員會編，《孝經注疏》，卷1，〈開宗明義章第一〉（北京：北京大學出版社，2000），頁3-4。

[7] 全文為「子曰：『先王有至德要道，以順天下。民用和睦，上下無怨。』」在《孝經》第12章〈廣要道〉和第13章〈廣至德〉裡，孔子更進一步解釋何為「至德要道」。參十三經注疏整理委員會編，《孝經注疏》，卷1，〈開宗明義章第一〉，頁3。十三經注疏整理委員會編，《孝經注疏》，卷6，〈廣要道第十二〉，頁50。十三經注疏整理委員會編，《孝經注疏》，卷6，〈廣至德第十三〉，頁53。

[8] 此為「百善孝為先，萬惡淫為首」的典故。見〔清〕王永彬，《圍爐夜話》（北京：中華書局，2008），第93則，頁84-86。

[9] 日本學者桑原騭藏（1871-1931）對中國孝道和法律之間的關係有開創性的研究。見〔日〕桑原騭藏，〈支那の孝道殊に法律上より觀たる支那の孝道〉，收入〔日〕桑原騭藏，《桑原騭藏全集第三卷・支那法制史論叢》（東京：岩波書店，1968），頁9-92。中譯本參〔日〕桑原騭藏著、宋念

就「毆期親尊長」字面來看，主要可拆分為三個部分。其一，毆；其次，期親；其三，尊和長。其中「期親」需特別解釋。所謂期親，又名朞親，是親等的一種。[10]《唐律疏議・八議》規定：

> 應議者期以上親及孫
> 【疏】議曰：八議之人，蔭及期以上親及孫，入請。期親者，謂伯叔父母、姑、兄弟、姐妹、妻、子及兄弟子之類。又例云：「稱期親者，曾、高同」及孫者，謂嫡孫重孫皆是，曾、玄亦同。其子孫之婦，服雖輕而義重，亦同期親之例。曾、玄之婦者，非。[11]

按《疏議》的解釋，係指直系卑屬中之子與妻，以及旁系血親中父系親屬之兄弟和祖父系親屬之伯叔父母。[12]然而，在《唐律・名例律》「稱期親祖父母等」條（總52條）有更延伸的親屬適用：

> 諸稱「期親」及稱「祖父母」者，曾、高同。
> 【疏】議曰：稱期親者，戶婚律：「居期喪而嫁娶者，杖一百」即居曾、高喪，並與期同。「及稱祖父母者」，戶婚律云：「祖父母、父母在，別籍、異財，徒三年」即曾、高在，別籍、異

慈譯，《中國之孝道（再版）》，臺北：中華書局，2019。
[10] 期親是服制的一種，惟此處討論的是法律上的期親，因此範圍更加廣闊，如《唐律》所說的母及祖父母，在服制上皆低於父，但在律例上「升同」父；又曾祖父母、高祖父母或同祖父母，或同期親。原先的服制，為曾祖父母服齊衰五月、為高祖父母服齊衰三月，但在律例上升同父母。見〔唐〕長孫無忌等撰、劉俊文點校，《唐律疏議箋解》（北京：中華書局，1996），卷6，〈名例律〉，「稱期親祖父母等」條（總52條），頁502。
[11] 〔唐〕長孫無忌等撰，《唐律疏議》（北京：中華書局，1983），卷2，〈名例律〉，「皇太子妃（請章）」條（總9條），頁33。〔唐〕長孫無忌等撰、劉俊文點校，《唐律疏議箋解》（北京：中華書局，1996），卷2，〈名例律〉，「官爵五品以上（請章）」條（總9條），頁119。
[12] 〔唐〕長孫無忌等撰、劉俊文點校，《唐律疏議箋解》，〈序論〉，頁49。

財，罪亦同。故云「稱期親及稱祖父母者，曾，高同」。

稱「孫」者，曾、玄同。

稱「子」者，男女同。緣坐者，女不同。[13]

　　《疏議》對「孫」跟「子」的定義，實質上包含直系卑屬和旁系血親的女性，即姑和姐。從而「期親」在《唐律》的律文和解釋，涵蓋的範圍很廣，與服制規範有所不同。基本上，律多是「升高」原先在服制裡，規範較輕者。如：伯叔父母、姑、兄弟、姐妹、妻、子及兄弟子。

　　談到具體處罰的律文，以《唐律・鬥訟律》「謀殺期親尊長」「毆詈夫期親尊長」、「告期親尊長」為主要的三種犯罪類型，適用的刑罰從最重的絞斬，到依照《鬥殺律》減等都有。此處以「毆詈夫期親尊長」（總334條）為例：

　　　諸妻毆詈夫之期親以下、緦麻以上尊長，各減夫犯一等。減罪輕者，加凡鬥傷一等。妾犯者，不減。死者，各斬。
　　【疏】議曰：依《喪服》：「夫之所為兄弟服，妻降一等」今妻毆夫緦麻以上尊長，減夫一等，以從夫為服，罪亦降夫。注云：「減罪輕者，加凡鬥傷一等」，謂故毆緦麻兄姐折一支，合流二千五百里，妻若減夫一等，徒三年。故毆凡人折一支，既合流二千里，即是減罪輕，加凡人一等，流二千五百里，是「減罪輕者，加凡鬥傷一等」。「妾犯者，不減」，妾犯尊長，即與夫同。「死者，各斬」，謂毆尊長致死，妻、妾並合斬刑。雖云減

---

[13] 〔唐〕長孫無忌等撰，《唐律疏議》，卷6，〈名例律〉，「稱期親祖父母等」條（總52條），頁136-137。〔唐〕長孫無忌等撰、劉俊文點校，《唐律疏議箋解》，卷6，〈名例律〉，「稱期親祖父母等」條（總52條），頁497-503。

夫一等,若本制服重,即從重論。[14]

　　本條的行為主體雖為妻,但照《律疏》與《喪服》的規定,「妻毆夫緦麻以上尊長,減夫一等,以從夫為服,罪亦降夫。」[15]妻非本宗之人,故在禮法脈絡下,係屬從夫,不能與夫家親屬相毆的處罰規定相比擬,可視為對妻子的處罰專條。[16]「妻毆夫之期親以下、緦麻以上尊長」是本條所指的一種犯罪型態,毆夫期親以下、緦麻以上尊長,得到的法律效果是「各減夫犯一等」,若減罪後,比鬭罪者輕,就加凡鬭傷一等;毆打致死,就處以斬刑。要言之,在毆夫期親尊長的條文裡,除清楚規範行為的主體(妻或妾)外,亦對行為後所生的情形(毆、致傷、致死)而課予不同的法律效果,即刑的加減方面,有減等和加等;刑罰方面,有斬和絞,顯見「毆期親尊長」就親屬與親等遠近的詳細規範。

　　時至明代,《大明律集解附例・名例律》裡有關期親的定義,其實和唐代相同,未有改變。然而在具體行為處罰的《鬭毆律》中,因時空背景的不同,而有對應的變化。同時,因明清律學發展蓬勃,個別律學家對律文或律上註的解釋亦多元。例文的修改均箇中有因,先看基本的律文規定:

> 凡弟妹毆兄姐者,姐妹雖出嫁,兄弟雖為人後,皆降服,而其罪亦同。杖九十、徒二年半。傷者,杖一百、徒三年。折傷者,杖一百、流三千

---

[14] 〔唐〕長孫無忌等撰,《唐律疏議》,卷23,〈鬭訟律〉,「毆詈夫期親尊長」條(總334條),頁420-422。〔唐〕長孫無忌等撰、劉俊文點校,《唐律疏議箋解》,卷23,〈鬭訟律〉,「毆詈夫期親尊長」條(總334條),頁1582-1585。

[15] 〔唐〕長孫無忌等撰,《唐律疏議》,卷23,〈鬭訟律〉,「毆詈夫期親尊長」條(總334條),頁421。

[16] 此觀點的相關論述,見〔唐〕長孫無忌等撰、劉俊文點校,《唐律疏議箋解》,卷23,〈鬭訟律〉,「毆詈夫期親尊長」條(總334條),頁1584。

里。刃傷及折肢,若瞎其一目者,絞。死者,皆斬。若姪毆伯叔父母、姑,及外孫毆外祖父母,各加一等。[17]

「姐妹雖出嫁」的小註就有討論的必要。薛允升(1820-1901)在《唐明律合編》一書裡,揭示此條小註在明律的沿革,特別是私人註釋的看法,同時也說出自己的觀點。據雷夢麟(生卒年不詳)《讀律瑣言》載,本條小註:「姐妹雖出嫁,兄弟雖為人後,皆降服,而其罪亦同。」此處已經表明,即使姐妹出嫁和兄弟出繼,服制上稱之為「出降」,但在罪刑上仍同罪。

雷氏探究此小註的增訂,係「律不言降服減,自難以大功論」認為該「降服罪亦同」小註應予保留。[18]反之,王肯堂(1549-1638)《律例箋解》抱持不同觀點,認為律雖無明文規定降服,但喪服圖的位置是在律例之首,正是尊卑有犯,則降服罪亦減,以喪服圖定罪即可,不應有「服以大功,仍以期親論罪者」這樣的解釋。[19]薛允升最後認為,比照《唐律》與《疏議》「稱期親父母」條的規定與解釋,服制方面,婦人出嫁或男子外繼,皆降本服一等,若有犯,各依本服論,重要的是,不得以出降即依輕服之法,憑「各依本服論」這句話,就足以證明「服降而罪不降」的明文,故王氏《讀律箋解》的論點有待商榷。[20]下以表格整理這項爭點:

---

[17] 黃彰健,《明代律例彙編》(臺北:中央研究院歷史語言研究所,1979),卷20,〈刑律三鬪毆〉,「毆期親尊長」條,頁838-842。
[18] 〔清〕薛允升撰、懷效鋒等點校,《唐明律合編》(北京:法律出版社,1999),卷22,「毆期親尊長」條,頁607。
[19] 〔清〕薛允升撰、懷效鋒等點校,《唐明律合編》,卷22,「毆期親尊長」條,頁607。
[20] 〔清〕薛允升撰、懷效鋒等點校,《唐明律合編》,卷22,「毆期親尊長」條,頁607。

表2-1-1　明律律上註「姐妹出嫁兄弟為人後」律學家之解釋

律文內容				
凡弟妹毆同胞兄姐者，姐妹雖出嫁，兄弟雖為人後，皆降服，而其罪亦同。杖九十、徒二年半。傷者，杖一百、徒三年。折傷者，杖一百、流三千里。				
爭點：該小註應如何解釋？				
作者	著作	主張	備註	
雷夢麟	《讀律瑣言》	保留	律不言降服減，自難以大功論。	
王肯堂	《律例箋解》	刪除	律雖無降服減罪之文，然喪服圖特揭於律之首，正為尊卑有犯，則降服而罪亦減，當照此以定罪可也。**安有服以大功，仍以期親論罪者乎？**	
薛允升	《唐明律合編》	保留	跟唐律一樣，不言出繼和出嫁。 1. 按唐律「稱期親父母條」（總52條），袒免以上親，各依本服論，不以尊壓及出降。 2. 《疏議》載女子出嫁和男子出繼，皆降本服一等，**若有犯，各依本服，不得以出降即依輕服之法。此降服而罪不降之明文也。**	

說　　明：1.畫粗體底線者，為重點之處，即律學家討論的爭點。
　　　　　2.按服制，若出降，需降本服一等。但法律規定，女子出嫁和男子出繼，若有犯，仍照本服，是服制和法律規定的不同之處。

資料來源：〔清〕薛允升撰、懷效鋒等點校，《唐明律合編》（北京：法律出版社，1999），卷22，「毆期親尊長」條，頁607-608。

　　姐妹出嫁和兄弟為人後的問題剖析後，第二個較大的爭議是外孫和祖父母解釋的議題。沈之奇（生卒年不詳）《大清律輯註》和夏敬一（生卒年不詳）《律例執掌》特別針對律所載的外孫於外祖父母進行闡釋。根據《大清律輯註》[21]，外孫於外祖父母，服制僅止於小

---

[21] 本研究所引用的《大清律輯註》，係以《大清律例匯輯便覽》的版本為主，原因是西元2000年由北京法律出版社出版的點校本，係綜合其他律例解釋書而成，直接援引一手史料較為妥當，特此說明。見〔清〕沈之奇

表2-1-2　明律律文「外孫外祖父母」律學家之解釋

爭議的律文內容
若姪毆伯叔父母、姑及**外孫毆外祖父母**加止滿流，不加入於死。若刃傷經擬以絞，各加一等。其過失殺傷者，各減就上文各本殺傷罪二等，故殺者，皆凌遲處死。
爭點：外祖父母應如何解釋？

作者	著作	主張
沈之奇	《大清律輯註》	1. 外孫於外祖父母，服制僅止於小功，但本質上仍出於己身，故「服輕義重」，所以跟伯叔父母、姑同論。 2. 若外祖父母被出及改嫁者亦同論，蓋雖被出改嫁，而我母所自出之恩，不可泯也。 3. <u>嫡繼慈養母之父母，皆不得同於外祖父母論。</u>
夏敬一	《讀律示掌》	1. 外祖父母指親生母之父母。 2. 照大功條以下的定例，母黨有犯，親母嫡母本生母黨族仍照服制定擬。

說　　明：1. 畫粗體底線者，為重點之處。

　　　　　2. 從沈氏和夏氏的說法來看，外祖父母指親生母之父母，不含嫡繼慈養母之父母。

資料來源：〔清〕薛允升撰、懷效鋒等點校，《唐明律合編》（北京：法律出版社，1999），卷22，「毆期親尊長」條，頁607。

功，但本質上仍出於己身，故「服輕義重」，所以跟伯叔父母、姑同論。禮制方面，若親母死於室，則為其黨服，又眾子嫡母存，則為其黨服，死亡則不服喪。[22]《大清律輯註》又說：「若外祖父母被出及改嫁者亦同論，蓋雖被出改嫁，而我母所自出之恩，不可泯也」。[23]

著、懷效鋒等點校，《大清律輯註》（北京：法律出版社，2000）。

[22] 〔唐〕長孫無忌等撰，《唐律疏議》，卷1，〈名例律〉，「十惡」條（總6條），頁9。生母、繼母服以及其原來的服制關係，可參看劉怡君，〈論《唐律疏議》對《禮記》「通經致用」之情形〉，《中國學術年刊》，37（臺北，國立臺灣師範大學國文學系）第四部分「從《禮記》的「親屬關係」說明親屬相犯的律法條文」，頁80-82。

[23] 〔清〕李瀚章等纂，《大清律例彙輯便覽》，冊10，卷28，〈刑律鬪毆下・毆期親尊長〉條例1，頁4055。

綜合來說，嫡繼慈養母之父母，皆不得同於外祖父母論。《讀律示掌》則認為，外祖父母指親生母之父母，誠如沈之奇所言，但照大功條以下的定例，母黨若有犯，親母、嫡母和本生母黨族，仍須要照服制定擬，夏敬一認為，應彼此參看。[24]

綜上，觀察唐明兩代關於「毆期親尊長」的律本文規範，可以整理出幾個要點。一是「期親」在律中的定義，《唐律‧名例律》「稱期親祖父母等」條（總52條）已將範圍限定，包含直系卑屬中的子與妻，以及旁系血親中父系親屬的兄弟和祖父系親屬的伯叔父母。在具體的各論規定裡，以「妻毆夫之期親尊長」為例，即使妻並非夫的本宗，基於夫妻倫常的維護，仍是犯罪主體的適用範疇，刑罰效果是「減夫一等」。當然，亦要考慮行為時的態樣以及犯罪的客體，以求刑罰效果的尊卑與親疏有別。

明律方面，對「期親」的定義承襲自唐律，在明初律例制定或繼受之際，討論的其中一個問題是，「姐妹出嫁雖降服，罪亦同」的小註如何解釋和是否刪除。雷夢麟《讀律瑣言》和王肯堂《律例箋解》兩書分別對此提出自己的看法，前者認為既律文未說降服減，則罪仍同，應予保留；後者認為，既然律首已有喪服圖，若涉及到尊卑有犯、律無明文的情況，則應以喪服圖定罪，不應解釋成「服以大功，仍以期親論罪者」。所以，雷夢麟的解釋較有理由，薛允升從之。

（二）清律的規定

清律因襲明律，律文的規定未有太大的變動，[25]惟律文的規範主

---

[24] 該大功條以下定例，係《大清律例‧鬥毆下》「毆大功以下尊長」條的第5條例文。見〔清〕李瀚章等纂，《大清律例彙輯便覽》，冊10，卷28，〈刑律鬥毆下‧毆大功以下尊長〉條例5，頁4037-4039。

[25] 鑑於此，筆者不再討論何謂「期親」和「尊長」，因為定義和《唐律》是相同的。參〔唐〕長孫無忌等撰，《唐律疏議》，卷6，〈名例律〉，「稱期親祖父母等」條（總52條），頁136-137。〔唐〕長孫無忌等撰、劉俊文點校，《唐律疏議箋解》，卷6，〈名例律〉，「稱期親祖父母等」條（總52條），頁497-503。

體、客體、構成要件、法律效果等仍有進一步說明及討論的必要，律文的內容是：

> 凡弟妹毆同胞兄姐者，杖九十、徒二年半。傷者，杖一百、徒三年。折傷者，杖一百、流三千里。刃傷不論輕重及折肢、若瞎其一目者，絞。以上各依首、從法。死者，不分首、從皆斬。若姪毆伯叔父母、姑，是期親尊屬及外孫毆外祖父母，服雖小功，其恩義與期親並重。各加毆兄姐罪一等。加者，不至於絞。如刃傷、折肢瞎目者，亦ূ。至死者，亦皆斬。其過失殺傷者，各減本殺傷兄姐及伯叔父、母、姑、外祖父母罪二等。不在收贖之限。故殺者，皆不分首、從凌遲處死。若卑幼與外人謀故殺親屬者，外人造意下手，從而加功、不加功，各依凡人本律科罪，不在皆斬、皆凌遲之限。其期親兄姐毆殺弟妹，及伯叔姑毆殺姪並姪孫，若外祖父母毆殺外孫者，杖一百、徒三年。故殺者，杖一百、流二千里。篤疾至折傷以下，俱勿論。過失殺者，各勿論。[26]

為避免行文的旁枝蔓雜，以下再依據律文內容分段解析。首先第一段：

> 凡弟妹毆同胞兄姐者，杖九十、徒二年半。傷者，杖一百、徒三年。折傷者，杖一百、流三千里。刃傷不論輕重及折肢、若瞎其一目者，絞。以上各依首、從法。死者，不分首、從皆斬。

從律文的構成要件來看，開頭所言的行為主體是弟妹，若是「毆」行為客體「同胞兄姐」，法律效果是「杖九十、徒二年半」。接著則是各種程度「傷」的規定，分別是單純的傷、折傷、刃傷（不

---

[26] 〔清〕薛允升著、黃靜嘉編校，《讀例存疑重刊本》（臺北：成文出版社，1970），第四冊，〈卷三十四刑律人命之三〉「戲殺誤殺過失殺傷人」條，編號292-00，頁849。

論輕重）以及折肢。倘若使其瞎目，均論以絞刑，傷與折傷都有杖一百的刑罰，再分別論以徒刑兩年半或三年。律文的最後，特別註明若有首從法，各自以為之；使同胞兄姐死者，處以絞刑。值得注意的是，律文的規範，係以行為所生的結果，對應各自的法律效果。再來是律文的中段：

> 若姪毆伯叔父、母、姑，是期親尊屬及外孫毆外祖父母，服雖小功，其恩義與期親並重。各加毆兄姐罪一等。加者，不至於絞。如刃傷、折肢瞎目者，亦絞。至死者，亦皆斬。

律文中段開始，行為的主體和客體改變，主體是姪、客體是伯叔父、母、姑與期親尊屬，此外，更進一步說明外孫毆外祖父母的情形。而這些狀態，處以的法律效果是「加毆兄姐罪一等」，從小字的註腳來看，「毆」的行為，不會加至絞刑。倘若為持兇器、造成折肢毀目的情形，則仍以絞刑論，死者，亦皆斬。

綜上所述，中段的律文規範有幾個特點：第一，行為客體和主體的改變，主體方面，從弟妹變成姪；客體方面，從兄姐擴大適用至伯叔父、母、姑等期親尊屬，另也論及外孫毆外祖父母的情境，律上有小註：「服雖小功，其恩義與期親並重」這段話代表在服制方面，外祖父母雖僅止小功，惟基於「恩義」，仍與前述的期親並重。[27]從而

---

[27] 與期親尊屬並重的規範並非只有清代如此。《唐律》〈鬪訟律〉「毆兄姐」條（總328條）規定：「諸毆兄姐者，徒二年半；傷者，徒三年；折傷者，流三千里；刃傷及折支，若瞎其一目者，絞；死者，皆斬；詈者，杖一百。伯父母、姑、外祖父母，各加一等」外祖父母加等的情況在此已樹立，延續至清律。在《唐律疏議》的解釋裡，可稱為「犯尊」（有別於「犯長」）。見〔唐〕長孫無忌等撰，《唐律疏議》，卷22，〈鬪訟律〉，「毆兄姐等」條（總328條），頁413-414。〔唐〕長孫無忌等撰、劉俊文點校，《唐律疏議箋解》，卷22，〈鬪訟律〉，「毆兄姐」條（總328條），頁1557-1561。關於《唐律》律文解釋的分析，參桂齊遜，〈《唐律》關於「律文解釋」方式之分析〉，《通識研究期刊》，8（桃園，2005.12），頁57-88。

各加一等,這時律上又有小註,聲明不加至絞刑。第二,行為人犯罪狀態的改變,特別是毆打時,持有兇器或致期親尊長折肢瞎目,由於兇器的加持跟視犯罪結果的嚴重程度,分別論以最重的絞刑和斬刑。

值得注意的一點是「以刀刃傷者」的情狀,該門第一條例文是:「凡卑幼毆期親尊長,執有刀刃趕殺,情狀兇惡者,雖未傷,依律發近邊充軍。」[28]原是明代的問刑條例,順治三年(1646)和乾隆三十三年(1768)分別刪改、改定。正補足律文未提及之處,即「未傷者如何論以刑罰」的疑問,間接證實律文和例文間兩者相輔相成、互相補充,又例文依據時空變遷而做調整。

律文的最後,論及過失和故意毆傷的區別,以及「外人」教唆、協助毆傷期親尊屬,應論以何種法律效果的規定。以下為律文的內容:

> 其過失殺傷者,各減本殺傷兄姐及伯叔父、母、姑、外祖父母罪二等。不在收贖之限。故殺者,皆不分首、從凌遲處死。若卑幼與外人謀故殺期親屬者,外人造意下手,從而加功、不加功,各依凡人本律科罪,不在皆斬、皆凌遲之限。其期親兄姐毆殺弟妹,及伯叔姑毆殺姪並姪孫,若外祖父母毆殺外孫者,杖一百、徒三年。故殺者,杖一百、流二千里。篤疾至折傷以下,俱勿論。過失殺者,各勿論。

首先論及卑幼過失殺的情形,各減本殺傷(前述的兄姐及伯叔父、母、姑、外祖父母)罪二等且不在收贖之列。分析原因,應為「過失殺」的本質所致,所謂過失殺,係指耳目所不及、思慮所不到,初無害人之意,而偶致殺傷人。[29]既初無害人之意,則行為人

---

[28] 〔清〕李瀚章等纂,《大清律例彙輯便覽》,影清光緒29年(1903)刊本(臺北:成文出版社,1975),冊10,卷28,〈刑律鬥毆下・毆期親尊長〉條例1,頁4059。

[29] 〔清〕托津等奉敕纂,《欽定大清會典・嘉慶朝》,《近代中國史料叢刊・三編》,第64輯,第631-640冊(臺北:文海出版社,1991),卷42,

（卑幼）的量刑自然可以討論。《刑案匯覽》亦有收錄刑部對過失殺情狀審理的案件，以道光五年（1825）〈弟因劈柴下手稍偏誤殺胞兄〉說帖為例：

> 臣等詳核案情，戴應成劈柴下手稍偏誤傷伊兄戴應恒額顱，彼時戴應成並無害人之心，又無逞兇及與人爭鬥，情狀核與「過失殺人條」內「初無害人之意而偶致殺人」之律注相符。即謂該犯於劈柴之時，伊兄低頭拾柴，與「耳目所不能及、思慮所不能到」之案稍有不同，亦應原其初無害人之意比引恰合他條，酌量定擬，以示區別。今該撫將戴應成依〈弟毆胞兄死者律〉問擬斬決，援引卑幼誤傷尊長之例夾簽，是以情近過失之案援引爭鬥誤殺之條，究未允協，案關生死出入，應令另行妥擬。道光五年說帖[30]

巡撫在此案，援引「弟毆胞兄死者律」的律本文，問擬斬決。因係誤傷，又援引卑幼誤傷尊長的例文，聲請夾簽。此外，又引嘉慶九年（1804）、道光三年（1823）的〈打牛、擲犬誤傷胞兄身死〉兩個案例佐證，以「無心干犯」具題。

刑部在詳細查核該案的案情後，區分鬭毆和偶然所致之傷的不同。另針對事實中的「誤」區分害人之心的有無，認為實際案情跟「過失殺人條」裡「初無害人之意，而偶致殺人」的律上註相符，但在「耳目所不能及、思慮所不能」的部分需要商榷。無心與否終究還是造成「手刃致斃」的結果發生，跟「深山安置窩弓例」、「向城市施放槍銃例」的例意不符；其次，巡撫引用的兩個案例，

〈刑部〉，頁2004。另可參傅宗懋，〈清代知縣司法權之研究〉，收入氏著，《清制論文集（下）》（臺北：臺灣商務印書館，1977），頁355。

[30] 〔清〕祝慶祺編次、鮑書芸參定，《刑案匯覽》，冊6，卷42，〈弟因劈柴下手稍偏誤殺胞兄〉，頁2650-2653。

均是擲打牲畜誤斃兄命,跟因劈柴誤傷兄的狀況不同,說帖的最後,該撫主張行為人「相距咫尺、耳目切近,思慮宜周」的部分,刑部認為可以照律定擬,於是要求巡撫應「查核案情,另行定擬具題」。[31]

本案的爭點在「過失」跟「誤」應如何區別。清末修律大臣沈家本(1840-1913)就以《大禹謨》至《唐律》,特別是《唐律疏議》的解釋,區分兩者的差異:

> 據《疏議》所言,於二者之分別,最為分曉。一則元有害人,一則初無害人,判然不同耳。「目所不及,思慮所不到」二語,亦即從「非本意」三字紬譯而出。漢人語簡質,至唐則詳明耳。自是之後,歷代遵循,莫之或改。[32]

這段內容,可見直到《清律》,對律文仍是採《唐律》的解釋未做修改。沈家本跟當時西方的法律相較,指出「有過失而無誤」的原因是:「蓋亦以誤殺元有害心,故無論其所殺係所欲殺之人,或非所欲殺之人,其害之事已成,難以末減。唐律以鬥殺傷論,亦即此意。」[33]審判實務上,審判者宜按情節酌量輕減。因此,過失的減輕量刑可見一斑。

末段律文有一需要注意的地方,即「外人」與卑幼共同致傷期親尊長。根據律文的規定,承襲前段收贖、皆斬的解釋,卑幼與外人共謀故殺親屬,若外人造意(又稱教唆)下手,因而加功或不加功,這時外人本身不適用功服減輕罪名的規範,應以凡人本律論處。最後,

---

[31] 〔清〕祝慶祺編次、鮑書芸參定,《刑案匯覽》,冊6,卷42,〈弟因劈柴下手稍偏誤殺胞兄〉,頁2651。
[32] 〔清〕沈家本著、鄧經元等點校,《歷代刑法考附寄簃文存》(北京:中華書局,1985),卷3,〈說‧誤與過失分別說〉,頁2122。
[33] 〔清〕沈家本著、鄧經元等點校,《歷代刑法考附寄簃文存》,卷3,〈說‧誤與過失分別說〉,頁2122。

律文再論及三種態樣，這時的角色服制換成「期親」兄姐毆殺弟妹、伯叔姑毆殺姪並姪孫及外祖父母毆殺外孫三種情況。從賦予的法律效果，杖一百、徒三年；故殺者，杖一百、流二千里。甚至使卑幼篤疾至折傷以下者，俱勿論，最後，過失殺者，各勿論。顯見，三種情況皆不致死刑，最多至流刑，突顯具備期親身分的尊或長毆殺卑幼的刑罰減輕規定。[34] 茲將清代「毆期親尊長」律文的構成要件及法律效果以表格呈現：

表2-1-3　清代「毆期親尊長門」律文構成要件和法律效果

律前段				
凡弟妹毆同胞兄姐者，杖九十、徒二年半。傷者，杖一百、徒三年。折傷者，杖一百、流三千里。刃傷不論輕重及折肢、若瞎其一目者，絞。以上各依首、從法。死者，不分首、從皆斬。				
行為主體	行為	行為客體	法律效果	備註
弟妹	毆	同胞兄姐	杖九十、徒二年半	各依首從法
	傷		杖一百、徒三年	
	折傷		杖一百、流三千里	
	刃傷		絞	不論輕重
	折肢			
	瞎其一目			
	死		斬	不分首從

---

[34] 這裡所謂的減輕，係指跟凡人相較而言。其實不僅從毆期親尊長的律本文可看出，《大清律例・刑律・人命・謀殺祖父母父母》亦規定：「其尊長謀殺本宗及外姻卑幼，已行者，各依故殺罪減二等；已傷者，減一等；已殺者，依故殺法。依故殺法者，謂各依門毆條內尊長故殺卑幼律問罪。為從者，各依服屬科斷」行、傷兩種結果都有減等的規定，再次應證尊犯卑的減輕規範。見〔清〕李瀚章等纂，《大清律例彙輯便覽》，冊9，卷26，〈刑律人命・謀殺祖父母父母〉，頁3542。有關清律尊長權、凡人和親屬相犯的問題，參梁弘孟，〈尊長權與貞節的衝突——以刑案匯覽中「子婦拒姦殺傷伊翁」類案件為例〉，《國立中正大學法學集刊》，50（嘉義，2016.1），頁58-64。

第二章 毆期親尊長的律例規定 63

律中段

若姪毆伯叔父、母、姑,是期親尊屬及外孫毆外祖父母,服雖小功,其恩義與期親並重。各加毆兄姐罪一等。加者,不至於絞。如刃傷、折肢瞎目者,亦絞。至死者,亦皆斬。

行為主體	行為	行為客體	法律效果	備註	
姪	毆	伯叔父、母、姑	加毆兄姐罪一等	期親尊屬	加者,不加至絞
外孫		外祖父母		服雖小功,恩義與期親並重	
姪、外孫	折肢 瞎其一目	伯叔父、母、姑、外祖父母	絞		
	死		斬		

律末段

其過失殺傷者,各減本殺傷兄姐及伯叔父、母、姑、外祖父母罪二等。不在收贖之限。故殺者,皆不分首從,凌遲處死。若卑幼與外人謀故殺親屬者,外人造意下手,從而加功、不加功,各依凡人本律科罪,不在皆斬、皆凌遲之限。其期親兄姐毆殺弟妹,及伯叔姑毆殺姪並姪孫,若外祖父母毆殺外孫者,杖一百、徒三年。故殺者,杖一百、流二千里。篤疾至折傷以下,俱勿論。過失殺者,各勿論。

行為主體	行為	行為客體	法律效果	備註
卑幼	過失殺傷	期親尊長	各減本殺傷兄姐及伯叔父、母、姑、外祖父母罪二等	不在收贖之列
	故殺		凌遲處死	不分首從
卑幼與外人	謀故殺	親屬	各依凡人本律科罪	1. 外人造意下手 2. 加功、不加功 3. 不在皆斬、皆凌遲之限
期親兄姐	毆殺	弟妹	杖一百、徒三年	
伯叔姑		姪並姪孫		
外祖父母		外孫		

期親兄姐、伯叔姑、外祖父母	故殺	弟妹、姪並姪孫、外孫	杖一百、流二千里	篤疾至折傷以下，俱勿論
	過失殺者		各勿論	

說　明：1.本表以現代法的「構成要件」和「法律效果」解析清代「毆期親尊長」的律文規範，以求便覽。

　　　　2.行為主體、行為、行為客體會影響法律效果的適用。

　　　　3.律末段的行為主體「期親兄姐」開始，其實已非「毆期親尊長」的基本型態。從律文的法律效果來看，顯見尊長毆卑幼故殺和過失殺的刑罰　減輕規定。（杖、徒、流和俱勿論）

資料來源：〔清〕吳坤修等撰、郭成偉主編，《大清律例根原（叁）》，卷87，〈刑律・鬥毆下〉「毆期親尊長」條（上海：上海辭書出版社，2012），頁1392-1395。

〔清〕薛允升著、黃靜嘉編校，《讀例存疑重刊本》（臺北：成文出版社，1970），第四冊，〈卷三十七刑律鬭毆下之二〉「毆期親尊長」條，編號318-00，頁943。

總的來說，「毆期親尊長」律本文的內容，實際上與唐明兩代相去不遠，多因襲兩朝的文字，不過在解釋上更加完備，特別是關於「出繼和出嫁兄、姐毆弟妹」的部分。從薛允升《讀例存疑》對律文的解說來看，可知「毆期親尊長」律註的增刪以及乾隆三十二年（1767）後，未再作修改：

> 此仍《明律》，原有小註，順治三年增修。其「過失殺傷者」句，有小註「於加等上」四字，雍正三年刪。首句下有小註「姐妹雖出嫁，兄弟雖為人後降服，其罪亦同」十七字，乾隆五年按：註載『姐妹雖出嫁，兄弟雖為人後降服，其罪亦同』，所以重人倫也。但律內未言出繼之兄、出嫁之姐毆弟妹者，作何定擬之處。查子於母有犯，嫡、繼、慈、養母皆與親母同。母毆殺、故殺其子者，嫡、繼、慈、養母各加一等，由此而推，則弟妹毆兄姐，固在所當重，而兄姐毆弟妹，亦不得獨寬，應於『其罪

亦同』註下增『若出繼之兄、出嫁之姐毆弟妹者,依現在服制科斷』」。三十二年按:註載『姐妹雖出嫁,兄弟雖為人後降服,其罪亦同。若出繼之兄、出嫁之姐毆弟妹者,依現在服制科斷』等語,已於二十四年九月,議覆江西按察使亢保條奏摺內奏准刪除,因遵照刪去。[35]

解說的核心圍繞「出繼和出嫁兄、姐毆弟妹」,有兩點值得關注。其一,是在明律就存在的問題。「毆期親尊長」律文的首句,原下有小註「姐妹雖出嫁,兄弟雖為人後降服,其罪亦同」等十七字,原先已大致解決明律裡「出嫁姐妹、兄弟為人後的降服同罪」議題。可是卻沒有解決出繼之兄、出嫁之姐毆弟妹的問題,故乾隆五年(1740)在「其罪亦同」四字下,再增「若出繼之兄、出嫁之姐毆弟妹者,依現在服制科斷」,以求情法兩盡。[36]其次,乾隆三十二年(1767),「出繼及出嫁」衍生的問題,在乾隆二十四年(1760)已獲得解決,方法是議覆當時江西按察使亢保(生卒年不詳)條奏摺內奏准刪除。[37]至此之後,清代「毆期親尊長」律本文的內容,未再做修改。

---

[35] 〔清〕薛允升著、黃靜嘉編校,《讀例存疑重刊本》,第四冊,〈卷三十七刑律鬭毆下之二〉「毆期親尊長」條,編號318-00,頁943-944。

[36] 綜合薛允升《讀例存疑》和吳坤修纂《大清律例根原》,尊長故殺卑,嫡、繼、慈、養母各加一等,反面解釋,弟妹毆兄姐,固然有其應量刑之處,則兄姐毆弟妹也不能從寬認定,所以應論以服制,以昭情平之法。見〔清〕吳坤修等撰、郭成偉主編,《大清律例根原(叁)》,卷87,〈刑律‧鬭毆下〉「毆期親尊長」條(上海:上海辭書出版社,2012),頁1393。

[37] 至於為何刪除,史料闕如,目前無法解答。不過從「亢保」這個名字和歷任官職來看,可參閱清代蒙古相關史料尋找問題的答案。亢保的經歷,有常鎮道、江西按察使、湖北布政使,參〔清〕慶桂等修,《清實錄‧高宗純皇帝實錄》(北京:中華書局,1986),卷543、580、629,乾隆二十二年七月十七日、乾隆二十四年二月六日、乾隆二十六年正月三十日,頁894上、401下、21上。

表2-1-4　清律「毆期親尊長」律文演變

年份	修訂律註文內容	備註
順治三年（1646）	其過失殺傷者，於加等上。各減本殺傷兄姐及伯叔父、母、姑、外祖父母罪二等。不在收贖之限	「過失殺傷者」句，有小註「於加等上」四字
雍正三年（1725）	其過失殺傷者，各減本殺傷兄姐及伯叔父、母、姑、外祖父母罪二等。不在收贖之限。	「過失殺傷者」句小註「於加等上」四字刪除
乾隆五年（1740）	凡弟妹毆同胞兄姐者，姐妹雖出嫁，兄弟雖為人後降服，其罪亦同（十七字）若出繼之兄、出嫁之姐毆弟妹者，依現在服制科斷	1. 註載『姐妹雖出嫁，兄弟雖為人後降服，其罪亦同』，所以重人倫也。但律內未言出繼之兄、出嫁之姐毆弟妹者，作何定擬之處 2. 查子於母有犯，嫡、繼、慈、養母皆與親母同。母毆殺、故殺其子者，嫡、繼、慈、養母各加一等，由此而推，則弟妹毆兄姐，固在所當重，而兄姐毆弟妹，亦不得獨寬
乾隆二十四年（1767）	註載『姐妹雖出嫁，兄弟雖為人後降服，其罪亦同。若出繼之兄、出嫁之姐毆弟妹者，依現在服制科斷』等語	議覆江西按察使亢保條奏摺內奏准刪除

說　　明：1.畫粗體底線者，為增刪之處。

　　　　　2.乾隆年間的律文增刪，仍係圍繞在「姐妹雖出嫁，兄弟雖為人後降服，其罪亦同」的議題上。

資料來源：〔清〕吳坤修等撰、郭成偉主編，《大清律例根原（叁）》，卷87，〈刑律・鬥毆下〉「毆期親尊長」條（上海：上海辭書出版社，2012），頁1392-1395。

　　　　　〔清〕薛允升著、黃靜嘉編校，《讀例存疑重刊本》（臺北：成文出版社，1970），第四冊，〈卷三十七刑律鬭毆下之二〉「毆期親尊長」條，編號318-00，頁943-944。

二、「毆期親尊長」例文的箋解

（一）明代例文的規定

　　明代「毆期親尊長」的條例僅有兩條，一是關於「卑幼毆期親尊長手執刀刃」，一是關於「期親尊長爭奪弟姪財產官職」。「卑幼毆期親尊長手執刀刃」始於《大明律疏附例》記載的弘治十五年（1552）一起〈刑部河南司問得犯人劉雄〉的案件，後被嘉靖、萬曆兩朝的《問刑條例》引作，未曾做大幅度的修改。[38] 沈之奇《大清律輯註》認為，條例僅說刀刃而不言他器，需要實際有趕殺兇惡的情形方可援引，但何謂「兇惡情狀」？實為無法評斷之事，若非明顯，難以問擬。[39] 薛允升擇題出自己的看法，認為該條例是屬於律外加重的情形，原因是該條本來的刑罰是「徒罪」，卻加發充軍。又所謂「依律者」，指的是「弟毆兄姪毆伯叔律」，薛允升以為，明律如這樣的立法技術者很多，此端一開，條例較律本文刑罰加重者，就比比皆是，不可不慎。[40]

　　「期親尊長爭奪弟姪財產官職」的部分，同樣呈現「例比律罪重」的問題。王肯堂《律例箋釋》認為此條是充軍為民，非不足以懲姦，比律內「杖一百流二千里」之罪還重，這裡《律例箋釋》主張應分為兩部分來討論：尊長殺死卑幼，或因彼此忿爭，卑幼不順從，尊長過當而殺之，律文會權衡恩義輕重定罪，所以，兄伯叔謀奪財產官職，故意殺害卑幼，仍以尊卑論罪，這樣的想法是可議的，如此的

---

[38] 據黃彰健的考釋，在《大明律直引問刑條例》裡，犯人劉雄，雄字下面有「朝係教坊司樂工，不合」九個字，但在《大明律疏附例》並沒有。見黃彰健，《明代律例彙編》，卷20，〈刑律三鬪毆〉，「毆期親尊長」條，頁839-840。

[39] 〔清〕李瀚章等纂，《大清律例彙輯便覽》，冊10，卷28，〈刑律鬪毆下・毆期親尊長〉條例1，頁4059-4060。

[40] 〔清〕薛允升撰、懷效鋒等點校，《唐明律合編》，卷22，「毆期親尊長」條，頁609。

話,所謂貪暴無恩之徒,誰不殺害弟姪?此條應當斟酌使用。薛允升認同《箋釋》的想法,但主張直接援引《唐律》裡關於「有所規求」的規範即可,按《唐律疏議・賊盜律》「盜緦麻小功財物」條(總287):「此謂因盜而誤殺者。若有所規求,而故殺期以下卑幼者,絞。餘條準此」[41]薛允升認為,此條係因姦因盜殺傷卑幼的專條,明律不載,導致例文的不足畫一,是讓人困惑的地方。[42]

表2-1-5 明清律學家對明例「毆期親尊長」之見解

例文內容			
凡卑幼毆期親尊長,執有刀刃趕殺,情狀兇惡者,雖未成傷,依律問罪,發邊衛充軍。			
作者	著作	主張	
沈之奇	《大清律輯註》	條例僅說刀刃而不言他器,需要實際有趕殺兇惡的情形方可援引,但何謂「兇惡情狀」?實為無法評斷之事,若非明顯,難以問擬	
薛允升	《唐明律合編》	1. 律外加重的情形。本條原是「徒罪」,卻加發充軍。又所謂「依律者」,指的是「弟毆兄姪毆伯叔律」 2. 明律實際上這樣的狀況很多,此端一開,條例較律本文刑罰加重者更甚	
律文內容			
凡兄與伯叔謀奪弟姪財產、官職等項,故行殺害者,問罪。屬軍衛者,發邊衛充軍;屬有司者,發口外為民。仍斷給財產一半,與被殺家屬養贍。			

---

[41] 所謂有所規求,係指親屬間「非因盜而誤傷」而言,所以有別於一般凡人竊盜論罪。《唐律疏議》亦將因姦略誘列為「餘條」,至於「爭競」,有所規求而故殺期親以下卑幼,本條(指鬪訟律)不至死者並絞。相關討論,參〔唐〕長孫無忌等撰,《唐律疏議》,卷20,〈賊盜律〉,「盜緦麻小功財物」條(總287條),頁365。〔唐〕長孫無忌等撰、劉俊文點校,《唐律疏議箋解》,卷20,〈賊盜律〉,「盜緦麻小功財物」條(總287條),頁1405-1407。

[42] 〔清〕薛允升撰、懷效鋒等點校,《唐明律合編》,卷22,「毆期親尊長」條,頁610。

作者	著作	主張
王肯堂	《律例箋解》	尊長殺死卑幼，或因彼此忿爭，卑幼不順從，尊長過當而殺之，律文會權衡恩義輕重定罪，所以，兄伯叔謀奪財產官職，故意殺害卑幼，**仍以尊卑論罪，可議**。
薛允升	《唐明律合編》	直接援引《唐律》裡關於「有所規求」的規範即可，惟**此條係因姦因盜殺傷卑幼之專條，明律不載**，導致例文的不足畫一。

說　　明：1.畫粗體底線者，為重點之處。
　　　　　2.兩條例文均開示明代「毆期親尊長例」的律外加重情形。
資料來源：〔清〕薛允升撰、懷效鋒等點校，《唐明律合編》（北京：法律出版社，1999），卷22，「毆期親尊長」條，頁608-610。

綜上，明代「毆期親尊長」條的條例僅有兩款，又律註圍繞的核心問題主要是「例是否比律的刑罰規定為重」。除此之外，直到順治三年（1646）的例均未作修改。

（二）清代例文的規定

清代的法律規範形式，除「律」之外，還有「例」。「律」跟「例」有本質上的不同，所謂「律」是指國家法律的「綱」；「例」則為「目」，包含「條例」跟「事例」兩種。最主要的區別，「律」是維護國家法律的安定性，具有規範全體人民的作用，也是區分「罪」與「非罪」的主要法規範，而「例」則根據不同的需求，因時、因地對律文做適當的補充、修改，較靈活。[43]所以，觀察研究例

---

[43] 有關清代「律」跟「例」彼此的關係、適用、差別等議題已經有許多論著加以討論，可見陳惠馨，〈《大清律例》的「律」與「例」及清朝其他法規範〉、〈《大清律例》中「例」的結構與變化〉，皆收入氏著，《清代法制新探（修訂第二版）》（臺北：五南圖書出版，2014），頁119-132、133-146。黃源盛，《中國法史導論》，頁310-313。亦可參閱蘇亦工，《明清律典與條例（修訂版）》（北京：商務印書館，2020），第十章，〈律例關係辨析〉，頁313-330。

文的變化，更能知道當時面臨的各種法律、社會甚至是經濟的問題。清末民初的政治家趙爾巽（1844-1927）主編的《清史稿・刑法志》其實已經有得出清代「律」跟「例」之間的關係：「蓋清代定例，一如宋時之編敕，有例不用律，律既多虛文，而例遂愈滋繁碎」[44]更有「以例破律」的情況發生。[45]總之，研究清代法律，例亦有其重要性。那麼，清代「毆期親尊長」的例文有哪些？各自規範哪些情狀？之後例文的增刪反應什麼情形？這些問題，都是本文探討「毆期親尊長」的13條例文會關注的地方。

清代「毆期親尊長」共計13條例文，分別規範不同的情狀，甚至部分條文係從「毆大功以下尊長」分出納入。如：「毆期親尊長」第13條例文關於「毆傷期親尊長、尊屬及外祖父母保辜」[46]的規定，係

---

[44] 〔清〕趙爾巽等撰，《清史稿》（北京：中華書局，1977），卷142，〈刑法一〉，頁4186。

[45] 從《刑案匯覽》呈現的司法審判實務來看，確實有「以例破律」、「有例即不用律」的情形。如《刑案匯覽》第6卷的一起〈放槍打牲誤斃母舅犯實時不知〉說帖，最後有說：「查向來辦理案件，有例不用律。所有該司議駁之處，應毋庸議」更加坐實這個論點。見〔清〕祝慶祺編次、鮑書芸參定，《刑案匯覽》，冊2，卷6，〈放槍打牲誤斃母舅犯實時不知〉，頁535-536。

[46] 所謂保辜，係指行為人毆傷被害人後，法律規定在一定期間內，視行為的最後結果定罪量刑。《大清律例・刑律・鬭毆上》「保辜期限」條有對「保辜」兩字定義：「保，養也。辜，罪也。保辜謂毆傷人未至死，當官立限以保之。保人之傷，正所以保己之罪也」見〔清〕李瀚章等纂，《大清律例彙輯便覽》，冊10，卷27，〈刑律鬭毆上・保辜期限〉律註，頁3879。戴炎輝〈我國傳統舊律之保辜制〉一文應是最全面討論漢代至清代保辜制度者，當中亦有使用《刑案匯覽》討論「因果關係中斷」的保辜以及「卑幼毆傷期親尊長與外祖父母」是否能保辜的問題。見戴炎輝〈我國傳統舊律之保辜制〉，收入財團法人戴炎輝文教基金會編，《傳統中華社會的民刑法制——戴炎輝教授論文集》（臺北：戴炎輝文教基金會編，1998），頁532、572。另有關保辜的具體意義，「保」究竟應解為元人徐元瑞《吏學指南》所言的保留罪名，或是如明清律註所言，係指保養療傷？有學者析論之。見陳登武，《地獄・法律・人間秩序：中古中國宗教、社會與國家》（臺北：國立臺灣師範大學出版中心，2017.6），第十章，〈司法救濟與社會意義——「保辜」與唐代交通肇事的法律規範〉，頁388-390。

在咸豐二年（1852）從「毆大功以下尊長」第2條例文分出，另立專條。[47]下面以表格呈現「毆期親尊長」的例文的變遷：

表2-1-6 清代「毆期親尊長門」13條例文描述的犯罪情狀

編號	描述犯罪情狀
318-01	卑幼毆期親尊長，執有刀刃趕殺
318-02	期親尊長因爭奪弟姪財產官職
318-03	故殺及毆期親弟妹
318-04	內外有服尊長和尊屬毆卑幼之案，卑幼觸犯，依理訓責
318-05	卑幼誤傷尊長至死，罪干斬決，審非逞兇干犯
318-06	僧尼犯罪
318-07	期親尊長與卑幼爭姦互鬪
318-08	期親卑幼毆傷伯叔尊屬，係父母被伯叔父母、姑、外祖父母毆打，情切救護
318-09	期親以下有服尊長殺死有罪卑幼之案，卑幼罪犯應死
318-10	期親弟妹毆死兄姐之案，死者淫惡蔑倫，復毆罵父母，經父母喝令毆斃
318-11	期親卑幼聽從尊長主使，共毆以次尊長、尊屬致死之案，係迫於尊長威嚇，勉從下手，邂逅致死
318-12	卑幼如因事爭鬪，有心施放鳥鎗竹銃，致傷期親尊長、尊屬及外祖父母
318-13	毆傷期親尊長、尊屬及外祖父母保辜

說　明：1.例文各自規範不同的犯罪問題。從卑幼執刃趕殺到毆傷期親尊長保辜的規定，突顯清代各皇帝面臨的司法問題。

2.乾隆至道光年間，「卑幼聽從尊長共毆以次尊長例」單獨刪除、併入第11條例文內。刪除的原因，涉及成案、通行、定例間的適用，待本章第二節討論。

3.毆期親尊長因案關服制，刑罰若涉及重辟，審判者會考量是否能

---

[47] 分出的是期親部分。原文是：「其卑幼刃傷期親尊長、尊屬及外祖父母之案，如釁起挾嫌、有心刃傷者，依律問擬絞決，毋庸聲請；若訊非有心干犯，或係金刃誤傷，及情有可憫者，據擬絞監候，均毋庸夾簽聲明」見〔清〕吳坤修等撰、郭成偉主編，《大清律例根原（叁）》，卷86，〈刑律‧鬪毆下〉「毆大功以下尊長」條，頁1387。

「聲請夾簽」。跟夾簽有關的例文是第5、8、10、11、13條,實際的審判實務待之後討論。

資料來源:〔清〕吳坤修等撰、郭成偉主編,《大清律例根原(叁)》,卷86、87,〈刑律・鬥毆下〉「毆大功以下尊長」條(上海:上海辭書出版社,2012),頁1395-1401。
〔清〕薛允升著、黃靜嘉編校,《讀例存疑重刊本》(臺北:成文出版社,1970),第四冊,〈卷三十六刑律鬥毆下之一〉「毆大功以下尊長」條、〈卷三十七刑律關毆下之二〉「毆期親尊長」條,編號317-00、編號318-00,頁932、949。

從上表可知,毆期親尊長的13條例文,前面兩條關於卑幼執刀趕殺、期親尊長爭奪弟姪財產官職,係從明代的《問刑條例》承繼下來,僅作少部分的刪訂。第3條至第9條,是乾隆年間因應特殊司法案件,參酌不同的卑幼毆期親尊長情狀,制定為成案和定例。以供刑部或地方督撫審理案件時,在「法無明文」的前提下定罪量刑。基本上,由於行為主體本身即存在差異(卑幼或期親尊長),從而在量刑時,主張應回歸各自本律的適用,以求情罪之間的平允。[48]

第10條至第13條例文,係從嘉慶六年,一直到咸豐二年的例文變遷。可以注意的是,行為主體不再限於弟妹等卑幼,而是連尊長亦有成為犯罪主體的可能。如第11條是卑幼聽從尊長的犯罪狀況描述,卑幼勉強聽從尊長下手,甚至聽從的卑幼所做出的行為,超出主使尊長的「期待可能性」時,應如何定罪量刑。[49]例文的構成要件已敘明清

---

[48] 從《刑案匯覽》的裁判狀態來看,多起案件或說帖的開頭,就已開示這樣的審理原則。如第42卷案23〈聽從緦麻卑幼共毆胞兄身死〉、第43卷案33〈救父情切毆死胞伯止准夾簽〉,兩則說帖內,刑部和督撫都有道「分別」的字樣,係應對不同身分、不同情狀,做最適當的審理判斷。兩起說帖,見〔清〕祝慶祺編次、鮑書芸參定,《刑案匯覽》,冊6,卷42,〈聽從緦麻卑幼共毆胞兄身死〉,頁2664-2665。〔清〕祝慶祺編次、鮑書芸參定,《刑案匯覽》,冊6,卷43,〈救父情切毆死胞伯止准夾簽〉,頁2689-2690。

[49] 第11條例文同時涉及清代共犯的議題。戴炎輝〈清律例上之共犯〉一文應為最全面討論此議題的論著,其亦有討論清代尊長教令權與共犯結構的關係。「毆期親尊長」的部分,戴氏係將該例文置於「主使犯的本質及要件」、「主使與聽從者間的關係和罪法」的脈絡下討論。見戴炎輝〈清律

晰，是要仍照本律問擬，法司核議時，夾簽聲請。其一，同樣反映的是行為主體差異，應量以不同的刑度。其次，第12和13條更重視「夾簽」的審理要件，旨在探究卑幼的有心無心干犯、是否有可憫之情狀，以求例文最全面的具備。

綜合言之，「毆期親尊長」的13條例文，前面2條關於卑幼執刃趕殺期親尊長和期親尊長爭奪弟姪財產官職，是延續明律的規定，清初再依照司法實務，加以修併。舉例而言，第2條期親尊長爭奪弟姪財產官職原為兩條，一係明代的《問刑條例》；一係乾隆五十六年的定例，嘉慶六年修併。修併的原因是刑部認為，兩條均指期親尊長圖奪財產，挾嫌故意殺弟姪，應修併成一條，以昭簡當。其次，刑部再根據現行例內謀殺卑幼案件，是以十歲為判斷標準，理由是十歲以下年幼無知，如果遭到謀殺，不能以尋常謀殺論處。則本條的判斷標準是12歲，跟其他例相比，不足畫一，應一律改為十歲。但此時又有例外，常態下，若是常人謀殺十歲以下幼孩，應擬斬決；十一歲以上，應擬斬候。既然本條攸關尊長因爭產謀殺卑幼的服制議題，自然以十一歲為區別標準，以上仍照舊例擬絞監候，以下則依凡人謀殺本律擬斬監候，以求最適當的定罪量刑。[50]

第3至最後的第13條例文，開示一個例文定罪量刑的原則：「不同身分、不同情狀，應以示區別」，律例上，從逞惡、救護情切到有心干犯、情狀可憫的審理，甚至是卑幼毆期親尊長的保辜適用，或許單從例文的規定，我們無法知道其與實際司法審判是否有落差。這個問題，待之後的章節再加以討論。

例上之共犯〉，收入財團法人戴炎輝文教基金會編，《傳統中華社會的民刑法制──戴炎輝教授論文集》，頁684。
[50] 刑部修併的理由，見〔清〕吳坤修等撰、郭成偉主編，《大清律例根原（叁）》，卷87，〈刑律・鬥毆下〉「毆期親尊長」條，頁1400。

第二節　修法爭議：「聽從尊長毆死次尊仍尊本律」的探討

本節從一起道光四年（1824）〈江西司審擬文元毆死胞姪伊克唐阿〉案（下稱「文元案」）[51]的覆議過程，探討清代「毆期親尊長」第11條例文修法突顯的問題。[52]前人已有對此進行研究。顧元《服制命案、干分嫁娶與清代衡平司法》一書第二章，從毆期親尊長律本文的制定談起，次就「卑幼聽從尊長主使，共毆死以次尊長致死」的例文演變論之。最後，則就《刑案匯覽》裡的實際判決情況析論。[53]其指出，被尊長主使毆殺以次尊長的聽從者（筆者按：多指卑幼），是在道德和法律衝突時，無奈的犧牲者。[54]該章所論已屬完備。不過，筆者認為，有若干細節可再行商榷，故仍選擇此議題再探討。

聽從尊長共毆以次尊長，也涉及「共犯」的議題。梁弘孟〈共犯關係下的「準服制以論罪」——以《刑案匯覽》「聽從尊長殺害以次尊長」類案件為例〉一文，以「親屬共同犯罪」的角度，探討清代的立法處置與實務運作。清代親屬互相殺傷的規範，計有謀殺祖父母父母、毆大功以下尊長、毆期親尊長和毆祖父母父母共4個門類，而服制可說是科刑論罪的重要因素。[55]梁氏指出，在「準服制以論罪」的

---

[51] 文元案最初的事實部分，史料闕如，故僅能就說帖和通行內摘錄的事實，搭配律例加以解釋和推敲，合先敘明。

[52] 主要處理卑幼聽從尊長共毆以次期親尊長，身分上有卑幼、期親卑幼、尊長、期親尊長，本節有時會交替使用，史料也同樣交替使用之，惟旨是指同一概念。

[53] 顧元，〈「毆期親尊長」律及其附「期親卑幼聽從尊長主使共毆以次尊長、尊屬致死」例〉，收入氏著，《服制命案、干分嫁娶與清代衡平司法》，（北京：法律出版社，2018），頁58-87。

[54] 顧元，〈「毆期親尊長」律及其附「期親卑幼聽從尊長主使共毆以次尊長、尊屬致死」例〉，頁83。

[55] 梁弘孟，〈共犯關係下的「準服制以論罪」——以《刑案匯覽》「聽從尊長殺害以次尊長」類案件為例〉，《法制史研究》，39（臺北，2022.12），頁109。這些門類的律文和例文，參考〔清〕李瀚章等纂，

禮教立法格局下,即使官方確實有心減輕卑幼的不利處罰地位,但效果依然有限。[56]梁氏的文章,融合現代刑法共犯觀念的解說,亦強調清代尊尊和倫常體系的展現,是本節在書寫模式上,可以注意和參酌之處。

綜上所述,本節採顧氏一文的書寫模式。先就清代「期親卑幼聽從尊長共毆以次尊長」例的沿革談起。該例經過乾隆十一年(1746)、嘉慶六年(1801)、嘉慶九年(1804)、同治九年(1870)的修改歷程,涉及「毆大功以下尊長」和「毆期親尊長」兩個律例門類,在這四個時間點中,刑部官員依照不同的形式,纂為定例或通行,甚至是門類的移改。其次,依序就該案的緣起、兩位江西道御史的意見、刑部之看法,以及《刑案匯覽》記載的裁判實態樣,逐一展開論述。

本節與顧氏一文的不同處有二。其一,「下手輕傷之卑幼,止科傷罪」存廢的議題裡,奏摺題本內敘及的一些制度用詞有再討論的必要。其次,道光十三年(1832)擔任江西道監察御史的俞焜,其主張恢復「不論下手輕重,悉照本律問擬」的例文規範。本節欲從其在道光十四年(1833)的一份奏摺裡,再次證實其「維護倫常」的積極心態。此外,檢視曾任刑部尚書的薛允升對該例文的評析意見,疏理「聽從尊長共毆以次期親尊長」的修法脈絡。

一、有關毆大功以下尊長

例文的制定和改變,隨著時空背景的不同,而有所應對。在探討

《大清律例彙輯便覽》(臺北:成文出版社,1968),冊9,卷26,〈刑律人命・謀殺祖父母父母〉,頁3541。冊10,卷28,〈刑律鬬毆下・毆大功以下尊長〉,頁4029。冊10,卷28,〈刑律鬬毆下・毆期親尊長〉,頁4055。冊10,卷28,〈刑律鬬毆下・毆期親尊長〉,頁4093。

[56] 梁弘孟,〈共犯關係下的「準服制以論罪」──以《刑案匯覽》「聽從尊長殺害以次尊長」類案件為例〉,頁101。

「聽從尊長共毆以次期親尊長，止科傷罪」的修例問題前，有必要先就史料內相關立法資訊的「前因後果」進行提點和爬梳。意即，「聽從尊長共毆期親尊長」原先的例文規範如何？其實，聽從尊長共毆的狀態，並非剛開始就規定在「毆期親尊長門」內，而是先從「毆大功以下尊長門」發跡，乾隆十一年（1746）四月，大學士會同九卿議奏定例，纂輯遵行：

> 凡聽從下手毆本宗小功、大功兄姊及尊屬致死者，除實係迫於尊長威嚇，勉從下手，邂逅致死者，仍照律減等科斷外，尊長僅令毆打，而輒行疊[57]毆多傷致死者，將下手之犯擬斬監候。[58]

從定例的內容可知，即使是迫於威嚇，聽從尊長毆尊屬的情狀，仍要照律科斷，惟可以減等；至於尊長如果僅令毆打，而卑幼做出逾越尊長預期的情事時，按例規定，將下手之犯（不論是尊長或卑幼）擬斬監候。這是「卑幼聽從下手」的原始規範。

嘉慶六年（1801），刑部意識到「凡人威力主使」和「毆死期親胞兄」身分等差的不同，應論以不同的罪刑，故又進行例文的內容調整，將其改為：

> 凡聽從下手毆本宗小功、大功兄及尊屬致死者，審係迫於尊長威嚇，勉從下手，邂逅致死者，照威力主使律，為從減等擬流。若尊長僅令毆打，而輒行迭毆、多傷致死者，將下手之犯擬斬監候。至聽從下手毆死期親尊長、尊屬之案，仍擬斬立決，夾簽聲

---

[57] 疊，又通「迭」，連續的意思。《說文解字》記載：「更迭也。或假佚字、迭字載字為之」參〔東漢〕許慎著、〔清〕段玉裁注，《說文解字注》（上海：上海古籍出版社，1981），〈二篇下・辵部〉，頁9a。因此，疊毆是指連續毆打之意思。

[58] 〔清〕吳坤修等撰、郭成偉主編，《大清律例根原（叁）》，卷86，〈刑律・鬥毆下〉「毆大功以下尊長」條，頁1381。

請。其聽從下手毆死緦麻尊長、尊屬之案，依律減等擬流。[59]

例文有很明顯的增刪。特別是原先「按律減等」的律，更明確指出是「威力主使律」外，後半部分新增「聽從下手毆死期親尊長、尊屬」，仍擬斬立決，夾簽聲請。夾簽的規定，自始出現在例文內，至於修訂的原因是：

> 威力主使，毆死凡人，將主使之人，絞候；聽從下手之人為從，減等擬流。若毆死期親胞兄，則不分首從，俱擬斬決。二條分別輕重，詞義明顯。至毆死大功兄一條，律例既不言，皆自應分別首、從，但究係服制攸關，未便竟照凡人為從，一體擬流，其應如何與凡人分別治罪之處，律內又無明文。若因係為從，俱減等杖流，是毆死功服尊長與毆死凡人毫無區別，推原律意，必不若此，自應酌定章程，免致參差。[60]

刑部比照威力主使，凡人論罪科刑和毆死期親胞兄的規範，認為兩條輕重分明，但是，有問題的是毆死大功兄，既然律例未明文，那麼依照首從來分更為妥適。只是刑部考慮到服制，若跟凡人同等論罪科刑，則絲毫無區別實益，從而，應酌定章程，避免參差辦理。

尚待解決的問題，還有「照律減等科斷」應如何解釋。刑部認為，係指「照威力主使律，為從減等」，可是並未晰明，故應增改；又聽從毆死期親尊長尊屬的案件，向來按照情輕之例，夾簽聲明，亦應敘明其中。嘉慶九年（1804），由於「主使之尊長」應如何論罪，

---

[59] 〔清〕吳坤修等撰、郭成偉主編，《大清律例根原（叁）》，卷86，〈刑律・鬥毆下〉「毆大功以下尊長」條，頁1384。

[60] 〔清〕吳坤修等撰、郭成偉主編，《大清律例根原（叁）》，卷86，〈刑律・鬥毆下〉「毆大功以下尊長」條，頁1383-1384。

例內未聲明，導致各省辦理不畫一，修法的問題再浮出檯面，此次例文改成：

> 凡聽從下手毆本宗小功、大功兄及尊屬致死者，除主使之尊長，仍各按服制以為首科斷外，下手之犯，審係迫於尊長威嚇，勉從下手，邂逅致死者，照威力主使律，為從減等擬流。若尊長僅令毆打，而輒行迭（疊）毆、多傷致死者，將下手之犯擬斬監候。至聽從下手毆死期親尊長、尊屬之案，仍擬斬立決，夾簽聲請……[61]

例文很明顯地區分主使之尊長和下手之犯如何論罪的問題，原則上，主使之尊長要求按服制以為首論處，而下手之卑幼如修法前的規定，擬斬監候。至於為何修改，刑部指出，乾隆十一年之例雖已纂入例冊，成為定例，按照邏輯推斷，聽從下手的卑幼，既然以為從定擬，則主使的尊長，自然要依服制，以為首論。可是，由於未在例內聲敘主使之文，所以各省在辦理時，有的按照服制，將主使之人為首科斷；有的按照餘人定擬，導致辦理時的不足畫一。歷經駁改，仍屬例無明文，故此次修例納入例內，以昭完備。

以上是「毆大功以下尊長」卑幼聽從尊長共毆的情形。然而，毆期親尊長門相關例文的制定，直到道光四年（1824）才正式編纂成例。同治九年（1870）將「毆大功以下尊長門」第4條例文「毆期親尊長」部分獨立後，未再做任何修改。下以表格的方式呈現例的變遷：

---

[61] 〔清〕吳坤修等撰、郭成偉主編，《大清律例根原（叁）》，卷86，〈刑律・鬥毆下〉「毆大功以下尊長」條，頁1386。

表2-2-1　毆大功以下尊長「聽從下手」例文變遷

年份	例文內容	備註
乾隆十一年（1746）	凡聽從下手毆本宗小功、大功兄姊及尊屬致死者，除**實**係迫於尊長威嚇，勉從下手，邂逅致死者，仍照律減等科斷外，尊長僅令毆打，而輒行疊毆、多傷致死者，將下手之犯擬斬監候	大學士會同九卿議奏定例，纂輯遵行
嘉慶六年（1801）	凡聽從下手毆本宗小功、大功兄及尊屬致死者，**審**係迫於尊長威嚇，勉從下手，邂逅致死者，**照威力主使律**，為從減等擬流……**至聽從下手毆死期親尊長、尊屬之案，仍擬斬立決，夾簽聲請。其聽從下手毆死緦麻尊長、尊屬之案，依律減等擬流**	修改係為區別「威力主使」和凡人之差別
嘉慶九年（1804）	凡聽從下手毆本宗小功、大功兄及尊屬致死者，除**主使之尊長，仍各按服制以為首科斷外**……其聽從下手毆死緦麻尊長、尊屬之案，依律減等擬流	主使之尊長如何定罪量刑，例內未明文，導致各省有不同的適用

說　　明：1.粗體畫底線者為該次修例增訂之部分。
　　　　　2.毆大功以下尊長係在毆期親尊長訂立「聽從共毆」的例文前適用的規定，故裁判實態上，依據實際案例修改之。
　　　　　3.乾隆和嘉慶年間的修改有兩個要點，一係「照律」是指威力主使律，同時解說其量刑與凡人的區別；一係主使之尊長的定罪量刑，仍按各自服制而論。
資料來源：〔清〕吳坤修等撰、郭成偉主編，《大清律例根原（叁）》，卷86，〈刑律・鬥毆下〉「毆大功以下尊長」條，頁1381-1384。

二、有關毆期親尊長

「卑幼聽從尊長共毆以次期親尊長，止科傷罪」的規範，其實直到道光四年和五年，才以「續纂」的理由編入「毆期親尊長」門的例文裡，在此之前，法無明文，故以相類似案件援引，不過，在例文修訂後獲得一段時間的適用，內容是：

期親卑幼聽從尊長,共毆期親尊長、尊屬致死,若主使之尊長亦係死者之期親卑幼,如聽從其父共毆胞伯,及聽從次兄共毆長兄致死之類。律應不分首、從者,各依本律問擬。核其情節,實可矜憫者,仍援例夾簽聲請。其聽從尊長主使,勉從下手共毆,以次期親尊長致死,如聽從胞伯共胞叔,及聽從長兄共毆次兄致死之類。係尊長下手傷重致死,卑幼幫毆傷輕,或兩卑幼聽從尊長主使共毆,內一卑幼傷重致死,一卑幼傷輕,或內有凡人聽從幫毆,係凡人下手傷重致死,承審官悉心研訊,或取有生供,或供證確鑒,除下手傷重致死之犯,各照本律、本例分別問擬外,下手傷輕之卑幼,依律止科傷罪。如係刀傷、折肢,仍依律例分別問擬絞決、絞候,不得以主使為從再行減等。[62]

至此下手傷輕的卑幼止科傷罪,已明顯成為定例,供斷案者作為審理案件時的依據。

當然律例在實務運作上,仍可能產生不足之處。因此,道光五年至十四年該條例刪除之前的這段期間,又續纂:「期親卑幼聽從尊長主使,共毆以次尊長、尊屬之案,無論下手輕重,悉照本律問擬斬決。法司核擬[63]時,夾簽聲請,恭候欽定。不得將下手輕傷之犯,止科傷罪」[64]從例內提醒要求仍照本律擬斬、法司核擬夾簽聲請的情形來看,「下手輕傷止科傷罪」的問題逐漸在實務上被重視,認為應當再次解釋並納入立法裡。所以這般爭議,在道光四年覆議和十三年的通行裡被提出討論。

---

[62] 〔清〕吳坤修等撰、郭成偉主編,《大清律例根原(叁)》,卷87,〈刑律・鬥毆下〉「毆期親尊長」條,頁1404。

[63] 《大清會典》和《大清律例新編纂》作「擬」;《讀例存疑重刊本》作「議」。照《說文解字》的解釋:「擬,度也。今所謂揣度也。从手疑聲」、「議,語也」兩者都有討論和論斷之意,相去不遠。參〔東漢〕許慎著、〔清〕段玉裁注,《說文解字注》(上海:上海古籍出版社,1981),〈十二篇上・手部〉、〈三篇上・言部〉,頁42b、92a。

[64] 〔清〕吳坤修等撰、郭成偉主編,《大清律例根原(叁)》,卷87,〈刑律・鬥毆下〉「毆期親尊長」條,頁1405。

道光十三年的通行，刪除「聽從尊長共毆，下手卑幼止科傷罪」的例文後，同治九年（1870），該條修改「訊係迫於尊長威嚇勉從下手，邂逅至死者，仍照本律問擬斬決」[65]字樣在「尊屬之案」下面，例末也新增「不得將下手輕傷之犯，止科傷罪。如尊長僅令毆打，輒行疊毆多傷至死者，即照本例問擬，不准聲請。道光十五年續纂，同治九年修改」[66]顯見，「卑幼聽從尊長止科傷罪」在「毆期親尊長門」的部分，隨著道光至同治年間的例文內容修改，爭議結束。

表2-2-2　毆期親尊長「卑幼聽從尊長共毆止科傷罪」例文變遷

年份	備註
道光四年（1824）	1. 下手輕傷卑幼止科傷罪的規定始編入例中 2. 以續纂方式編入
道光十三年（1833）	刪除
道光四年至同治九年間（實際時間不詳）	1. 不得止科傷罪的規定始編入例中 2. 以續纂方式編入
同治九年（1870）	移改，編入第11條例文內

說　　明：聽從尊長共毆以次尊長止科傷罪，道光四年依據御史萬方雍對刑部覆議編入例內，至道光十三年刪除。在刪除之前，已有用續纂的方式特別聲明下手之卑幼不得止科傷罪，同治九年，下手輕傷之犯止科傷罪移改至第11條例文裡，修例結束。
資料來源：〔清〕吳坤修等撰、郭成偉主編，《大清律例根原（叁）》，卷87，〈刑律‧鬥毆下〉「毆期親尊長」條，頁1404-1407。

　　綜上所述，「毆大功以下尊長」和「毆期親尊長」都有論及「卑幼聽從尊長共毆」這個議題，雖屬不同脈絡，卻相輔相成。在「毆期親尊長」第11條例文未制定前，定例的編纂入冊，是頗為重要的事

---

[65] 〔清〕吳坤修等撰、郭成偉主編，《大清律例根原（叁）》，卷87，〈刑律‧鬥毆下〉「毆期親尊長」條，頁1405。
[66] 〔清〕李瀚章等纂，《大清律例彙輯便覽》，冊10，卷28，〈刑律鬥毆下‧毆期親尊長〉條例11，頁4069。

情，原因在於，若遇到案情相類似的案件，如何定擬斷案，得到最適切的法律適用，是刑部需要考量的因素之一。例的沒纂入例冊或未敘明清晰，終會成為審理案件時的阻撓。所以，乾隆十一年和嘉慶九年的例文修訂，才要求例文內容規定明白且愈趨詳細，另外在審判實務方面，既然未入例冊，則參照卑幼下手輕傷和聽從尊長之例，將卑幼聲明夾簽、論罪科刑，以求合適、符合服制的律例適用。

（一）增訂的契機：江西道御史萬方雍的覆議和刑部的奏改條例原奏

道光四年（1824）十二月二十日，皇帝諭內閣、前據江西道御史萬方雍奏，刑部審擬文元毆死胞姪伊克唐阿一案，引律失當，於是派托津等人查覆。[67]萬方雍奏稱：「伊克唐阿致死之由，既經刑部訊明，係伊伯文元毆傷所致。伊弟奇里繃阿，實止聽從幫毆有傷」。[68]本案被害人名為伊克唐阿，犯罪行為人是其伯文元以及其弟奇里繃阿。[69]透過刑部的訊明，伊克唐阿死亡的原因是文元毆傷，弟弟奇里繃阿只是聽從文元之意，從旁幫毆致傷。就此奇里繃阿刑責部分，刑部的判斷是將其照〈毆死胞兄律〉擬以斬決，照聽從下手之例，夾簽聲請。

---

[67] 該案和其修法過程相關的說帖通行，除《刑案匯覽》第42卷第24案有記載外，清實錄宣宗成皇帝實錄亦有記載。兩者的差別是，《刑案匯覽》在道光十四年的通行後面，附上道光五年的奏改條例原奏以及乾隆四十五年的通行，更加完備。兩者相同的地方是，均有提及辦理該案錯誤的刑部堂司各官，照例處罰的情形。見〔清〕祝慶祺編次、鮑書芸參定，《刑案匯覽》，冊6，卷42，〈聽從尊長毆死次尊仍尊本律〉，頁2666-2676。〔清〕文慶等修，《清實錄‧宣宗成皇帝實錄》（北京：中華書局，1986），卷77，道光四年十二月二十日，頁239下-240下。

[68] 〔清〕祝慶祺編次、鮑書芸參定，《刑案匯覽》，冊6，卷42，〈聽從尊長毆死次尊仍尊本律〉，頁2669。

[69] 其實根據道光四年的原奏，尚有一行為人鈕勒渾蘇，不過本案重在討論從旁協助毆傷的期親卑幼奇里繃阿，對鈕勒渾蘇的行為較少著墨。刑罰方面，係照毆傷小功本律，改為杖七十，徒一年半，但已鞭責折枷，即予釋放。見〔清〕祝慶祺編次、鮑書芸參定，《刑案匯覽》，冊6，卷42，〈聽從尊長毆死次尊仍尊本律〉，頁2670。

刑部的判斷沒有順利地執行。該案事涉重辟，至都察院十五道掌印監察御史「覆本省刑名」[70]時，江西道御史萬方雍以參奏奉旨覆議的方式，提出不同的意見。其認為刑部引律失當，指出應將奇里紳阿照毆傷期親尊長本律擬徒，實際執行為照毆傷期親尊長本律，杖一百，徒三年，因係旗人，照例折枷鞭責發落。[71]爾後，「聽從尊長共毆以次期親尊長」，一連串的律例修改和司法解釋就此展開。

道光五年奏改條例的原奏，刑部湖廣司查律典的結果，聽從尊長共毆期親尊長案內，下手傷輕的卑幼止科傷罪，係依據乾隆四十五年的通行辦理。至於為何當時未纂入例冊成為定例？不得而知。

《刑案匯覽》後附的北撫通行，前人研究並未探討。[72]筆者認為，該通行是促使該條例文增刪流變的原始因素，實有探討的必要。通行記載案件最初的發生時間是乾隆四十四年（1779）：

　　緣敖善榮係敖善富胞弟、敖大高胞叔。分居遠隔十餘里。敖善富屋西有地三十餘畝，與敖善榮均分，中蓄草兜為界。東係敖善富

---

[70] 有關清代都察院監察御史的職權，見〔清〕托津等奉敕纂，《欽定大清會典・嘉慶朝》，《近代中國史料叢刊・三編》，第64輯，第635-640冊（臺北：文海出版社，1991），卷54，〈都察院〉，頁2511-2528。另參傅宗懋，〈清代司法制度概述〉，收入氏著，《清制論文集（下）》（臺北：臺灣商務印書館，1977），頁313。

[71] 「照例折枷鞭責發落」係清代法律對旗人（有別於被統治的其他族群）「同罪異罰」的一種方式。原先只有鞭責（即鞭刑），但隨著時間一久，漸漸不讓旗人產生對刑罰的畏懼，其犯罪問題亦層出不窮，故順治十三年（1656）刑部提出應對的策略：「旗下人犯充軍流徒罪者，止行鞭責，以致姦宄無所創懲。今後犯軍罪者枷號三月，犯流罪者枷號兩月，犯徒罪者枷號一月，仍照數鞭責。職官本身及妻子兄弟，俱照律准贖。得旨：所奏四款，有裨鋤姦去惡，著即遵行，永著為例」見〔清〕巴泰等修，《清實錄・世祖章皇帝實錄》（北京：中華書局，1985），卷102，順治十三年六月，頁786下-787上。該制度可歸類在清代的刑事法，相關論述見鹿智鈞，《根本與世僕：清朝旗人的法律地位》（臺北：秀威資訊，2017），頁54-55。

[72] 顧元，〈「毆期親尊長」律及其附「期親卑幼聽從尊長主使共毆以次尊長、尊屬致死」例〉，頁58-87。

耕種；西係敖善榮管業。乾隆四十四年十月初四日，五更時分，敖善榮攜帶鐵錨防身，偕子敖繼祖趕牛。赴敖善富屋旁犁地，敖繼祖因牛性強烈不能勒住，犁過界址。敖大高瞥見，疑係有意過界，斥其不應越占，敖繼祖好言剖辨，敖善榮輒言越占何懼，敖善富即與敖善榮口角。[73]

該案的事實限於篇幅，簡要提及。本案當事人有死者敖善榮、行為人為其胞兄敖善富與姪敖大高。此外，其子敖繼祖和敖善富之妻敖陶氏為本案的關係人。在乾隆四十四年十月初四，因犁牛過界導致田界糾紛，毆打過程裡造成死傷，且死者和行為人具有身分關係。而此類案件，在社會經濟與人口高度發展的乾隆中葉，時常發生。[74]

本案第一審的判決，地方衙門與刑部認為敖大高毆傷敖善榮兩肐肘，均不足致命。又敖善富疊戳敖善榮是致命之傷，應以敖善富擬抵。父子二人的論罪科刑，敖善富依毆期親弟致死例，杖一百，流二千里，不過已在司監病而毋庸議。敖大高依姪毆期親叔至死律，擬斬立決。因事涉死刑，為求謹慎，後經刑部等衙門照擬核覆，奉旨九卿議奏。九卿議奏的內容，可見督撫以及刑部的判斷：

查律載：弟毆胞兄傷者，杖一百，徒三年。姪毆伯叔父加毆兄姐罪一等。死者，不分首從皆斬等語。此案敖大高因見胞叔敖善榮持錨向戳伊父，經伊母上前攔救，致被戳傷倒地。勢在危急，該犯情切救護，持棍戳傷敖善榮左右肐肘兩處，迨伊父敖善富與敖善榮奪錨互毆，將敖善榮戳傷頂心等處殞命。查敖大高見母被戳，用棍格傷胞叔敖善榮左右肐肘兩處，俱非致命重傷。敖善榮

---

[73] 〔清〕祝慶祺編次、鮑書芸參定，《刑案匯覽》，冊6，卷42，〈聽從尊長毆死次尊仍尊本律〉，頁2673。

[74] 關於乾隆時期的經濟、社會和法律的發展，參閱賴惠敏的相關論著。見賴惠敏，《但問旗民：清代的法律與社會》，臺北：五南圖書出版，2005。賴惠敏，《乾隆皇帝的荷包》，北京：中華書局，2016。

原因教善富疊戳致命頂心等處致斃,從前該撫因律有姪毆胞叔致死,不分首從之文定擬斬決具題,原屬從嚴辦理。是以刑部等衙門於核覆時,照情輕之例,夾簽聲明。[75]

律文的援引是第一步驟,隨後即為本案的適用。督撫的判斷是遵從律文「死者,不首從皆斬」的規定而從嚴辦理。至於刑部,則是基於卑幼救護心急與所傷非致命的兩項原因,認為應當援引情輕之例,夾簽聲請。不過,九卿議後,認為兩者的理由均未完備,認為應以歷年辦理的成案作為審判依據。其指出:

> 乾隆四十一年五月(按:刑部)議覆直隸總督題李誠毆死胞弟李忠案內,李羊兒助父棍毆期親服叔李忠傷輕不至斃命,即依姪毆傷叔加毆兄姊罪一等律,杖一百,流二千里,題結在案。今教大高救護其母,毆傷其叔,既非無故逞兇干犯尊長,且教善榮實因教善富戳傷致命頂心等處致斃,並非死於教大高所毆肱肘兩傷。臣等核與李羊兒護父毆傷胞叔李忠之處,情罪相符,應將教大高照李羊兒之案,減為杖一百,流二千里。再查卑幼毆期親尊長至死律載不分首從皆斬,惟尊長為首、卑幼為從者,除謀、故殺加功之卑幼,仍俱照律定擬外,如係聽從父命僅止豫毆,並無致命重傷者,止科毆傷尊長本罪。律文內雖未明晰分疏,臣部向來遇有此等案件總照此議覆辦理有案。[76]

依照乾隆四十一年(1776),刑部議覆直隸總督題李誠毆死胞弟李忠案,行為人李羊兒被依姪毆傷叔加毆兄姐罪一等律,處以杖一

---

[75] 〔清〕祝慶祺編次、鮑書芸參定,《刑案匯覽》,冊6,卷42,〈聽從尊長毆死次尊仍尊本律〉,頁2674。

[76] 〔清〕祝慶祺編次、鮑書芸參定,《刑案匯覽》,冊6,卷42,〈聽從尊長毆死次尊仍尊本律〉,頁2675。

百,流二千里之刑。理由是「傷不致命」。對照本案,檢視卑幼敖大高,是為救護母親而毆傷其敖善榮,非無故逞兇干犯尊長且敖善榮之死非敖大高所毆肐肘兩傷所致。進而情罪相符,應比照李羊兒案,論以杖一百,流二千里。

九卿議會的司官,再查卑幼毆期親尊長至死律,「不分首從,皆斬」的規定應當何解。所謂「尊長為首、卑幼為從」,是指除謀、故殺加功之卑幼,仍俱照律定擬外,如係聽從父命僅止豫[77]毆,並無致命重傷者,止科毆傷尊長本罪。[78]律文內雖未明晰分疏,九卿議會的司官認為,向來遇有此等案件,都是照此議覆辦理,要求刑部改依此為斷。最後刑部承認自身錯誤,寫道:

> 今遵旨九卿會議,臣等憶起成案,詳查明確,業於本內會同減流具題。所有臣等初次未經看出更正,並承辦此案司員,亦未詳查例案回堂改正,均請交部議處,並請通行直省,嗣後遇有此等案件,畫一辦理等因。奉旨依議。所有刑部堂官及承辦司員著一併交部,分別議處。[79]

綜上言之,通行頒布後要求各省級遵行,若遇此等服制案件,即卑幼僅止幫毆,沒有致死重傷的結果,應隨案遵照止科傷罪,無需援引律不分首從之罪,概擬駢首。[80]顯見,「卑幼止科傷罪」的實務經

---

[77] 該字通「預」。事先之意。從《禮記·中庸》出典:「凡事豫則立,不豫則廢」參十三經注疏整理委員會編,《禮記正義》(北京:北京大學出版社,2000),卷52,〈中庸第三十一〉,頁1688。

[78] 筆者並未看到律或例文如此書寫,推測為司官參酌歷年律例而解釋之。另其參考的條例,可能為「毆大功以下尊長」第4條例文。參〔清〕李瀚章等纂,《大清律例彙輯便覽》(臺北:成文出版社,1968),冊10,卷28,〈刑律鬪毆下·毆大功以下尊長〉條例4,頁4036-4037。

[79] 〔清〕祝慶祺編次、鮑書芸參定,《刑案匯覽》,冊6,卷42,〈聽從尊長毆死次尊仍尊本律〉,頁2675-2676。

[80] 〔清〕吳坤修等撰、郭成偉主編,《大清律例根原(叁)》,卷87,〈刑律·鬪毆下〉「毆期親尊長」條(上海:上海辭書出版社,2012),頁

驗,雖未纂為定例,卻被司法實務遵循。

奏改條例摺內,刑部官員參照秋審新舊服制之案,以及未入秋審題結,在奉旨以前的各案,檢閱後得出幾項要點,特別是所謂「舊案新案」和「新舊法之適用」的劃一辦理:

> 除卑幼共毆期親尊長,如聽從伊父共毆伊伯或聽從次兄共毆長兄等案,下手者俱係卑幼,無論輕傷、傷重應照律皆斬者,又聽從尊長毆期親尊長下手傷重致死及卑幼起意糾毆期親尊長,雖未同行,致尊長被凡人毆死,仍將卑幼擬斬,並一切服制重案,均係按照律例定擬毋庸更改外,查有嘉慶二十五年湖北省胡達、道光四年河南省倪山二案,係聽從尊長毆打期親尊長,由尊長傷重致死。定案時仍將幫毆傷輕之卑幼照律擬斬夾簽,核與奇里繃阿聽從尊長共毆期親尊長止科傷罪擬徒之案,情同罪異。[81]

此處刑部舉出除卑幼共毆期親尊長外,仍「照律擬斬」的三種情狀。第一,聽從伊父共毆伊伯或聽從次兄共毆長兄,下手者俱係卑幼,則無論傷的重或輕,均要照律斬之;第二,聽從尊長毆期親尊長下手傷重致死;第三,卑幼起意糾毆期親尊長,雖未同行,致尊長被凡人毆死。這些類型的案件,均係「服制重案」,故「按律定擬」,以作為審理相類似案件時的原則。

刑部接著查到兩件與文元案「情同罪異」的案件。一是嘉慶二十五年湖北省胡達案件,一是道光四年河南省倪山案,兩者均係卑幼聽從尊長毆打期親尊長,但是由尊長傷重致死。對此,刑部在定案時的處理方式為「將卑幼照律擬斬夾簽」。

1404-1405。另「概擬駢首」是指兩法條並列之意。駢,《說文解字》載為「駢,駕二馬也」參〔東漢〕許慎著、〔清〕段玉裁注,《說文解字注》,〈十篇上・馬部〉,頁10a。

[81] 〔清〕祝慶祺編次、鮑書芸參定,《刑案匯覽》,冊6,卷42,〈聽從尊長毆死次尊仍尊本律〉,頁2670-2671。

案件的查詢比較仍未結束。刑部再查嘉慶十九年陝西省鄧希貴、道光三年四川省謝有案，這兩案的案情與上開案件稍有不同，本案為兩卑幼聽從尊長毆打期親尊長和尊屬，一卑幼下手傷重致死，一卑幼下手傷輕，均照律不分首從皆斬。至於道光四年湖北省吳月松案的案情又不同，係聽從尊長毆打期親尊長，由案內幫毆之外姻緦麻卑幼傷重致死，仍將傷輕之期親卑幼擬斬。是以，刑部總結上述三案，都是非尊長傷重致死，又案情和文元案不同，不過依據乾隆四十五年的通行，期親卑幼共毆期親尊長致死，不得牽引尊長為首卑幼為從之案，一概而論。

刑部指出，鄧希貴等三案都是尊長為首，則案內幫毆傷輕的人，跟期親卑幼共毆期親尊長致死律應皆斬不同，認為應以統一的標準處理。

表2-2-3　刑部說帖有關通查秋審新舊服制個案比較表

編號	1	2	3	4	5	6
案件名稱	湖北省胡達	河南省倪山	陝西省鄧希貴	四川省謝有	湖北省吳月松	直隸省王仲貴
時間	嘉慶二十五年	道光四年	嘉慶十九年	道光三年	道光四年	嘉慶五年
案情	聽從尊長毆打期親尊長，由尊長傷重致死	兩卑幼聽從尊長毆打期親尊屬尊長，一卑幼傷重致死、一卑幼下手輕傷	聽從尊長毆打期親尊長，由案內幫毆之外姻緦麻卑幼傷重致死	死者本身淫惡蔑倫，若照弟毆兄致死本律擬斬立決，並聲明倫紀攸關，措詞不當，殊失情理之平，且與維持風化之義未協
律例適用	幫毆輕傷之卑幼照律擬斬夾簽	依律不分首從皆斬	輕傷之期親卑幼擬斬	依律擬斬立決

第二章　毆期親尊長的律例規定

編號	1	2	3	4	5	6
與文元案相較	情同罪異			1. 非尊長傷重致死，不同 2. 乾隆四十五年通行：期親卑幼共毆期親尊長致死，不得牽引尊長為首、卑幼為從之案，一概而論		沒比較，是與文元案不符者的比較標準

說　明：1.粗體畫底線者，為各案情不同之處；純粗體字者，為重點標示。

2.前五案的主體都是卑幼和尊長，至於情狀各有不同，以「擬斬夾簽」、「不分首從皆斬」及「輕傷卑幼擬斬」三種刑罰定案。特別是後三案，論及「案內輕傷之卑幼，與期親卑幼共毆期親尊長致死律」的議題。案情不同，竟科以相同的刑罰，造成無法畫一的情況。

3.王仲貴案可視為另一種援引標準，即死者本身淫惡蔑倫，下手之卑幼如何論罪科刑的議題。刑部不同意先照本律擬斬立決，再夾簽聲明倫紀攸關，而是即行核議，請旨減等。

4.秋審和未入秋審的部分，令狐開保案（已入秋審緩決）因事同一例，開單具奏；劉元書等五十起案（未入秋審緩決），應擬情實審後，與令狐開保開單進呈，奏請減等。

資料來源：〔清〕祝慶祺編次、鮑書芸參定，《刑案匯覽》（臺北：成文出版社，1968），冊6，卷42，〈聽從尊長毆死次尊仍尊本律〉，頁2670-2673。
〔清〕文慶等修，《清實錄‧宣宗成皇帝實錄》（北京：中華書局，1986），卷77，道光四年十二月二十日，頁239下-240下。

綜上，刑部查詢這些案件後，認為雖各自的案情不同，不過綜合通行和律例的規定來看，要求劃一辦理是刑部關懷的方向之一，也突顯卑幼聽從尊長共毆以次尊長呈現的不同情狀和實際發生的結果，會論以不同之罪。可是案件的比較仍未結束。刑部最後以嘉慶五年的王仲貴案做結，另以未入秋審、應擬情事的劉元書、令狐案等五十案比較，認定服制命案的死者，若屬忤親不孝等淫惡蔑倫之情事，自然用「倫紀攸關」的標準「按律問擬」行為人，是不平允的評判。[82]可是

---

[82] 王仲貴案與「毆期親尊長」的第10條例較有關。涉及的是「期親弟妹毆死兄姐，但死者淫惡蔑倫」的情形，該案的記載可見〔清〕吳坤修等撰、郭

人心詐偽多端，有父母為減免弟之罪，而推諉已死之兄，這樣的情況亦不可不防，刑部再審酌劉元書一案，指出該案的事實以及經過「緩決」的程序數次，以達「勿枉勿縱」的情平衡法目標。[83]

刑部最後要求以「文元案」為標準，審理上開列舉之案件，若與文元案擬罪不符者，仍要照王仲貴案開單劃一辦理。又已入秋審者，刑部於秋審內開除行文，將行為人的刑度減低；未入秋審者（吳月松案）亦改刑度為絞監候並入本年秋審辦理。至於鄧希貴和謝有華兩案，在原題內未聲明何人傷重致死，故要求督撫訊明後，再查照辦理，同時通行各省畫一核辦。[84]

是以，刑部又查王仲貴案已經纂入例冊，結論為「聽從尊長共毆期親尊長止科傷罪」的案件，有兩個原因需要編纂為定例，一是「例無專條」、一是乾隆四十五年的通行並未纂入例冊，導致實務辦理的參差不齊。於是照道光五年的奏改條例原奏，納入定例，為各省所用。直至道光十三年，方有官員再次提出修改意見。

（二）議論的過程和例的刪除、改定及確立

「聽從尊長毆死次尊仍尊本律」案件的本因係出於「卑幼止科傷罪」的論罪科刑妥適性，不論是道光四年江西道御史萬方雍對刑部的覆議，或是道光五年的奏改條例奏摺，都對這個問題進行相當程度的解釋和討論。不過，道光十四年，有官員要求刪除「聽從尊長

成偉主編，《大清律例根原（叁）》，卷87，〈刑律・鬥毆下〉「毆期親尊長」條，頁1403。亦可參〔清〕曹振鏞等修，《清實錄・仁宗睿皇帝實錄》，卷65，嘉慶五年閏四月十三日，頁876。又諭的內容，可參〔清〕曹振鏞等修，《清實錄・仁宗睿皇帝實錄》，卷72，嘉慶五年八月三日，頁960上-961上。

[83] 刑部另指出尚有葉紹蘭等十五犯（與王仲貴案相同）、陳義等三十四起案件，緩決數次後，俱著准其減等。〔清〕祝慶祺編次、鮑書芸參定，《刑案匯覽》，冊6，卷42，〈聽從尊長毆死次尊仍尊本律〉，頁2672。

[84] 〔清〕祝慶祺編次、鮑書芸參定，《刑案匯覽》，冊6，卷42，〈聽從尊長毆死次尊仍尊本律〉，頁2672。

共毆以次期親尊長，卑幼止科傷罪」的例文。實際情形，道光十四年（1834）三月的通行裡，提到江西道監察御史俞焜意見與刑部的看法，對此展開探討。[85]

1.道光十三年江西道監察御史俞焜的主張

道光十四年三月，時任江西道監察御史的俞焜，以「申明律義以重倫紀」一摺呼籲「卑幼止科傷罪」應刪除。指出卑幼聽從尊長毆打以次尊長，仍需回歸本律的適用。其主張的首要步驟，即是查詢律例規範和註釋：

> 查律載，弟妹毆同胞兄以已傷、未傷分徒二年半、三年之罪，折傷者擬流，篤疾者擬絞。註云：各依首從法。[86]是言雖毆而未死，故有差等，亦分首從也。死者皆斬。註云：不分首從言毆期親尊長至死，若再分首從，則倫常斁矣！此古今定律所以維名義也。[87]

俞焜認為，從律和律註來看，是在說「雖毆未死」的情狀，所以各自有差等，亦分首從。[88]再來，是「死者皆斬」的解釋。律註說的

---

[85] 〔清〕祝慶祺編次、鮑書芸參定，《刑案匯覽》，冊6，卷42，〈聽從尊長毆死次尊仍尊本律〉，頁2666-2669。

[86] 〔清〕祝慶祺編次、鮑書芸參定，《刑案匯覽》，冊6，卷42，〈聽從尊長毆死次尊仍尊本律〉，頁2666。律文可見〔清〕李瀚章等纂，《大清律例彙輯便覽》，冊10，卷28，〈刑律鬭毆下‧毆期親尊長〉，頁4055。

[87] 〔清〕祝慶祺編次、鮑書芸參定，《刑案匯覽》，冊6，卷42，〈聽從尊長毆死次尊仍尊本律〉，頁2666。所謂斁，係指敗壞的意思。相關典故，可參〔漢〕班固等，《漢書》（北京：中華書局，1977），卷83，〈薛宣朱博傳第五十三〉，頁3391。原文是：「得其人則萬姓欣喜，百僚說服；不得其人則大職墮斁，王功不興」

[88] 《刑案匯覽》「毆期親尊長」有一種「誤傷平復未死」的案件，雖非本節討論「聽從尊長」之情狀，不過可資參照。相關案件，可參第8案和第10案，見〔清〕祝慶祺編次、鮑書芸參定，《刑案匯覽》，冊6，卷42，〈欲行銃斃胞姪誤傷胞兄平復〉，頁2653-2654。〔清〕祝慶祺編次、鮑書

「不分首從」,其以為,是在說「毆期親尊長至死」的情形。從而,若再分首從論處,那麼在倫常方面會出現問題。綜合以上對律本文和律註的解讀,俞焜得出對律解釋的結論,認為這是古今定律,用來維護名義的一種方法。俞焜談完律文的解釋,再從司法實務上的辦理經驗論述:

> 其聽從尊長毆死以次期親尊長之犯,向來辦理,皆按本律擬斬。而原致死之由,究非有心干犯,不可不稍為區別。故又有夾簽聲請之例疊經改為斬候,歸入服制。情實是於慎重倫紀之中,默寓矜恤情輕之意,立法本極詳慎。[89]

根據歷年的實務經驗,「聽從尊長毆死以次期親尊長」的犯人,向來辦理皆按本律擬斬。但並非聽從的卑幼毆死都是故意為之,所以在探究毆死原因後,端視是否為有心干犯,再配合「夾簽聲請」的制度,將行為人的刑罰改為斬候,歸入服制。[90]因此,這樣的律法和制度的本意,實屬「於慎重倫紀之中,默寓矜恤情輕之意」,[91]立法本極詳慎。

芸參定,《刑案匯覽》,冊6,卷42,〈銃傷兄妻誤傷胞兄傷俱平復〉,頁2655-2656。

[89] 〔清〕祝慶祺編次、鮑書芸參定,《刑案匯覽》,冊6,卷42,〈聽從尊長毆死次尊仍尊本律〉,頁2666。

[90] 夾簽制度,第三章談及糾錯類型時有更完整的探討。所謂夾簽,係清代的一種特殊公文書形式,存於內閣和六部向皇帝的本章內的附件。通常涉及重大刑案或服制案件等讓罪名加重時,就有使用的機會,東京大學東洋文化研究所現藏部本、通本、各部院簽式,可一探當時夾簽的各種樣貌。相關介紹,參閱姚暘,〈論清代刑案審理中的「夾簽」制度〉,《天津社會科學》,2009年第5期(天津,2009.10),頁134-137。顧元,〈名分攸關與夾簽聲請──清代服制命案中的嚴格責任與衡平裁斷〉,《法制史研究》,31(臺北,2017.7),頁31-80。邊芸,〈清代服制命案中的夾簽制度研究〉,北京:青海師範大學博士學位論文,2020年11月。

[91] 〔清〕祝慶祺編次、鮑書芸參定,《刑案匯覽》,冊6,卷42,〈聽從尊長毆死次尊仍尊本律〉,頁2666。

俞焜解釋律和裁判實態後,再來對萬方雍覆議後延伸的修法進行評判。從時任御史萬方雍參奏奉旨覆議,將所有聽從尊長毆死以次期親尊長案內,下手傷輕之卑幼,均科傷罪,纂定條例並沿用至今。其認為:「例從律出,例有因時變通,律乃一成不易,有增減之例,無增減之律,古今皆然」。[92]所以其認為「以期親尊長而共毆至死,豈得仍論其傷之輕重?」定律不分首從的用意甚深。

律例關係解釋完,俞焜再就「聽從尊長的卑幼止科傷罪」可能面臨的後果發表看法。其認為有疑義的地方是,以勉從尊長下手傷輕,止科傷罪,那麼跟律本文所說「死者皆斬」,明顯不符。[93]再者跟「傷而未死者」應如何區別?以下俞焜開始舉例,指出此例既行,若子姪與弟毆死胞叔,那麼為減輕子姪、弟的罪刑,其父母必承認其主使;其毆死以次胞兄,那麼伯叔長兄必站出來承認主使,以脫其姪與弟之罪。

此處俞焜論及司法實務的一種情況「救生不救死」[94],並將其視為陋習。俞焜以為,承審官在其他案件,尚不免沿此「陋習」。況在親屬案件,安得禁窮其流弊?其次,凡毆死期親尊長尊屬者,百無一

---

[92] 俞焜對律例關係的解釋,亦可參考其在清史稿的列傳。見〔清〕趙爾巽等撰,《清史稿》(北京:中華書局,1977),卷493,〈忠義七〉,頁13649-13650。

[93] 推測俞焜的想法,例仍是不能牴觸律,仍以律的規定為主,理由誠如其所奏「申明倫紀、維護名教」。

[94] 「救生不救死」最常於司法實務裡的「存留養親」,或稱「留養承祀」。其意思是,倘若犯罪者在執行生命刑前,仍要盡全力「搶救」,至於已經執行完畢,死亡者,即使含冤,仍忽視之。故長久以來被視為一種司法陋習,在清代其他法律史料內亦可見對其之批判,如:《清實錄》有段記載:「蓋律法務在持平,生者固當加之矜恤,死者尤不可令其含冤。儻情真罪當,必欲曲為寬宥,如世俗鄙論所云『救生不救死』之說,以為積陰功,試思死者冤痛莫伸,損傷陰德,孰大乎是?」見〔清〕曹振鏞等修,《清實錄‧仁宗睿皇帝實錄》(北京:中華書局,1986),卷83,嘉慶六年五月二十三日,頁82下-83上。相關討論,可參林佳筠,〈清代「存留養親」的法律面與實務面之研究——以《刑案匯覽》為中心〉(臺北:國立臺灣師範大學歷史學系碩士論文,2015.6),頁140-156。

抵，何以肅刑典而正人心？從以上兩句話，可見俞焜申明紀律和維護名教的決心。

其援用例文做最後的結尾，不過這個例文並非歸屬於「毆期親尊長」，而是「毆大功以下尊長」的第4條例文。例文的內容是：

> 凡聽從下手毆本宗小功大功兄姊及尊屬至死者，除主使之尊長，仍各按服制以為首科斷外，下手之犯，審係迫於尊長威嚇，勉從下手，邂逅[95]至死者，照威力主使律，為從減等擬流。若尊長僅令毆打，輒行疊毆多傷至死者，下手之犯擬斬監候。其聽從毆死緦麻尊長、尊屬之案，依律減等擬流。[96]

俞焜又引另一條例文，指出：「聽從幫毆本宗外姻緦麻以上尊長、尊屬致成篤疾者，傷輕擬流；折傷、刃傷擬軍」。[97]是以，其他例文既然已有相類似的規範，可以避免倫常的失衡，則聽從尊長毆死以次期親尊長之犯，下手傷輕止科傷罪，就不足以昭平允。俞焜採取的具體作法，認為應請旨飭下刑部核議，將聽從尊長毆死以次期親尊長之案，仍遵不分首從本律，照例夾簽聲請。

---

[95] 邂逅的通常意思，《大漢和辭典》的解釋有二：不期而遇和解說。見〔日〕諸橋轍次編，《大漢和辭典》（東京：大修館書店，1986），卷11，頁197。第三章有涉及「邂逅至死」的司法實例，其在清代法律的解釋，待之後詳細探討。

[96] 此處採用的是同治九年（1870）的最終確定版。不過，基於何種理由修訂，史料闕如，不得而知。另外，「不計傷之輕重」六字，歷任皇帝的修法過程裡，律文或律註都未曾見。參〔清〕李瀚章等纂，《大清律例彙輯便覽》，冊10，卷28，〈刑律鬥毆下·毆大功以下尊長〉條例4，頁4036-4037。亦可參〔清〕吳坤修等撰、郭成偉主編，《大清律例根原（叁）》，卷86，〈刑律·鬥毆下〉「毆大功以下尊長」條，頁1391。

[97] 〔清〕吳坤修等撰、郭成偉主編，《大清律例根原（叁）》，卷86，〈刑律·鬥毆下〉「毆大功以下尊長」條，頁1385。〔清〕李瀚章等纂，《大清律例彙輯便覽》，冊10，卷28，〈刑律鬥毆下·毆大功以下尊長〉條例6，頁4040。

綜上，俞焜對「聽從尊長毆死以次期親尊長之犯，下手傷輕止科傷罪」的態度，是從「重倫紀以申言之」的想法出發，搭配律文、律註，甚至是實務的解釋，舉出實際例子，以求卑幼聽從尊長毆死以次尊長，仍遵本律問擬，達到維護名教的核心目標。

俞焜的重視倫常紀律，在道光十四年（1833）2月25日的〈奏請申明律義以重倫紀〉一摺亦可見一斑。其奏為請旨「申明例禁以培風俗事」，當中透露維護江西地區禮教和倫常的心態，並視傳奇演義是邪門淫說。奏摺內容載：

> 惟事傳奇演義等書踵事翻新，日甚一日，其間所載類皆奸邪淫盜。為端人正士所不屑寓目，特以詞多俚鄙，市井粗識字義之徒，往往樂於觀覽，甚至兒童、婦女，莫不飫聞而習見之。以蕩佚為風流、以強梁為雄傑、以佻薄為能事、以穢褻為常談。[98]

身在道光朝的俞焜，認為地方禮教風俗的端正是極為重要的事情。進而提出幾項具體的方法：第一，請督撫府尹嚴飭地方官稽查各項淫書小說並銷毀。其次，若唱演各項劇務，須以「懲惡」為主，勿盜勿淫，達到禮治益彰的目標。充分表示其「以名教為本」的人格特質。此外，清國史館所輯之《忠義列傳》裡有俞焜之名，亦可證實其被國家與地方鄉里認可的禮教事蹟。[99]

2.刑部訂立通行的看法

俞焜提出自己的看法後，刑部查詢毆期親尊長的本律、名例律

---

[98] 《清代宮中檔奏摺及軍機處檔摺件資料庫》，〈江西道監察御史俞焜・奏為請旨申明例禁以培風俗事〉，道光14年2月25日，文獻編號：067159。
[99] 俞焜曾任湖南衡永郴桂道。同治三年（1864），杭州發生盜賊團戰，俞焜因罵詈盜賊被害，時任御史洪昌燕（生卒年不詳）奏其殉難情形。清國史館版的〈忠義俞焜傳〉載其相關事蹟。《清代宮中檔奏摺及軍機處檔摺件資料庫》，〈忠義俞焜傳〉，文獻編號：701000393。

「共同犯罪」[100]、毆大功以下尊長「聽從下手毆死期親尊長尊屬之案，仍擬斬立決夾簽聲請」[101]之例後，指出卑幼共毆期親尊長至死，按律無論傷之輕重，均應問擬駢首。又聽從尊長共毆以次尊長，律內並未指明，可是根據名例律所載，共犯罪而首從本罪各別，各依本律首從論之意推測，自應將主使之尊長依毆死卑幼各本律論，顯而易見。所以向來遇有聽從尊長主使共毆以次尊長的案件，即將幫毆有傷之卑幼依律擬斬，仍援聽從下手毆死期親尊長之例夾簽聲請。[102]

律例規定和司法實務對「卑幼聽從尊長主使共毆以次尊長」的處理模式解釋完後，刑部接著將道光四年萬方雍的覆議再闡釋一次。分為兩種情況，一是期親卑幼聽從尊長共毆尊長尊屬致死，若主使之尊長亦係死者之期親卑幼，律應不分首從者，各依本律問擬；一是聽從尊長主使勉從下手共毆以次期親尊長致死，係尊長下手傷重致死卑幼幫毆傷輕或兩卑幼聽從尊長主使共毆，一卑幼下手傷重致死、一卑幼下手傷輕，或內有凡人聽糾幫毆，係凡人下手傷重致死，這時承審官應悉心研訊或取有生供，供證確鑒，除下手傷重致死之犯，各照本律及本例分別問擬外，下手傷輕之卑幼依律，止科傷罪。[103]纂入例冊，作為斷案之依據。

---

[100] 律文內容是：「若共犯罪，而首從本罪各別者，各依本律首從論」見〔清〕李瀚章等纂，《大清律例彙輯便覽》，冊2，卷5，〈名例律下・共犯罪分首從〉本律，頁674。

[101] 該例文為乾隆十一年（1746）定例，最後修改時間為同治九年（1870），將「毆期親尊長」的部分移改至該門條例第11條，併入「聽從尊長共毆以次期親尊長」中段「係迫於尊長威嚇，勉從下手」後面的文字，要求「仍照本律問擬斬決，法司覆擬時，夾簽聲請恭候」見〔清〕李瀚章等纂，《大清律例彙輯便覽》，冊10，卷28，〈刑律鬥毆下・毆期親尊長〉條例11，頁4068-4069。刑部在通行內引用的例文原貌，見〔清〕吳坤修等撰、郭成偉主編，《大清律例根原（叁）》，卷86，〈刑律・鬥毆下〉「毆大功以下尊長」條，頁1386。

[102] 〔清〕祝慶祺編次、鮑書芸參定，《刑案匯覽》，冊6，卷42，〈聽從尊長毆死次尊仍尊本律〉，頁2667。

[103] 〔清〕祝慶祺編次、鮑書芸參定，《刑案匯覽》，冊6，卷42，〈聽從尊長毆死次尊仍尊本律〉，頁2668。

纂入例冊之案聲明完後,刑部官員再審看俞焜之主張並給予對應的答案,通行記載:

> 臣等伏思,用刑不厭求詳、立法必期盡善。期親卑幼共毆尊長致死,按律原應不分首從皆斬,嗣因聽從尊長主使共毆較之尋常共毆之案微有區別,始於定律之外,另立下手傷輕止科傷罪之條,固屬衡情酌定。惟卑幼之於尊長,服制攸關,一經毆傷,即應按律治罪。況於幫毆有傷之後,復目擊尊長被毆致死,其情較之僅止毆傷者輕重大相懸殊。今若因其幫毆傷輕,遂與僅止毆傷並未致死者一律同科,誠不足以示區別。況人心變幻多端,條例愈繁,則趨避愈巧,誠恐如該御史所奏,子姪與弟毆死胞叔、胞兄,其父母伯叔胞兄,必有出而承認主使,以脫其子姪與弟之罪者,尤不可不防其漸,自應仍照定例辦理較為允當。[104]

從用刑和立法的角度來看,刑部認為兩者同等重要。律文規定期親卑幼共毆尊長,法律效果是不分首皆斬,惟當時依據萬氏之主張,聽從尊長主使共毆案跟一般共毆案有所不同,故在清律之外,訂立卑幼止科傷罪的條例,可謂衡情酌定。惟卑幼和尊長的關係,終究涉及服制,所以一但有毆傷的情事發生,自應按律治罪。刑部再舉出兩點理由,肯定俞焜之例刪除建議。第一個理由,比較「幫毆有傷之後,復目擊尊長被毆致死」,和「僅止毆傷者輕」兩種情況,認為前者的情形較為重大,從而論罪科刑方面,幫毆傷輕與僅止毆傷並未致死者,一律科以相同的刑罰,無法達到區之目的。第二個理由,也是俞焜所奏的例子,子姪與弟毆死胞叔、胞兄,其父母伯叔胞兄,因人心多變,不免難防尊長出面承認其為主使,進而脫免、減低子姪與弟之量刑,故刑部認為,仍應照定例辦理,較為允當。

---

[104] 〔清〕祝慶祺編次、鮑書芸參定,《刑案匯覽》,冊6,卷42,〈聽從尊長毆死次尊仍尊本律〉,頁2668-2669。

綜上，刑部的通行原則上肯定和採納俞焜的意見，在共同商討後，認為：

> 嗣後期親卑幼聽從尊長主使，共毆以次尊長尊屬之案，無論下手輕重，悉照本律問擬斬決。法司核擬時，夾簽聲請恭候欽定。不得將下手傷輕之犯止科傷罪，以符定例而重倫紀。[105]

此後，下手傷輕之犯止科傷罪的規定刪除，並允准通行，各省一體遵照。到同治九年（1870），原在大功以下尊長門第4條的期親部分，移至毆期親尊長門第9條，並改部分文字為：

> 期親卑幼聽從尊長主使，共毆以次尊長、尊屬致死之案，訊係迫於尊長威嚇，勉從下手，邂逅致死等，仍照本律問擬斬決。法司核議時，夾簽聲請，恭候欽定，不得將下手傷輕之犯止科傷罪。如尊長僅令毆打輒行疊毆多傷至死者，即照本律問擬，不准聲請。[106]

刑部再次聲明不得將下手輕傷之犯止科傷罪，亦在後增加尊長僅令毆打輒行疊毆多傷至死的情形，應照本律問擬，而不准聲請。是以，同治年間文字的修改，表示尊長威嚇的情況要經過訊問，方能得知，也跟先前續纂所說夾簽聲請，恭候欽定的意旨相符。至此，整個律例衍生的「聽從尊長共毆以次期待親屬尊長，卑幼止科傷罪」議題，方告終了。

---

[105]〔清〕祝慶祺編次、鮑書芸參定，《刑案匯覽》，冊6，卷42，〈聽從尊長毆死次尊仍尊本律〉，頁2669。

[106]〔清〕李瀚章等纂，《大清律例彙輯便覽》，冊10，卷28，〈刑律鬪毆下・毆期親尊長〉條例11，頁4068-4069。亦可見於〔清〕吳坤修等撰、郭成偉主編，《大清律例根原（叁）》，卷87，〈刑律・鬪毆下〉「毆期親尊長」條，頁1407。

三、《刑案匯覽》「聽從尊長共毆以次期親尊長」的裁判實態

《刑案匯覽》的「聽從尊長共毆以次尊長」案件，不因該例文的刪除而不收錄，鑑於此，吾人仍可看到當時刑部各司的法律推理實際狀況。可是會標註「共毆以次尊長例已刪除」的字樣，以求舊案不被援引，致生錯誤。[107]案件共有三件，均係所謂刑部認為的「誤會」和「錯誤」案件，以下分別探討之。

（一）聽從祖父故殺胞伯

道光七年（1827）「聽從祖父故殺胞伯」一案事涉胞伯竊盜後，被祖父詈罵後回罵，卑幼迫於無奈，協助祖父按住胞伯，由祖父下手致死。刑部率先查詢律例，端視有無相關規範可援引，其引用的律例分別是：「姪毆叔死者，亦皆斬。故殺者，皆凌遲處死」[108]、「至聽從下手毆死期親尊長、尊屬之案，仍擬斬立決，夾簽聲請」[109]以及道光四年方才續纂完成的「期親卑幼聽從尊長主使，勉從下手，共毆以次期親尊長下手傷輕之卑幼依律止科傷罪」。[110]因此，刑部認為這三條律例文指出：「殺期親尊長按律應擬凌遲；毆殺，則例有聽從尊長毆死下手傷輕之條，律例分明，引斷不容牽混」。[111]是以，律例的分別規定，情狀有別。律例引用和解釋完後，審理案件事實緊接在後，

---

[107] 如第42卷〈聽從緦麻卑幼共毆胞兄身死〉一案（編號23）。見〔清〕祝慶祺編次、鮑書芸參定，《刑案匯覽》，冊6，卷42，〈聽從孀母毆斃胞叔下手傷輕〉，頁2665-2666。

[108] 〔清〕李瀚章等纂，《大清律例彙輯便覽》，冊10，卷28，〈刑律鬪毆下・毆期親尊長〉律本文，頁4055-4056。

[109] 〔清〕吳坤修等撰、郭成偉主編，《大清律例根原（叁）》，卷86，〈刑律・鬪毆下〉「毆大功以下尊長」條，頁1386。

[110] 〔清〕吳坤修等撰、郭成偉主編，《大清律例根原（叁）》，卷87，〈刑律・鬪毆下〉「毆期親尊長」條，頁1404。

[111] 〔清〕祝慶祺編次、鮑書芸參定，《刑案匯覽》，冊6，卷42，〈聽從祖父故殺胞伯〉，頁2663。

案件事實是：

> 王保住因胞伯王家觀行竊張奉林家衣服，被祖王宗仁聞知斥罵，王家觀不服回罵，王宗仁用繩套住王家觀項頸拉跌欲毆，該犯聞聲往觀。王家觀掙扎坐起，與父不依。王宗仁忿欲致死，逼令該犯揞按，該犯代為跪求，王宗仁不允，欲自撞死。該犯無奈，勉從拉住王家觀兩手仰按在地，墊傷髮際右，王宗仁即將王家觀用力拉勒殞命。[112]

從事實描述來看，本案的當事人有三位，分別是王保住（行為人，孫）、王家觀（死者，伯）和王宗仁（行為人，祖父）。刑部詳細核實案情，認為：

> 王家觀係死於王宗仁之拉勒，該犯僅止聽從揞按墊傷髮際，設使該犯不知伊祖欲行致死情由，按共毆傷輕只科傷罪之例罪止擬流。該犯供有祖父氣極，說要將伯父處死之語，其為聽從故殺，已無疑義。自應聲明可原情節，仍按律擬以凌遲處死，方與歷來辦理故殺期親尊長之案相符。[113]

王家觀的死因，是出於王宗仁的拉勒，王保住僅止聽從揞按，墊傷髮際。從而，假設王保住不知王宗仁想要置王家觀於死地的情狀，則按照「共毆傷輕只科傷罪之例」，罪止擬流。

刑部從王家保的口供裡，認定王宗仁要將王家觀殺死之語，聽從故殺的部分已無疑義，處理方法上，自應聲明可原情節後，仍按律

---

[112]〔清〕祝慶祺編次、鮑書芸參定，《刑案匯覽》，冊6，卷42，〈聽從祖父故殺胞伯〉，頁2663。
[113]〔清〕祝慶祺編次、鮑書芸參定，《刑案匯覽》，冊6，卷42，〈聽從祖父故殺胞伯〉，頁2663-2664。

擬以淩遲處死，方與歷來辦理故殺期親尊長之案相符。顯見，刑部對「與故殺期親尊長之案相符合」的重視，因此，當督撫將王保住依聽從尊長毆死之例，擬以斬決時，就屬錯誤，再次要求督撫悉心酌核後，按例妥擬後具題。

（二）聽從緦麻卑幼共毆胞兄身死

道光八年（1828）說帖〈聽從緦麻卑幼共毆胞兄身死〉的案情，和〈聽從祖父共毆胞伯〉略有不同。根據《刑案匯覽》的記載，案件事實是：

> 已死孫振西因查知緦麻服弟孫振基之胞姪孫小閨女與胞弟孫振南之子孫小臘偷竊麻忻地內高粱穗子被獲，欲控孫振基賠贓寢息。孫振西因孫小閨女係在伊家傭工，孫小臘係伊胞姪，行竊為匪恐被連累，欲行呈告，並囑麻忻控究。孫振基聞知，以孫振西唆控傷殘親屬邀允堂叔孫廣財往阻，慮恐孫振西不依，起意糾毆泄忿，糾允孫小老婆、孫振南同子孫小臘、小五並孫了等幫毆。孫小閨女、孫大安亦前往查看。孫廣財將孫振西喚出，斥其不應唆控。孫振西不依混罵，並用禾扠向毆。孫小臘將孫振西抱住，孫振南拾取木棒槌格落孫振西禾扠，孫小臘將孫振西摔倒，孫廣財先用拄棍毆傷孫振西左腿、右脊膂，孫振基等上前亂毆，孫小老婆用木橛柄毆傷孫振西右腳腕骨折，孫振南用木棒槌毆傷其右膝，孫祥用木杆毆傷其右腳面，孫了腳踢傷其穀道。其孫振西右額角等處各傷，係孫振基等所毆。何人毆傷何處，各犯未能供指。孫小閨女等均在場助勢嚷罵，並未動手幫毆，孫振西傷重，移時殞命。[114]

---

[114] 〔清〕祝慶祺編次、鮑書芸參定，《刑案匯覽》，冊6，卷42，〈聽從緦麻卑幼共毆胞兄身死〉，頁2664。

本案之死者為孫振西，行為人數眾多，有其緦麻服弟孫振基胞姪孫小閏女、胞弟孫振南之子孫小臘、堂叔孫廣財、孫小老婆、孫小五、孫了、孫祥等。從事實的摘錄來看，孫振西之死，是由上開所列行為人共同造成，同時也因各行為人無法供指所傷何處，造成案件的撲朔迷離。巡撫於是先擬定各自的罪名後，再咨部請示。

說帖剛開始，刑部山東司就援引律本文和「卑幼聽從尊長共毆以次期親尊長」例，分別是：

> 凡弟妹毆同胞兄姊者，杖九十、徒二年半。傷者，杖一百、徒三年。[115]
>
> 期親卑幼聽從尊長，共毆期親尊長，尊屬致死，若主使之尊長亦係死者之期親卑幼，如聽從其父共毆胞伯，及聽從次兄共毆長兄致死之類。律應不分首、從者，各依本律問擬。[116]

援引律例文是說帖的基本形式，同時配合以下案件事實的摘錄論述，審視督撫的律例適用，端看有無錯誤，而此處刑部對巡撫的暫擬律例有意見。刑部認為，巡撫將孫小老婆擬以流徒，監候待質以及孫小、孫小閏女等擬以徒杖，並無出入，但孫振南因係死者之期親胞弟，其聽從孫振西緦麻服弟孫振基共毆孫振西致死，本質上與「聽從尊長共毆以次尊長致死者」的構成要件不同，仍應照本律不分首從擬斬。另外，巡撫認為，孫振南僅用木棒槌毆傷胞兄右膝，並非重傷，故將其依弟毆胞兄律擬徒，刑部以為係屬錯誤，從而，仍在說帖最後聲明案關服制、罪名出入懸殊等情狀，要求巡撫覆訊，另行按律妥擬後再具題。

---

[115] 〔清〕李瀚章等纂，《大清律例彙輯便覽》，冊10，卷28，〈刑律鬭毆下・毆期親尊長〉律本文，頁4055。

[116] 〔清〕吳坤修等撰、郭成偉主編，《大清律例根原（叁）》，卷87，〈刑律・鬥毆下〉「毆期親尊長」條，頁1404。

綜合言之，本案刑部依照摘錄的案件事實，認定巡撫對幫毆和在場助勢之親屬的律例適用，並無錯誤。至於死者的期親胞弟孫振南，其係聽從總麻服弟而非期親尊長毆打，從而不能適用「聽從尊長共毆以次尊長」之規定，仍要照不分首從的規範，擬以斬刑。若與「聽從祖父故殺胞伯」一案相較，則可見本案注重案情和律例構成要件之間的搭配，和注重相類似案件援引的「聽從祖父故殺胞伯」案不同。

（三）聽從孀母毆斃胞叔下手傷輕

道光六年（1826），陝西巡撫具題一起〈聽從孀母毆斃胞叔下手傷輕〉的案件，可說是真正處理到最單純的「止科傷罪」實務問題。案件事實是劉陳氏等共毆夫兄劉太身死。而刑部撰寫說帖的第一步驟，就是查詢律例是否有相關規範，其引用聽從共毆之例：

> 期親卑幼聽從尊長，共毆期親尊長、尊屬致死，若主使之尊長亦係死者之期親卑幼，如聽從其父共毆胞伯，及聽從次兄共毆長兄致死之類。律應不分首、從者，各依本律問擬。核其情節實可矜憫者仍援例夾簽聲請。其聽從尊長主使，勉從下手共毆以次期親尊長致死，下手傷輕之卑幼，止科傷罪。[117]

這是例文的規定，刑部又查律文：「弟妹毆兄姊，死者不分首從皆斬，若姪毆叔死者亦皆斬」，[118]接著是案件事實的部分：

> 此案劉陳氏與伊故夫之二胞兄劉太口角，先將其推跌倒地，拾棒毆傷，復按住其脊背，喝令伊夫大胞兄之子劉元才幫毆。劉元才

---

[117] 〔清〕吳坤修等撰、郭成偉主編，《大清律例根原（叁）》，卷87，〈刑律・鬥毆下〉「毆期親尊長」條，頁1404。
[118] 〔清〕李瀚章等纂，《大清律例彙輯便覽》，冊10，卷28，〈刑律鬥毆下・毆期親尊長〉律本文，頁4055。

不敢動手，劉陳氏再三嚇逼，劉元才始拾吹火斷鐵筒毆傷劉太髮際，劉太愈罵稱欲將其嫁賣。劉陳氏又取柴刀，用背嚇毆其頂心等處殞命。[119]

本案的死者為劉太（劉陳氏夫之二胞兄），行為人是劉陳氏和其夫大胞兄子劉元才，事實為劉陳氏將劉太推倒按住脊背，命令劉元才幫毆。可是劉元才不敢，在劉陳氏的威逼下，方才傷劉太的髮際。劉太真正的死因，係劉劉陳氏取柴刀，用背嚇毆其頂心等處。刑部針對上開案件事實，做出律例的評價和適用：

該省以劉陳氏下手傷重，將劉陳氏依妻毆夫期親尊長至死律擬斬監候，情罪尚屬允協。至劉元才一犯，聽從三嬸母毆傷二胞叔致死，首犯並非死者之尊長，核與卑幼聽從尊長共毆以次尊長下手傷輕只科傷罪之例不符，自應仍照本律擬斬，即因其被逼勉從，傷亦輕淺，亦只可將可原情節聲明，聽候夾簽，未便遽從輕減。該省將劉元才只科傷罪擬流，似未允協，應請交司照例議駁。[120]

劉陳氏的律例適用，是依照「妻妾與夫親屬相毆門」的律本文，當然，該律亦有規範毆緦麻親屬尊長，內容是：

凡妻妾毆夫之期親以下、緦麻以上本宗、外姻尊長，與夫毆同罪。或毆、或傷、或折傷，各以夫之服制科斷。其有與夫同絞罪者，仍照依本名例，至死減一等，杖一百、流三千里。至死者，各斬監候。緦麻親，兼妾毆妻之父母在內。此不言故殺者，其罪亦止於斬也。不言毆夫之同姓無服親屬

---

[119] 〔清〕祝慶祺編次、鮑書芸參定，《刑案匯覽》，冊6，卷42，〈聽從嬸母毆斃胞叔下手輕傷〉，頁2665。
[120] 〔清〕祝慶祺編次、鮑書芸參定，《刑案匯覽》，冊6，卷42，〈聽從嬸母毆斃胞叔下手傷輕〉，頁2665-2666。

者，以凡人論。[121]

該省審視案情，認為劉陳氏下手傷重，照律規定擬以斬監候是情罪相符，無所疑義。至於劉元才，係聽從嬸母之命毆傷二胞叔，即使並非首犯（本案的首犯為劉陳氏），仍應按照本律擬斬殺。不過，因是從犯，且係被逼勉從下手，造成之傷較淺，刑部認為妥適的擬定方法是聲明可原情節，聽候夾簽，而非直接援引減輕之例。從而，劉元才並不適用止科傷罪的規定，應請交司照例議駁。[122]

表2-2-4　《刑案匯覽》「卑幼聽從尊長共毆以次期親尊長」案件

	聽從祖父故殺胞伯	聽從緦麻卑幼共毆胞兄身死	聽從嬸母毆斃胞叔下手傷輕
提出者	直隸司	山東司	陝撫
性質	道光七年說帖	道光八年說帖	道光六年說帖
使用律例門類	1. 刑律鬪毆下毆期親尊長律本文 2. 刑律鬪毆下毆大功以下尊長第4條例文 3. 刑律鬪毆下毆期親尊長例第11條例文	1. 刑律鬪毆下毆期親尊長律本文 2. 刑律鬪毆下毆期親尊長例第11條例文	1. 刑律鬪毆下毆期親尊長律本文 2. 刑律鬪毆下毆期親尊長例第11條例文 3. 刑律鬪毆下妻妾與夫親屬相毆律本文
巡撫判斷	將王保住依聽從下手毆死之例擬以斬決	1. 孫小老婆、孫振南分別擬以流徒監候待質 2. 孫小、孫小閆女等擬以徒杖	1. 劉陳氏依妻毆夫期親尊長至死律擬斬監候 2. 劉元才只科傷罪擬流

---

[121] 〔清〕李瀚章等纂，《大清律例彙輯便覽》，冊10，卷28，〈刑律鬪毆下・妻妾與夫親屬相毆〉律本文，頁4117。

[122] 其實從案件事實的「劉元才不敢動手」之句，第一個聯想到的例文是「毆期親尊長」門第10條〈死者淫惡蔑倫〉所引用的王仲貴成案，而非此第11條例文。但本案之死者並非淫惡蔑倫，故無從適用該條。有關第10條和王仲貴案相關論述，可參考第三章類型的討論。

	聽從祖父故殺胞伯	聽從緦麻卑幼共毆胞兄身死	聽從孀母毆斃胞叔下手傷輕
刑部判斷	1. 殺期親尊長按律應擬凌遲；毆殺，則例有聽從尊長毆死下手傷輕之條，律例分明，**引斷不容牽混** 2. 該犯供有祖父氣極說要將伯父處死之語其為聽從故殺已無疑義自應聲明可原情節仍按律擬以凌遲處死，**方與歷來辦理故殺期親尊長之案相符**	1. 該撫所擬孫小老婆等各罪尚無出入，惟孫振南係已死孫振西期親胞弟，該犯聽從孫振西緦麻服弟孫振基共毆孫振西致死，與聽從尊長共毆以次尊長致死者不同，自應仍照本律，不分首從擬斬。 2. 該撫以孫振南僅用木棒槌毆傷胞兄右膝並非重傷將該犯依弟毆胞兄律擬徒，**係屬錯誤**	1. 劉陳氏情罪**尚屬允協** 2. 劉元才一犯聽從三孀母毆傷二胞叔致死，首犯並非死者之尊長，核與卑幼聽從尊長共毆以次尊長下手傷輕只科傷罪之例不符，自應仍照本律擬斬。即因其被逼勉從傷亦輕淺，**亦只可將可原情節聲明，聽候夾簽，未便遽從輕減**
最後適用	**係屬誤會**，罪關出入，應令該督悉心酌核，按例妥擬具題	**係屬錯誤**，案關胞弟聽糾毆死期親尊長，罪名生死出入懸殊，應令該撫委員覆訊另行按律妥擬具題	該省將劉元才只科傷罪擬流，**似未允協**，應請交司照例議駁

說　　明：1.粗體黑底線者為該說帖重要之處。

　　　　　2.三起說帖圍繞之中心均為「卑幼聽從尊長共毆以次尊長」的議題，但刑部在每份說帖注重的地方不同。

　　　　　3.〈聽從祖父故殺胞伯〉注重辦理是否和歷年來的「故殺期親尊長之案」相符；〈聽從緦麻卑幼共毆胞兄身死〉注重聽從對象是否為第11條例文所稱的尊長；〈聽從孀母毆斃胞叔下手傷輕〉則注重首犯是否為死者之尊長，從而不可只論以下手輕傷之例，而是要在原題內夾簽聲明理由。

資料來源：〔清〕祝慶祺編次、鮑書芸參定，《刑案匯覽》，冊6，卷42，〈聽從祖父故殺胞伯〉，頁2663-2664。

　　　　　〔清〕祝慶祺編次、鮑書芸參定，《刑案匯覽》，冊6，卷42，〈聽從緦麻卑幼共毆胞兄身死〉，頁2664-2665。

　　　　　〔清〕祝慶祺編次、鮑書芸參定，《刑案匯覽》，冊6，卷42，〈聽

從嬌母毆斃胞叔下手傷輕〉，頁2665-2666。
〔清〕吳坤修等撰、郭成偉主編，《大清律例根原（叁）》，卷86，
〈刑律・鬥毆下〉「毆大功以下尊長」條，頁1386。

簡言之，《刑案匯覽》的「聽從尊長共毆以次尊長」案件，督撫就案件的律例適用，多數與大清律例內的規範相符合。惟在特定案件，刑部更側重是否和歷年辦理之成案或定例相符。同時，若以律例構成要件的角度來看，刑部在這種身分案件裡，亦重視是否符合律例規範的身分類型。如：〈聽從緦麻卑幼共毆胞兄身死〉案的聽從期親和緦麻尊長之不同，會影響到律例之適用和最後的執行。另外，下手輕傷之卑幼止科傷罪，並非一概直接適用該例規定，在不符例文構成要件的情形下，仍要「聲明可原情節」聽候夾簽。顯見，律例的規定和最終的司法實務適用，仍有一段差距。

兩人對「下手輕傷之卑幼止科傷罪」的爭論實益，薛允升在《讀例存疑》裡，認為令人摸不著頭緒！薛氏評價第11條例文的議論過程：

> 此一事而前後互異，忽由斬決改為徒流，又忽由徒流改為斬決，刑章果有一定耶？同一幫毆傷輕，同一干犯期親尊長之案，因主使之人不同，罪名遂有生死之分，萬方雍之參奏未知係何意見。然總非公而起，[123]幸未及十年而復行更正。由今觀之，萬方雍與俞焜均係言官，何以見解不同，如此其必有說以處此矣。類此者尚多，此特其顯然者耳。[124]

顯然薛允升對萬方雍的參奏覆議有意見。除刑罰的一下變輕、一

---

[123] 非公而起的「公」字，依《爾雅・釋詁》：「公，事也」可解釋為公事或公牘。若要置於法律和司法的語境，應解釋為薛氏在閱讀這些修法爭議後，看到不合理之處而提出的法律見解。見十三經注疏編委會，《爾雅注疏》，卷1，〈釋詁第一〉，頁8。
[124] 〔清〕薛允升著、黃靜嘉編校，《讀例存疑重刊本》，第四冊，〈卷三十七刑律鬥毆下之二〉「毆期親尊長」條，編號318-11，頁948。

下變重，導致程度的不一外，況且主使之人的不同，本身即有不同的律例適用，為立法技術上之常態，故萬方雍的覆議，不知所云為何，另也慶幸十年內改回「遵本律」的法律效果，而言官見解的不同，薛氏亦指出相類似情狀者也很多，只是「下手卑幼止科傷罪」的這般立法之爭特別顯著而已。

第三節　小結

本節從「卑幼聽從尊長共毆以次期親尊長」和「卑幼止科傷罪」的問題出發，整理爬梳「毆大功以下尊長」和「毆期親尊長」門涉及此議題的律例規範。「下手輕傷卑幼止科傷罪」在法無文、成為定例以前，刑部實務上援引相類似的「毆大功以下尊長」第4條例文做裁判的依據。

道光四年和十三年「下手輕傷卑幼止科傷罪」的制定和刪除，亦是本節討論的一個重點。江西道御史萬方雍和俞焜的覆議和奏摺內容，雙方均有理由，前者基於法無明文、無編纂入冊，導致實務案件的辦理不一；後者基於倫常名教之維護，並舉以實例，說服刑部將其見解納入，成為通行。此外，透過道光十四年（1833）2月25日的〈奏請申明律義以重倫紀〉一摺，證實俞焜思想裡，維護名教的決心。不論如何，透過本節的討論，對聽從尊長共毆和卑幼止科傷罪的議題探討，有助於建立該例文規範的體系及脈絡。

第三章　刑部「毆期親尊長門」案件的類型

　　第二章討論《大清律例》毆期親尊長在唐明清三代的律例變化，以及較具特色的「聽從尊長共毆以次期親尊長」例後，本章欲從「類型」的角度出發，探討刑部對「毆期親尊長」整門錯誤案件的分類，進而規劃出這類案件的類型。[1]不過，清代對司法案件「分類」和「類型」的看法如何，需要先釐清。乾隆二十年（1755），皇帝命續修《大清會典》時說：

> 並請竣會典開館後，行文咨取、全數交送。其他書籍，凡有資考據者，酌取以備參稽。一、卷案宜詳察。請敕下在京大小各衙門，令各該堂官選賢能司官，專管清釐案卷，協同各本司官員，將所隸應入會典事件，分類編年，備細造送，毋漏。[2]

　　從《大清會典》續修應該具備的原因和過程來看，「分類」已是國家在編纂重要典籍時，要採取的重要手段。其主要目的，在於釐清、管理備妥重要的文件或是記下皇帝任內發生的重大事件，以求不遺漏，因此，在「有資考據」的狀況下，詳實的分類是必要的條件，至於實際的落實如何，先暫且不論。就職官職掌而言，《大清會典》的續修編纂，可能跟刑部或司法的職掌不那麼直接，那麼「分類」在清代司法的重要性是否也會被強調？乾隆二十九年（1764），刑部議

---

[1] 第二章第二節已就《刑案匯覽》裡，「聽從尊長共毆以次期親尊長」的三起「錯誤」案件進行比較，本章就其他多起、同樣涉及錯誤的案件討論。計有誤傷誤斃、救護情切、糾眾毆打的類型，另「聽從」的案件亦一併探討。

[2] 〔清〕慶桂等修，《清實錄・高宗純皇帝實錄》（北京：中華書局，1986），卷282，乾隆十二年正月六日，頁680下。

准廣西布政使淑寶（生卒年不詳）上奏，以臬司（又稱：按察使）的角度，強調分類在司法體系的作用：

> 臬司為刑部名總匯，其交代無論正署離任，應先將奉行欽部事件，及所屬通報未結各案。與鄰省咨查、督撫批發，並自理諸務，俱分類造冊。連各卷宗封固蓋印，一體移交接任之員。[3]

這段上奏顯示按察使離職時，應該要做的事情。「自理諸務，俱分類造冊」道出分類在司法體系上的作用，是為方便之後「一體移交接任之員」，從而讓司法事務能順利的延續，再次突顯分類的重要性。是以，回到本章要討論的史料—《刑案匯覽》，當中亦有強調分類，在〈序〉裡有言：

> 於廣搜博採之中，寓共貫同條之義，臚陳案以為依據，徵說帖以為要歸，一切謹按通行，無不備具。散見者會之，繁稱者簡之。其有未盡，更輯拾遺以備參考，門分別類，條理秩然。[4]

觀察《刑案匯覽》本身的編排門類，係以《大清律例》的律例條例編排為主，佐以祝慶祺與鮑書芸蒐羅《所見集》、《平反節要》等案件彙編集成，以求達到「用之也，要在隨時隨事比附變通，期盡乎律例之用，而後可以劑情平之法」[5]的情罪衡平目標。換句話說，「類型」應可基於不同的分類標準，予以重新檢視。鮑氏又說：「見歷年成案顆若畫一，而文牘浩如淵海，每思分門別類，裒集一書，以

---

[3] 〔清〕慶桂等修，《清實錄・高宗純皇帝實錄》，卷712，乾隆二十九年六月十五日，頁951下。

[4] 〔清〕祝慶祺編次、鮑書芸參定，《刑案匯覽》，影清光緒12年（1886）刊本（臺北：成文出版社，1968），冊1，卷1，〈序〉，頁3。

[5] 〔清〕祝慶祺編次、鮑書芸參定，《刑案匯覽》，冊1，卷1，〈序〉，頁3。

便檢閱」。⁶由此可見，分門別類，以求條理秩序的分明，讓檢視者方便檢閱，是《刑案匯覽》編纂成書的另一主要目的，亦可說是《刑案匯覽》分類的核心精神。

　　清代的「分類」和「類型」已經論說清楚，那麼，現代意義的類型又有何種意義？所謂類型，係指將一群特定之物，依照經驗或標準予以分類。⁷透過先行研究的考察，或許是基於《刑案匯覽》已根據「律例」這一標準進行案件的分類，而無從再探究，有關《刑案匯覽》「類型化」的研究雖屈指可數，⁸可是仍有前人研究嘗試進行類型的劃分。李燕〈清代審判糾錯機制研究〉一文從歷代的審判糾錯談起，再就所謂清代司法中的「錯案」類型化並討論，最後則就清代司法的糾錯程序和運行特徵探討，「類型」在李燕的文章裡，亦是要處理的一個問題，與本章要處理的議題有異曲同工之妙。作者認為清代的錯案主要可以分為「事實認定不清或錯誤的案件」、「律例適用不當的案件」、「不合情理的案件」、「官吏不純或惡意動機導致的

---

⁶　〔清〕祝慶祺編次、鮑書芸參定，《刑案匯覽》，冊1，卷1，〈序〉，頁3。

⁷　類型的本質，實際是從「法律是什麼」的問題出發，先認定法律是如何，再進一步應該如何分類，「法律是什麼」的問題，不論是在二戰前後，均有多位歐陸、亞洲法學者討論，詳見〔德〕拉德布魯赫，《法學導論》，北京：中國大百科全書出版社，2003。〔奧〕凱爾森，《法與國家的一般理論》，北京：中國大百科全書出版社，1996。〔英〕哈特，《法律的概念》，北京：中國大百科全書出版社，1996。〔日〕長谷部恭男著、郭怡青譯，《法律是什麼？法哲學的思辨旅程》，臺北：商周出版，2012。

⁸　翻閱《刑案匯覽》總目，可以發現其中的案件均已照律目編排，但在〈凡例〉裡，做為編次者的祝慶祺有說：「說帖、成案、通行俱已分門別類，其書頭附註各案亦係以類相從。惟說帖間有一案之中議及二三事者，如：〈千總私役兵丁護送眷屬回籍，致兵丁被車軋身死〉，係照「千總空歇軍役私使出境因而致死律擬軍」，則按律牌將正案歸入兵律軍政縱放軍人歇役條。因案內議及該弁擬老留養並職官犯罪應行具題，故復於名例犯罪存留養親條內書頭註云武弁擬軍准其留養案載某處又於刑律斷獄有司決囚等第條內書頭註云千總擬軍未便諮結駁令具題案載某處，庶檢查不致隱漏，餘可類推」可見在編排時，一案件涉及多事者，編者會特別註明，以方便查閱。〔清〕祝慶祺編次、鮑書芸參定，《刑案匯覽》，冊1，卷1，〈凡例〉，頁7-8。

錯案」四類。⁹然而，細讀李氏的文章可以發現，其未就「實質為錯誤」的個案進行探討，再者，其是以現代法律的用語及觀念來分類《刑案匯覽》裡的錯誤案件，這樣的方法雖亦可行，可是回歸所謂的「歷史脈絡」來討論，或許更能體現出清代司法審判制度糾錯的真實樣貌，所以是能再補足的研究之處。¹⁰

本章欲把《刑案匯覽》第42卷後半跟第43卷的「毆期親尊長」案件，以「刑部糾錯」為繩，重新依照案件的內容，予以分類、嘗試建立體系。至於把這些案件分類的意義在於，分類是可以適應複雜多樣的實際狀況，從法律的面向來看，是能有聯繫、有意識的把法律呈現的意義關聯串在一起，從而在這樣的關聯性中，找出一個共通的規則。¹¹另外，分類能使讀者更清楚、具體認識每個案件的差異性，從而在這種不同的區別中，找出該案件的實益。不過，本章試圖建立的類型模式，可能真的只是一種嘗試，而有待其他研究者檢驗，但誠如亞圖・考夫曼（Arthur Kaufmann, 1923-2001）所言：「只出現一次的事物不是典型的事物」。¹²《刑案匯覽》眾多的案件素材，提供許多可比較的案件情事，故在具有可比較事物的情形下，才會有類型存在的意義。

本章欲提出並解決的問題是，若以「刑部糾錯」作為區別標準，那麼《刑案匯覽》「毆期親尊長」門的所有錯誤案件，可以呈現怎麼樣的分類？¹³分類完成後，刑部的思考模式和法律推理為何？是以，

---

⁹ 李燕，〈清代審判糾錯機制研究〉（北京：中國政法大學博士學位論文，2008.3），頁2。
¹⁰ 李燕，〈清代審判糾錯機制研究〉，頁43，引註161。
¹¹ 有關分類、類型的意義和解釋，可參考亞圖・考夫曼（Arthur Kaufmann）著，吳從周譯，《類推與「事物本質」：兼論類型理論》（臺北：學林事業有限公司，1999），頁111-117。
¹² 亞圖・考夫曼（Arthur Kaufmann）著，吳從周譯，《類推與「事物本質」：兼論類型理論》，頁113。
¹³ 本章最初欲用「事實」以及「法律」面的角度做為《刑案匯覽》中糾錯的區別標準，看似是以現代法學的裁判結構來釐清《刑案匯覽》錯誤的分類，有以今鑑古之嫌，但實際閱讀過清代司法案件的書寫模式，其實均是

用第二章和第三章兩大部分整理出類型和思考模式,是本文欲關懷的議題。更重要的是,在解讀的過程中,筆者會嘗試回到清代司法審判制度的脈絡,以清代的法律和司法用語,解釋和分類《刑案匯覽》糾錯分類的標準。

區分的標準解說完後,《刑案匯覽》「毆期親尊長」門的88個案件,呈現的「多數類型」案件有哪些?[14]據筆者統計共有四大類,以下分述之。

首先「誤、誤傷或誤斃」的案件可說相對多起。[15]當然,既說是「類型」,則同一類型底下,刑部有認為允協和錯誤的案件,兩者可對照參考,爬梳出刑部對同一類型脈絡下的不同思考。[16]其次,第二大類型的案件為「聽從親屬犯罪」的案件,包括「聽從父命」、「聽從母命」和「聽從他人命令」的類型。第三,是所謂「救父救母」和「是否有心干犯」的案件,這類案件另涉及夾簽制度,以避免服制案件裡,冤錯假案的發生。最後,是糾眾毆打的案件,這類案件有時可能未涉及服制,可以觀察的是,刑部對不具有親屬關係者,如何論罪科刑?

以上為本文欲探討的四種刑部「毆期親尊長」糾錯類型,當然,

以「事實」與「規範」進行裁判、說帖或是通行的撰寫。現代法學方法論中,有所謂「法學方法三階論」,即大前提(又稱法規範)、小前提(又稱本案事實)與結論(法規範套入本案事實得出的結果)。舉例來說,《刑案匯覽》裡的說帖,開頭多是:「查XXX律(例)……本案……應論以……」正符合法學方法三階論的思考和書寫方式。有關法學方法三階論的敘述,可參考楊仁壽,《法學方法論》,北京:中國政法大學出版社,1999。故以事實和法律做為錯誤的區別標準,除使讀者清楚明瞭外,實質上也符合清代法律實務的思考脈絡,但最後考慮應回歸清代歷史脈絡,而稍做修正,特此說明。

[14] 88這個數字係依照《刑案匯覽》目錄計算出來,但實際上,若把同一目錄標題下的案件全數計入,則為90幾,甚至100起案件。

[15] 誤和誤傷,《刑案匯覽》有一種「誤傷後平復」的案件記載,本文擬放在第四章討論刑部思考和法律推理時分析之,本章先就前面四起案件論述。

[16] 此處理模式,在第四章會更側重討論「刑部在案件裡,最注意的要點是什麼」這個問題。

這四種類型案件係依據《刑案匯覽》記載的案件進行分類，可能會有案件無法歸類的情形發生，若案件無法歸類，會視情況在第四章討論。需要說明的是，類型無法達到盡善盡美，故本文所提出的這套分類標準，可視實際情況加以調整修改。

處理類型的同時，本章也有意觀察《刑案匯覽》使用的「錯誤用語」，並繪製表格予以呈現。至於在案例的選擇上，係以題目所定「毆期親尊長門」案件為主要素材，理由有二，第一，依據筆者統計及前人研究，《刑案匯覽》各門類裡，「威逼人致死」、「存留養親」、「殺死姦夫」等門的案件數量較多，「毆期親尊長門」的案件為數亦不少，在案件量大的基礎上，適合做為糾錯類型分析的素材；第二，「毆期親尊長」涉及的議題廣且深，除傳統中國身分法外，還有跟前述「存留養親」、「殺死姦夫」[17]類型案件之間的比較。有鑑於此，在不同的案件之間，刑部糾錯的理由為何，同樣是可以思考的問題。

綜上，本章透過對《刑案匯覽》「毆期親尊長門」糾錯案件的探討，整理分類出刑部糾錯的類型，同時試圖建立一種類型的體系。

第一節　誤傷誤斃期親尊長

「誤」、「誤會」和「錯誤」是司法案件錯誤案件裡最直觀的判斷方法。最常和「過失」討論其區別。據《大清律例‧刑律‧人命

---

[17] 有關清代的「殺死姦夫」律例和裁判實態研究，可參考江存孝，〈清代前期「殺死姦夫」條的規定及其裁判實態〉，《法制史研究》，31（臺北，2017.7），頁81-120。江存孝，〈清代後期「殺死姦夫」條例的改正及其法理〉，《法制史研究》，34（臺北，2018.12），頁97-140。兩篇文章。從江氏的緒論，可一探日本學界對「殺死姦夫」條的研究動態，係以佐々木愛和喜多三佳為主，值得借鏡。見江存孝，〈清代後期「殺死姦夫」條例的改正及其法理〉，頁99。

之三・戲殺誤殺過失殺》的《大清律輯註》載:「誤是一時差錯,失手之事情」[18]又載:「是明許彼此搏擊,以角勝負。則有所殺傷,非出于不意,如過失之事」[19]是以,過失的真正意義係指出於不意,再根據律本文之律上註,過失是「耳目所不及,思慮所不到」[20]從而,兩者的區別是,一係本身就有意,但手段錯誤;一係本身就無意,致生錯誤。相關研究方面,日本學者中村茂夫(1925-2012)以《大清律例》中的「過失」為切入點,並輔以《刑案匯覽》裡的案例,討論法律與實務認定「過失」的差異。[21]本節以《刑案匯覽》「毆期親尊長」的「誤」和「誤傷」期親尊長案件,相互比較,呈現其類型的意義。[22]

一、弟因劈柴下手稍偏誤殺胞兄

道光五年(1825),湖廣司查有一則〈弟因劈柴下手稍偏誤殺胞兄〉說帖,主要探討「誤」與「過失」的差異。湖廣司先查詢律例並加以解釋:

> 查律載:因鬪毆而誤殺旁人者,以鬪殺論。若過失殺人者准鬪殺

---

[18] 〔清〕李瀚章等纂,《大清律例彙輯便覽》,冊9,卷26,〈刑律人命之三・戲殺誤殺過失殺〉律輯註,頁3723-3724。

[19] 〔清〕李瀚章等纂,《大清律例彙輯便覽》,冊9,卷26,〈刑律人命之三・戲殺誤殺過失殺〉律輯註,頁3723。

[20] 〔清〕李瀚章等纂,《大清律例彙輯便覽》,冊9,卷26,〈刑律人命之三・戲殺誤殺過失殺〉律上註,頁3724。

[21] 關於中村茂夫的清代法制史研究,可見趙晶,〈論中村茂夫的東洋法制史研究〉,《法制史研究》,36(臺北,2019.12),頁275-304。另有關中村氏對《刑案匯覽》的介紹,可參考中村茂夫,〈清代の刑案:《刑案匯覽》を主として〉,收入滋賀秀三編,《中國法制史:基本資料の研究》(東京:東京大学出版会,1993),頁715-737。

[22] 《刑案匯覽》有記載誤傷後平復的案件,此時應如何論罪科刑?待第四章探討刑部的思考模式和法律推理時處理之。

罪,依律收贖。註云:過失謂耳目所不及,思慮所不到。凡初無害人之意,而遇致殺人者,皆准依律收贖。又弟毆胞兄死者,斬;過失殺者,減二等。[23]

查詢的律例,係關毆誤殺旁人以及過失殺人的相關規定,律上註對過失的解釋,刑部亦一併聲明。另又查詢弟毆胞兄行為的規範,指出死者斬、過失的話減二等。接著刑部再延伸解釋,認為:

律稱誤殺以鬥殺論,必與人鬥毆,而誤殺旁人者,方以鬥殺擬抵。若有所造作備慮不謹因而誤殺者,即不得以鬥殺論。誠以因鬥而誤殺旁人,及因事而過失殺人,雖皆出於意外,而誤殺則先有害人之心,過失則初無害人之意,故誤殺與過失殺在凡人有絞候、收贖之分,在期親尊長則有斬決、滿徒之別,未便將因事誤傷之案,牽引鬥毆誤殺之條。[24]

此處有三點可以注意。第一,誤殺以鬥殺論的解釋,要與人鬥毆而誤殺旁人,才能據此論罪。如果先有準備行為才為之,那麼就不能以鬥殺論處。其次,刑部點出「鬥而誤殺旁人」和「過失殺人」的差別,兩者雖同出於意外,可是誠如律上註所言,以「是否初有害人之心」做為判斷的標準。最後是誤殺和過失殺在凡人和期親尊長的刑度差異。既分別有絞候、收贖與斬決、滿徒之別,那麼因事誤傷的案件,就不能牽引鬥毆誤殺的律條規範。

律例規範解釋完後,接著是本案事實套入律例進行適用。案件事實是:

---

[23] 〔清〕祝慶祺編次、鮑書芸參定,《刑案匯覽》,冊6,卷42,〈弟因劈柴下手稍偏誤殺胞兄〉,頁2650。
[24] 〔清〕祝慶祺編次、鮑書芸參定,《刑案匯覽》,冊6,卷42,〈弟因劈柴下手稍偏誤殺胞兄〉,頁2650-2651。

此案戴應成與胞兄戴應恒同赴廚房做飯，戴應成在竈旁騎在凳上，將柴塊豎立凳頭用刀劈砍，戴應恒蹲在凳頭左邊，低頭拾取劈碎柴塊燒火，戴應成適因劈砍柴塊下手稍偏，柴末劈著，刀向凳邊空處砍下，不期戴應恒正在凳邊將頭擡起，戴應成收手不及，以致誤傷戴應恒額顱骨損，越三十九日殞命。[25]

當事人為戴氏兄弟，事實摘錄是兩人赴廚房做飯，弟戴應成因劈柴而誤傷兄戴應恒。親屬服制案有保辜之適用，過了三十九日，戴應恒死亡。負責審理本案的巡撫，將戴應成依弟毆胞兄死者律，問擬斬決，援引卑幼誤傷尊長之例夾簽。[26]

不過，刑部詳核案情，認為案情與律例間的適用，顯有錯誤。特別是「誤」和「過失」的認定方式。刑部如此判斷：

臣等詳核案情，戴應成劈柴下手稍偏誤傷伊兄戴應恒額顱，彼時戴應成並無害人之心，又無逞兇及與人爭鬥，情狀核與「過失殺人條」內「初無害人之意而偶致殺人」之律注相符。即謂該犯於劈柴之時，伊兄低頭拾柴，與「耳目所不能及、思慮所不能到」之案稍有不同，亦應原其初無害人之意比引恰合他條，酌量定擬，以示區別。今該撫將戴應成依弟毆胞兄死者律問擬斬決，援引卑幼誤傷尊長之例夾簽，是以情近過失之案，援引爭鬥誤殺之條，究未允協，案關生死出入，應令另行妥擬。[27]

詳細查核案情後，刑部認為戴應成在劈柴當下，並無害人之心

---

[25] 〔清〕祝慶祺編次、鮑書芸參定，《刑案匯覽》，冊6，卷42，〈弟因劈柴下手稍偏誤殺胞兄〉，頁2651。
[26] 〔清〕祝慶祺編次、鮑書芸參定，《刑案匯覽》，冊6，卷42，〈弟因劈柴下手稍偏誤殺胞兄〉，頁2651。
[27] 〔清〕祝慶祺編次、鮑書芸參定，《刑案匯覽》，冊6，卷42，〈弟因劈柴下手稍偏誤殺胞兄〉，頁2650-2653。

且亦無逞兇爭鬪的情狀，此時援引「過失殺人」條的律上註，並無錯誤。同時，為求律例適用的小心謹慎，刑部指出應參酌其他「耳目所不能及、思慮所不能到」的案件，相互比較、以示區別。

案件討論所生的爭議並未就此結束，刑部在覆議的說帖內，針對該省意見被駁回後，重新具擬援引的嘉慶九年（1804）、道光三年（1823）〈打牛、擲犬誤傷胞兄身死〉兩案例進行檢視。事實分別是：[28]

> 嘉慶九年益陽縣民趙世璟之胞兄趙世琦趕牛，將趙世璟挭跌糞池。趙世璟因衣褲被污，用鐵耙向牛腿打去，誤傷趙世琦左膝等處殞命。

> 道光三年零陵縣民趙孝彰因胞兄趙青燃被犬撲咬，趙孝彰拾石向犬擲去，適趙青燃正在轉身拾石，被趙孝彰所拾石塊誤傷右額角身死。

律例適用方面，都將犯罪行為人（趙世璟和趙孝彰）依照弟毆胞兄死者律，擬斬立決，同時聲明無心干犯。刑部接著把這兩案和戴氏誤傷案並列比較，指出最應適用的律例：

> 此案戴應成誤傷胞兄戴應恆身死，核與趙世璟等案情事相同。是以將戴應成依律擬斬，聲明無心干犯具題，茲奉部駁查，戴應成於劈柴之時，其兄即在凳旁俯拾柴塊，相距咫尺，耳目切近，思慮宜周。且柴刀係可傷人之具，該犯並不小心，致將戴應恆誤傷。事雖出於無心，究屬手刃致斃。核與「深山安置窩弓不立望竿」及「向城市施放槍銃」二例，亦覺未甚相符，此外又無恰合

---

[28] 〔清〕祝慶祺編次、鮑書芸參定，《刑案匯覽》，冊6，卷42，〈弟因劈柴下手稍偏誤殺胞兄〉，頁2652。

可以比引之條。究竟比照何條問擬之處,咨請部示等因。[29]

巡撫主張,戴應成在劈柴時,戴應恆在凳旁俯拾柴塊,「相距咫尺,耳目切近」,認其思慮宜周。從器具方面來看,柴刀是傷人的器具,該犯誤傷兄之事雖出於無心,終究屬於手刃致斃。可是,其援引的「深山安置窩弓不立望竿」及「向城市施放槍銃」二例又不太相符,進而再次請教如何擇用適當的律例,刑部如此說道:

> 本部查該省所引趙世璟趙孝彰二案,一則因兄牽牛挫跌用耙打牛;一則其兄正在犬傍,輒行拾石擲犬,均因擲打牲畜誤斃兄命,與此案戴應成因劈柴偶致誤傷伊兄者,情節稍有區別。即該撫所稱深山曠野安置窩弓不立望竿及向城市施放槍銃二例與戴應成之案,均屬不符。惟戴應成於劈柴之時,其兄即在凳旁俯拾柴塊,今既該撫咨稱該犯與伊兄相距咫尺,耳目切近,思慮宜周自可照律定擬。應令該撫查核案情,另行定擬具題。[30]

刑部最終的判斷實屬耐人尋味。從案情的角度來看,巡撫引用的兩個案例,均是擲打牲畜誤斃兄命,跟因劈柴誤傷兄的狀況不同,進而在律例適用方面,跟巡撫所稱的「深山安置窩弓例」、「向城市施放槍銃例」例意不符。不過,最終案情還是要得到最妥適的律例適用,所以說帖的最後,縱使沒有最相符的律例,刑部還是肯定該撫主張的行為人「相距咫尺、耳目切近,思慮宜周」部分,可以照律定擬,至於整個案情,還是要求巡撫應「查核案情,另行定擬具題」。[31]

---

[29] 〔清〕祝慶祺編次、鮑書芸參定,《刑案匯覽》,冊6,卷42,〈弟因劈柴下手稍偏誤殺胞兄〉,頁2652。

[30] 〔清〕祝慶祺編次、鮑書芸參定,《刑案匯覽》,冊6,卷42,〈弟因劈柴下手稍偏誤殺胞兄〉,頁2652-2653。

[31] 〔清〕祝慶祺編次、鮑書芸參定,《刑案匯覽》,冊6,卷42,〈弟因劈

綜合來說，本案若採嚴格意義的錯誤，係不屬於「完全錯誤」的案件。[32]刑部在初審的階段，的確說出「是以情近過失之案，援引爭鬬誤殺之條，究未允協」的言論，不過在巡撫二次回覆後，認為既然無恰當比引的律例，那麼，只好選擇案情裡提到的事實，重新檢視審查，照律（弟毆胞兄律）定擬。顯見審判實務上的「無奈」以及待事實重認定後的「按律擬妥」。

二、謀毒兄妻誤斃兄命痛悔泣訴

據《刑案匯覽》編纂凡例，《所見集》亦是《刑案匯覽》組成的重要部分，其係乾隆元年（1736）至嘉慶十年（1804）止所載「例無專條，尚可比附」的案件，計有一千一百三十八案，本身蒐入八十八案。[33]〈謀毒兄妻誤斃兄命痛悔泣訴〉一案亦在其中。案情內容是「貴撫題：敖茂文用砒謀毒伊嫂李氏，以致誤毒胞兄敖茂順身死」。[34]負責本案的貴州巡撫，將敖茂文依弟故殺兄律，擬以凌遲處死具題。此案在嘉慶八年（1803）九月十四日奉旨，刑部道出本案的事實：

> 此案敖茂文欲毒伊嫂李氏，以致誤將胞兄敖茂順毒死，刑部照該撫原題，將該犯按律問擬凌遲。但細核情節，該犯因伊嫂李氏平日挑唆伊兄，不時將伊訓責，懷恨於心，乘其患病，獨自吃粥，是以趁便下毒。敖茂順回家同吃時，該犯業已出門，迨該犯回家，見敖茂順業經身死，始知伊兄誤被毒斃，痛恨無及，當將緣由向伊次兄敖茂泰哭泣跪訴，據實承認不諱。敖茂泰因將李氏等

柴下手稍偏誤殺胞兄〉，頁2652-2653。
[32] 這裡所稱的「完全錯誤」，係指說帖、通行、成案和定例內，從頭到尾一氣呵成的「錯誤」，而非前述係錯誤，後面變成非錯誤。
[33] 〔清〕祝慶祺編次、鮑書芸參定，《刑案匯覽》，冊1，〈凡例〉，頁7。
[34] 〔清〕祝慶祺編次、鮑書芸參定，《刑案匯覽》，冊6，卷42，〈謀毒兄妻誤斃兄命痛悔泣訴〉，頁2653。

解救平復。是該犯於誤毒伊兄死後尚知悔恨，自行承認，稍有一線可原。敖茂文著從寬改為斬立決。嗣後遇有似此誤毒胞兄身死之案，如果本犯能自知痛悔，立時承認自首者，均著照此問擬。餘依議。欽此。照所見集錄。[35]

從以上《所見集》的內容來看，刑部注重案件事實的判斷，更進一步說，係行為人犯罪後所呈現的行為和態度，是否能成為「刑之酌減」的依據。行為人是敖茂文，當事人和關係人有敖茂文嫂李氏、其胞兄敖茂順以及次兄敖茂泰，透過刑部的詳核案情，敖茂文因李氏平日挑唆敖茂順，不時將其訓責，進而懷恨在心，乘李氏患病獨自吃粥之時，趁便下毒。是以，既然已有死亡的結果出現，又是具有身份關係者，從而應當處以最重刑罰，即凌遲。可是，敖茂文向次兄敖茂泰哭泣跪訴，據實承認不諱，同時痛恨無及，故刑部將其刑度降低，改為從寬改為斬立決，成為嗣後之定例。顯見，刑部在本案的判斷認定方面，主要是以事實內容為要，且李氏被敖茂泰解救平復，也是敖茂文刑度減低的原因之一。[36]

三、勸阻奪刀致兄拉脫刀柄跌斃

嘉慶二十五年（1820）四川總督呈遞咨文，為解決一起〈勸阻奪刀致兄拉脫刀柄跌斃〉的案件，該案的特色是，在開頭處就率先聲明辦理「誤殺期親尊長案件」的準則：「職等查辦理誤殺期親尊長之案，應按本律擬斬立決，仍將可原情節照例夾簽。其弟過失殺胞兄死者，律祇減本殺罪二等，不在收贖之限」[37]所謂「減本殺罪二等」，

---

[35] 〔清〕祝慶祺編次、鮑書芸參定，《刑案匯覽》，冊6，卷42，〈謀毒兄妻誤斃兄命痛悔泣訴〉，頁2653。
[36] 「誤傷後平復」類型的完整討論，詳見第四章。
[37] 〔清〕祝慶祺編次、鮑書芸參定，《刑案匯覽》，冊6，卷42，〈勸阻奪刀致兄拉脫刀柄跌斃〉，頁2649。弟過失殺胞兄的律文規定，參〔清〕李

係指「兄姐及伯叔父母姑、外祖父母」。[38]至於本案事實的內容為：

> 張世鵠因胞兄張世武持刀欲與王二拚命，經伊母張氏與伊嫂許氏拉奪不下，喊令張世鵠幫同奪刀。張世鵠聞聲趨視，慮恐伊母受傷，即趕攏將刀背奪住，不期張世武拉脫刀柄，仰跌倒地，搕傷腦後，並被石炭墊傷脊臀、腰眼，至夜殞命。[39]

張世武和張世鵠是兄弟，前者欲與王二火拚，母張氏和嫂許氏無法阻止，請後者前來幫忙。張世鵠因怕母親受傷，故將張世武的刀背奪住，不期張世武拉脫刀柄，仰跌倒地，搕傷腦後，並被石炭墊傷脊臀、腰眼後，到了晚上死亡。刑部查核案情後，主張：

> 張世武拉脫刀柄，失跌身死，固由張世鵠奪刀所致，惟張世鵠見伊母向伊兄奪刀不下，該犯恐伊母受傷，又慮伊兄持刀向人拚鬧，勢不能不趕攏幫。奪攩其情節，係屬勸解，實無爭鬥情形。且張世武將刀柄拉脫，自行跌地，搕墊斃命，並非該犯誤毆受傷所致，核與過失殺條內，「初無害人之意，而偶致殺人」之律註相符。[40]

刑部肯定張世武之死，雖係由張世鵠奪刀所導致，不過在思慮母親危險的情況下，仍具有不可抗力的因素，而且，張世鵠的行為是勸解而非爭鬥，其次，張世武拉脫刀柄，自行跌地斃命，並非張世鵠誤

瀚章等纂，《大清律例彙輯便覽》，冊10，卷42，〈刑律鬭毆下・毆期親尊長〉律本文，頁4055-4056。

[38] 〔清〕李瀚章等纂，《大清律例彙輯便覽》，冊10，卷42，〈刑律鬭毆下・毆期親尊長〉律本文，頁4056。

[39] 〔清〕祝慶祺編次、鮑書芸參定，《刑案匯覽》，冊6，卷42，〈勸阻奪刀致兄拉脫刀柄跌斃〉，頁2649。

[40] 〔清〕祝慶祺編次、鮑書芸參定，《刑案匯覽》，冊6，卷42，〈勸阻奪刀致兄拉脫刀柄跌斃〉，頁2650。

毆受傷導致，這時根據律上註的規定，係屬過失。案情的查核和律例的規範解釋完後，刑部接著查詢歷年是否有辦理過相關的成案：

> 遍查歷年並無辦過此等確對成案。惟乾隆三十一年間廣東省題仁化縣民闕經林持刀向砍李葉榮，被妾李氏勸阻奪刀，闕經林縮手自行劃傷身死一案。原題內聲稱：闕經林之自行縮手劃傷，實非李氏意料所及，將李氏依妾過失殺家長例擬流收贖，經本部照擬題覆在案。雖妾於家長較之弟與胞兄服制名分自有區別，而妾之毆死家長與弟之毆死胞兄者罪應斬決則一。彼案之自行劃傷身死，既不以誤殺夾籤，則此案之自行跌墊斃命，應依過失殺科罪者理自可以相通。該省將張世鵠依過失殺減本殺罪二等，律於弟毆胞兄死者斬罪上減二等，擬以杖一百，徒三年。似屬允協，應請照覆。[41]

刑部指出，雖然歷年無成案辦理的相關經驗，不過在乾隆三十一年（1766）廣東省發生一起闕經林持刀砍李葉榮，被妾李氏勸阻奪刀，闕氏縮手自行劃傷身死的案件，似可參照。[42] 在原來的題內聲稱，闕氏的自行劃傷，應非妾李氏意料所及，故李氏係依妾過失殺家長例，擬流收贖。評價方面，刑部認為兩案的身分服制，刑度雖有別，但在罪的認定上應「斬決則一」。從而，廣東省闕氏案既然不以誤殺夾籤，則張世鵠案的自行跌墊，以過失殺科罪，自屬可行。綜上，該省將張世鵠依過失殺減本殺罪二等，律於弟毆胞兄死者斬罪上減二等，擬以杖一百，徒三年，是屬情罪允協，應照覆。以下用兩個表格，呈現這些案件的異同處並作結。

---

[41] 〔清〕祝慶祺編次、鮑書芸參定，《刑案匯覽》，冊6，卷42，〈勸阻奪刀致兄拉脫刀柄跌斃〉，頁2650。
[42] 當然，刑部為何選擇此案，是因年代相近，或是其他因素，史料闕如，無從得知。

表3-1-1　《刑案匯覽》「弟因劈柴下手稍偏誤殺胞兄」相關案件

案件名稱	弟因劈柴下手稍偏誤殺胞兄	打牛擲犬誤傷胞兄身死	黑夜放銃欲打瘋狗誤斃胞兄
提出者	湖廣司	湖廣司	安徽司
性質	道光五年說帖	嘉慶九年、道光三年說帖	道光十二年說帖
使用律例門類	1. 刑律鬭毆下毆大功以下尊長例02 2. 毆期親尊長例13	刑律鬭毆下毆期親尊長律本文	刑律人命之三弓箭傷人01
巡撫判斷	將戴應成依弟毆胞兄死者律，問擬斬決，援引卑幼誤傷尊長之例夾簽	3. 將趙世璟依弟毆胞兄死者律擬斬立決 4. 趙孝彰亦依律擬斬立決 5. 均聲明無心干犯	將周泳泰依無故向有人居止放彈射箭因而殺人，若所傷係親屬犯時不知者，依凡論。比照〈竹銃向有人居止施放傷人因而致死例〉擬以滿流
刑部判斷	1. 戴應成劈柴下手稍偏誤傷伊兄戴應恆額顱彼時戴應成並無害人之心又無逞兇及與人爭鬭情狀核與過失殺人條內初無害人之意而偶致殺人之律註相符；與耳目所不能及、思慮所不能到之案稍有不同 2. 律稱誤殺以鬭殺論，必與人鬭毆而誤殺旁人者，方以鬭殺擬抵，若有所造作備慮不謹因而誤殺者，即不得以鬭殺論	1. 一則因兄牽牛挺跌用耙打牛；一則其兄正在犬傍輒行拾石擲犬，均因擲打牲畜誤斃兄命，與此案戴應成因劈柴偶致誤傷伊兄者情節稍有區別 2. 即該撫所稱深山曠野安置窩弓不立望竿及向城市施放槍銃二例與戴應成之案均屬不符	1. 何以一聞犬吠，即知為瘋犬回村，遽行開門出視，取銃施放 2. 況據供用銃向犬吠處點放，不期轟傷周泳春身死。如果屬實，是犬吠之處即係周泳春躺臥之處，在周泳春相距甚近，自必早經聽聞，預為驅逐，斷無在家睡宿者，業已聞聲起視，而在場躺臥者仍行偃息自如之理 3. 再該犯向犬吠處放銃，誤斃伊兄，其

第三章 刑部「毆期親尊長門」案件的類型 125

案件名稱	弟因劈柴下手稍偏誤殺胞兄	打牛擲犬誤傷胞兄身死	黑夜放銃欲打瘋狗誤斃胞兄
刑部判斷	3. 因鬪而誤殺旁人及因事而過失殺人雖皆出於意外，而誤殺則先有害人之心，過失則初無害人之意，故誤殺與過失殺在凡人有絞候收贖之分，在期親尊長則有斬決滿徒之別，未便將因事誤傷之案牽引鬪毆誤殺之條		犬隻曾否被傷及？究竟是否瘋狗回村之處？原諮內均未詳細敘明
最後適用	**是以情近過失之案，援引爭鬪誤殺之條，另行擬妥**	惟戴應成於劈柴之時，其兄即在凳旁俯拾柴塊，今既該撫咨稱該犯與伊兄相距咫尺，耳目切近、思慮宜周。自可照律定擬，應令該撫查核案情，另行定擬具題。	似此種種支離，誠恐另有起釁別故，事後狡供、避就情事。案關銃斃兄命，一故一誤，**罪名出入甚鉅，應令該撫另委賢員，嚴審確情，按律妥擬，到日再議**

說　　明：1.黑粗體底線者為該說帖重要之處，共紀錄三起案件。
　　　　　2.劈柴誤傷胞兄之案，援引先前已有的案件進行比較，從「最後適用」一欄來看，刑部認為均有錯誤之處，要求下級審（督撫），另行查明事實、在原題內補充，或重新擬定應適用的律例，他日再具題。
資料來源：〔清〕祝慶祺編次、鮑書芸參定，《刑案匯覽》，冊6，卷42，〈弟因劈柴下手稍偏誤殺胞兄〉，頁2650-2653。

表3-1-2 《刑案匯覽》「誤傷誤斃期親尊長」案件類型

案件名稱	謀毒兄妻誤斃兄命痛悔泣訴	勸阻奪刀致兄拉脫刀柄跌斃
提出者	貴撫	川督
性質	嘉慶八年九月十四日奉旨，照所見集錄	嘉慶二十五年說帖
使用律例門類	刑律關毆下毆期親尊長律本文	1. 刑律關毆下毆大功以下尊長例02 2. 刑律關毆下毆期親尊長例13
巡撫判斷	將教茂文依弟故殺兄律擬以凌遲處死具題	將張世鵠依過失殺減本殺罪二等律，於弟毆胞兄死者，斬罪上減二等，擬以杖一百徒三年
刑部判斷	是該犯於誤毒伊兄死後，**尚知悔恨，自行承認，稍有一線可原，教茂文著從寬改為斬立決**	1. 係屬勸解，實無爭鬧情形 2. 張世武將刀拉脫，自行跌地磕墊斃命，並非該犯誤毆受傷所致，核與過失殺條內，初無害人之意，而偶致殺人之律注相符
最後適用	**嗣後遇有似此誤毒胞兄身死之案，如果本犯能自知痛悔，立時承認自首者，均著照此問擬**	似屬允協。彼案之自行割傷身死，既不以誤殺夾簽，則此案之自行跌墊斃命，應依過失殺科罪者，理自可以相通

說　　明：1.黑粗體底線者為該說帖重要之處。

　　　　　2.有多起「誤傷平復」類型案件未納入討論，理由係「被害人傷平復」會影響刑部斷案，故先就「未真正論及平復」的說帖探討（如：〈謀毒兄妻誤斃兄命痛悔泣訴〉），此外，平復亦會成為行為人減刑之緣由，較適合置於「刑部法律推理」的部分做探討。

　　　　　3.〈謀毒兄妻誤斃兄命痛悔泣訴〉是以事實判斷為主，〈勸阻奪刀致兄拉脫刀柄跌斃〉亦是。兩者都是以審酌事實後，帶入律例的適用，雖最後刑部判定無錯誤，卻成為一種審理原則。

資料來源：〔清〕祝慶祺編次、鮑書芸參定，《刑案匯覽》，冊6，卷42，〈謀毒兄妻誤斃兄命痛悔泣訴〉，頁2653。

　　　　　〔清〕祝慶祺編次、鮑書芸參定，《刑案匯覽》，冊6，卷42，〈勸阻奪刀致兄拉脫刀柄跌斃〉，頁2649-2650。

將以上這些誤傷誤殺的錯誤案件分析並加以比較，可以發現三項特性：第一，談到「誤」，多會與概念相似的「過失」相較，不過會依據案情的不同，而肯認或否定原省做出的律例適用和判斷。其次，行為人犯案後的「自行悔悟」是減刑的一項標準，甚至成為刑部從寬認定的準則。最後，〈勸阻奪刀致兄拉脫刀柄跌斃〉一案，顯示出刑部在司法實務方面對成案的尋找與適用，不過，卻無法解答刑部在無成案援引的情況下，選擇另一起案件比較的準則。值得一提的是，從〈弟因劈柴下手稍偏誤殺胞兄〉的說帖來看，刑部在無恰當律例適用的情形下，「似乎」只能選擇與案情事實較符合的律例，即〈弟毆胞兄死者律〉，援引卑幼誤傷尊長之例夾簽、〈深山安置窩弓例〉和〈向城市施放槍銃例〉，加以裁斷，可是仍然要求督撫重新檢視事實，待日後按律例擬妥。

第二節　聽從親屬或他人為之的犯罪

親屬的概念涵蓋尊長和卑幼。尊長，一般而言多是家族制度裡的父或祖父，又卑幼在尊等方面，低於尊長。[43]因此若涉及犯罪，有時

---

[43] 據劉俊文《唐律疏議箋解》一書〈唐律的真髓〉所言，《唐律》的特色之一就是依循禮「尊卑長幼親疏有別」的精神，按照親族血緣關係，分三種層次：親屬、親等和尊等。具體的律文和律疏，見「十惡」條（總6條）、「八議」條（總7條）、「稱期親祖父母等」條（總52條）、「皇太子妃（請章）」條（總9條）。在此依照這種分類模式解釋。見〔唐〕長孫無忌等撰、劉俊文點校，《唐律疏議箋解》（北京：中華書局，1996），卷1，〈名例律〉，「十惡」條（總6條），頁56-103。〔唐〕長孫無忌等撰、劉俊文點校，《唐律疏議箋解》，卷1，〈名例律〉，「八議」條（總7條），頁103-112。〔唐〕長孫無忌等撰、劉俊文點校，《唐律疏議箋解》（北京：中華書局，1996），卷2，〈名例律〉，「官爵五品以上（請章）」條（總9條），頁119。〔唐〕長孫無忌等撰、劉俊文點校，《唐律疏議箋解》，卷6，〈名例律〉，「稱期親祖父母等」條（總52條），頁502。

會是卑幼聽從尊長的指示下手為之。《刑案匯覽》「毆期親尊長門」記載的案件裡，有部分係屬這類型，聽從的主體，從父母到叔，甚至是他人都有。第二章已討論過「聽從尊長，下手卑幼止科傷罪」的議題，則本節側重討論其他聽從主體衍生的相關刑案，當中有錯誤案件，亦有非錯誤案件，兩者相互比較參照，疏理出刑部認定的「錯誤類型」。

一、聽從父母命令

卑幼聽從父、母或父母共同的命令犯罪，本質上涉及多項議題，如：子孫違犯教令。[44]這時多會論及彼此間的法條競合，不過，仍要回歸案件本身進行探討，以區分案件實際的差異。嘉慶十九年（1814）和道光三年（1823），各有一起聽從父命毆死和致死胞叔的案件，即使案情相似，但刑部認為，一是與例相符，不過稿尾錯誤、一是似可照覆。先從道光三年的〈聽從伊父致死胞叔分別夾簽〉[45]來談：

> 東撫題：楊百明聽從伊父主使毆傷胞叔楊二足身死一案。查卑幼聽從下手毆本宗尊長至死，如係功服而邂逅至死者，減等擬流。若僅令毆打而輒行疊毆至斃者，改擬斬候。期親則不分邂逅至死及疊毆斃命，均擬斬立決夾簽聲請。誠以期親服制最近，故不得與功服並論，徑行減等。然究係迫於尊長威嚇與自行干犯者不同，故定例俱得夾簽聲請。[46]

---

[44] 清代子孫違犯教令的相關研究，有孫家紅《關於「子孫違犯教令」的歷史考察：一個微觀法學史的嘗試》一書，其中第三章〈立法擴張〉和第四章〈司法之境〉針對子違犯教令的明清律和司法案例進行解說和比較。見孫家紅，《關於「子孫違犯教令」的歷史考察：一個微觀法學史的嘗試》（北京：社會科學文獻出版社，2013），頁109-160、161-233。

[45] 〔清〕祝慶祺編次、鮑書芸參定，《刑案匯覽》，冊6，卷43，〈聽從伊父致死胞叔分別夾簽〉，頁2693-2695。

[46] 〔清〕祝慶祺編次、鮑書芸參定，《刑案匯覽》，冊6，卷43，〈聽從伊

開頭刑部就說出「夾簽聲請」的使用時機。本案刑部查詢〈毆大功以下尊長〉的例文規定，指出功服而邂逅至死[47]者，減等擬流。[48]又僅令毆打而輒行疊毆至斃者，改擬斬候，這是單純卑幼聽從下手的規範處理。然而，刑部道出「期親」的特殊地位，按照律例，應擬斬立決並夾簽聲請，理由在於，期親在服制上最相近，不能和功服相提並論、逕行減等，也再次聲明身分法的特性。不過，案件的審斷還是需要依照案情來做相對應的判斷，所以究竟屬於尊長威嚇而為之，或是自行犯案？在夾簽時，亦要一並聲明，加以區別。

此處需探討的是，例文所謂「邂逅至死」，在清代律例的脈絡下，代表何種意義？依薛允升《讀例存疑》解釋「謀殺人門」第5條律例，引《大清律輯註》時所稱：

> 邂逅之字義，書訓為「適然相值」，夫「適然相值」，以致其死，是因他故，非由謀殺矣。此註所云，是謂：謀殺人。若未曾殺訖，又別因他故邂逅致死，則自有同謀共毆之本法。[49]

這段解釋與《大清律例彙集便覽》相同，薛氏更了當說「此總註係專為小註『不曾殺訖，邂逅致死』而設，係詮解邂逅致死之意」[50]按薛氏對清律的體系解釋，邂逅是指適然相值，意思就是恰巧偶遇，

父致死胞叔分別夾簽〉，頁2693-2694。
[47] 邂逅的通常意思，《大漢和辭典》的解釋有二：不期而遇和解說。見〔日〕諸橋轍次編，《大漢和辭典》（東京：大修館書店，1986），卷11，頁197。
[48] 相關的律例演變討論，參考第三章第二節〈修法爭議：「聽從尊長毆死次尊仍尊本律」的探討〉，有關毆大功以下尊長的部分。
[49] 〔清〕薛允升著、黃靜嘉編校，《讀例存疑重刊本》，第四冊，〈卷三十二刑律人命之一〉「謀殺人」條，編號282-05，頁778-779。另參〔清〕李瀚章等纂，《大清律例彙輯便覽》，冊9，卷26，〈刑律人命・謀殺人〉條例5，頁3515-3516。
[50] 〔清〕薛允升著、黃靜嘉編校，《讀例存疑重刊本》，第四冊，〈卷三十二刑律人命之一〉「謀殺人」條，編號282-05，頁778。

和本意相去不遠。不過，要直達法律上的「邂逅」之義，從《唐律疏議・斷獄律》「拷囚不得過三度」條（總477）解釋更為適切：「『……若依法拷決，而邂逅致死者，勿論。』《疏》議曰：『邂逅，謂不期致死而死。詩云「邂逅相遇」，言不期而遇。』」[51]要言之，邂逅在唐代，甚至是清代的司法用語裡，是指不期致死而死，頗有現代刑法「過失」和「加重結果犯」之意。回歸本案的探討，刑部接著檢查有無相類似的案件可茲參照：

> 檢查嘉慶二十三年陝西省題王世才聽從伊母毆傷胞兄王世得身死一案，該省將王世才依毆死胞兄律擬斬立決，聲明該犯聽從伊母主使，勉從下手，經本部照例夾簽。奉旨將王世才改為斬監候。又貴州省題劉老滿聽從伊父致死胞兄劉子桂依律擬以凌遲，夾簽聲明。奉旨將劉老滿改為斬監候，先後題結在案。[52]

王世才和劉老滿兩案，都是聽從父母親之命，勉從下手，毆傷和毆死胞兄。刑罰方面，各自從斬立決和凌遲處死，夾簽聲明後改為斬監候，顯見案情和楊百明案極為相似，才能加以援引。刑部回到本案事實，依照案情做適當的律例適用：

> 此案楊百明聽從伊父主使毆傷胞叔楊二足身死，查該犯楊百明所毆，固屬傷多且重，若係自行干犯，應照例擬以斬決不准夾簽。今該犯聽從伊父主使，無奈勉從，並非自行干犯，與情輕夾簽應以是否有心干犯為斷者不同，自毋庸計其傷之多寡，即照聽從毆

---

[51] 〔唐〕長孫無忌等撰、劉俊文點校，《唐律疏議》，卷29，〈斷獄律〉，「拷囚不得過三度」條（總477條），頁552-554。〔唐〕長孫無忌等撰、劉俊文點校，《唐律疏議箋解》，卷29，〈斷獄律〉，「拷囚不得過三度」條（總477條），頁2039-2040。

[52] 〔清〕祝慶祺編次、鮑書芸參定，《刑案匯覽》，冊6，卷43，〈聽從伊父致死胞叔分別夾簽〉，頁2693-2694。

死期親尊長本例夾簽。該司將該犯依律擬斬立決,夾簽聲請,與例相符。惟稿尾夾簽牽引本部通行以是否有心干犯為斷等語,係屬錯誤,謹於稿內酌改。[53]

刑部從死者的受傷程度進行犯人的動機判斷,認為若屬於自行為之,則應該照例(即毆大功以下尊長第4條例文)擬以斬決,不准夾簽。不過本案顯然並非如此,而是迫於無奈,勉強下手,自然不能以「情輕夾簽」的「是否有心干犯」做為評斷標準。係要依照聽從毆死期親尊長本例,予以夾簽,是以,山東司將該犯依律擬斬立決,夾簽聲請,係屬與例相符。但是,稿尾夾簽牽引的刑部通行,以「是否有心干犯」為判斷標準的這些話,是錯誤的,進而要求其在稿內酌改。[54]

〈聽從伊父致死胞叔分別夾簽〉的說帖發生在道光三年,嚴格來說僅是「具有小瑕疵」的案件,而讓刑部糾正。嘉慶十九年,亦有一起說帖〈聽從伊父毆死胞叔其父擬徒〉[55]和此極為相似。不過這次刑部肯認督撫的做法,認為似屬允協、沒有錯誤,和前一案相比,是從案件事實展開論述:

> 貴撫題:饒士瓊聽從伊父饒世勝主使毆傷胞叔饒世友身死一案。此案饒士瓊因饒世友喜習拳棒,常在外間滋事,伊父饒世勝勸阻被詈,欲向毆打。饒世勝之妻張氏拉勸饒世友以其幫護,拔刀將張氏戳傷,經人勸散。饒世勝往拿饒世友送官,喊同伊子饒士瓊並邀允族弟饒世品前往捉拿。饒世友手執鐵尺,趕向饒世品等毆

---

[53] 〔清〕祝慶祺編次、鮑書芸參定,《刑案匯覽》,冊6,卷43,〈聽從伊父致死胞叔分別夾簽〉,頁2694。
[54] 這段的思維邏輯看似複雜,其實極為簡單:刑部認為本案行為人迫於無奈,聽從父母下手,已經不能用「情輕夾簽」的判斷標準去審視,進一步來說,也不能用「是否有心干犯」來看,從而直接適用例夾簽,是符合的,又尾部的措辭應當修正,以茲完備。
[55] 〔清〕祝慶祺編次、鮑書芸參定,《刑案匯覽》,冊6,卷43,〈聽從伊父毆死胞叔其父擬徒〉,頁2695。

打,被饒世品用擔格落鐵尺,並毆傷腴揪。饒世勝拾獲鐵尺,毆傷饒世友右腳踝,另拏柴斧向砍,饒世勝丟棄鐵尺,將斧奪獲。經鄰人饒世璧將饒世勝拉開。饒世友辱罵,饒世勝氣忿,因被饒世璧拉住,不能脫身,將柴斧遞給饒士瓊,喝令毆打。饒士瓊因係胞叔,不敢動手,饒世勝嚷罵,逼令向毆。饒世友又舉腳向踢,饒士瓊用斧背毆傷饒世友左腳腕殞命。[56]

事實描述極其詳盡,本案饒世勝和饒世友是兄弟,還有一姪饒士瓊、饒世勝妻張氏等人,皆具有身分關係。案件摘錄是饒世友常在外間滋事,兄饒世勝勸阻的過程中被罵,欲向毆打。饒世勝之妻張氏拉勸幫護過程裡被戳傷。後饒世勝往拿饒世友送官,喊同饒士瓊等人捉拿,途中又被阻撓,饒世勝被饒世友怒罵,氣憤之下,命令子饒士瓊毆打,而饒世友又舉腳向踢,饒士瓊用斧背毆傷饒世友左腳腕致其殞命。當事人和關係人眾多,本質上亦涉及同族犯罪,刑部對督撫評價各行為人和關係人如此說道:

> 查饒士瓊毆傷胞叔饒世友身死,按律罪應斬決,因伊父逼令下手,例得夾簽聲請。今該省將饒士瓊依聽從下手毆死期親尊屬例擬斬立決,夾簽聲請,與例相符。至饒世勝主使伊子饒士瓊將饒世友毆傷斃命,在平人例應擬抵。因死係胞弟,自應仍按服制,科以本殺傷法。查毆死期親弟妹例應擬流,今該省以饒世友先將兄妻戳傷,本屬罪人,未便竟照毆死胞弟,擬以杖流,轉致無所區別。將饒世勝依毆死期親弟妹杖流例上減一等,擬以杖一百徒三年。係屬衡情酌斷,似亦可照覆。

服制命案的律例適用,是按律擬罪後,再照例夾簽聲請。因此,

---

[56] 〔清〕祝慶祺編次、鮑書芸參定,《刑案匯覽》,冊6,卷43,〈聽從伊父毆死胞叔其父擬徒〉,頁2695。

該省將饒士瓊依聽從下手毆死期親尊屬例，擬斬立決並夾簽聲請，刑部判斷與例相符。再論主使孩兒將弟毆傷斃命，在「平人例」上，應當擬抵。[57]不過，本案是毆傷弟斃命，應仍按服制，科以本殺傷法論，又據乾隆元年（1736）的「故殺期親弟妹例」，毆期親弟妹致死者，照本律滿徒加一等，杖一百、流二千里。[58]

該省認為，饒世友先將兄妻戳傷，本身就屬罪人，不能據照毆死胞弟律例的規定，擬以杖流而無所區別。因此，該省將饒世勝依毆死期親弟妹杖流例上減一等，擬以杖一百、徒三年，刑部以為妥適而可照覆。

〈聽從伊父毆死胞叔其父擬徒〉和〈聽從伊父致死胞叔分別夾簽〉兩起說帖相互比較，均有提到父命令子毆傷胞叔，勉從下手的情節，然而，刑部之所以分別有不同的判斷，一個肯定、一個否定，係依照督撫對律例是否有相當程度的熟悉，以及本案事實是否全然符合律例的構成要件。以下針對提出的案件，繪製表格，互相參照並予說明。

表3-2-1　《刑案匯覽》「聽從父親命令毆殺期親尊長」案件類型

案件名稱	聽從伊父致死胞叔分別夾簽	聽從伊父毆死胞叔其父擬徒
提出者	東撫	貴撫
性質	道光三年說帖	嘉慶二十五年說帖

---

[57] 所謂擬抵，即抵命。以清律「鬪毆及故殺人」門例文第四條為例，若屬共同犯罪行為，下手主使重傷致命者，應當擬抵，但在特殊身分關係下，就有例外的情況。見〔清〕李瀚章等纂，《大清律例彙輯便覽》，冊10，卷26，〈刑律人命・鬪毆及故殺人〉律本文，頁3684-3685。

[58] 〔清〕李瀚章等纂，《大清律例彙輯便覽》，冊10，卷26，〈刑律鬪毆・毆期親尊長〉條例1，頁4060-4061。

案件名稱	聽從伊父致死胞叔分別夾簽	聽從伊父毆死胞叔其父擬徒
使用律例門類	1. 刑律關毆下毆大功以下尊長例04 2. 刑律關毆下毆期親尊長例11 3. 刑律關毆下毆期親尊長律本文	1. 刑律關毆下毆期親尊長例11 2. 刑律關毆下毆期親尊長律本文 3. 刑律關毆下毆大功以下尊長例13
巡撫判斷	<u>該司將該犯依律擬斬立決夾簽聲請</u>	1. 將饒士瓊依聽從下手毆死期親屬例擬斬立決，夾簽聲請 2. 以饒世友先將兄妻戳傷本屬罪人未便竟照毆死胞弟擬以杖流轉致無所區別 3. 將饒世勝依毆死期親弟妹杖流例上減一等擬以杖一百徒三年
刑部判斷	1. 誠以期親服制最近故不得與功服並論徑行減等。然究係迫於尊長威嚇與自行干犯者不同，故定例俱得夾簽聲請 2. 該犯楊百明所毆固屬傷多且重若係自行干犯應照例擬以斬決不准夾簽。今該犯聽從伊父主使無奈勉從並非自行干犯與情輕夾簽應以是否有心干犯為斷者不同毋庸計其傷之多寡即照聽從毆死期親尊長本例夾簽該司將該犯依律擬斬立決，夾簽聲請	1. 饒士瓊毆傷胞叔饒世友身死按律罪應斬決因伊父逼令下手例得夾簽聲請 2. 饒世勝主使伊子饒士瓊將饒世友毆傷斃命在平人例應擬抵因死係胞弟自應仍按服制科以本殺傷法
最後適用	**與例相符**，惟稿尾夾簽牽引本部通行以是否有心干犯為斷等語係屬錯誤謹於稿內酌改	1. **與例相符** 2. **係屬衡情酌斷**，似亦可照覆

說　明：1.黑粗體底線者為該說帖重要之處。

　　　　2.〈聽從伊父致死胞叔分別夾簽〉後面還有兩案，分別是嘉慶二十三年陝西省題王世才聽從伊母毆傷胞兄王世得身死案以及貴撫題劉老滿聽從伊父致死胞兄劉子桂，依律擬以凌遲，夾簽聲明，最終的處理方式，是奉旨將劉老滿改為斬監候，先後題結在案。

　　　　3.〈聽從伊父毆死胞叔其父擬徒〉是以律例適用需要有所區別為主。此外，〈聽從伊父致死胞叔分別夾簽〉原則上刑部認為無錯誤，只是在稿尾處的用詞和使用通行的時機應當再行確定。

資料來源：〔清〕祝慶祺編次、鮑書芸參定，《刑案匯覽》，冊6，卷43，〈聽從伊父致死胞叔分別夾簽〉，頁2693-2695。
〔清〕祝慶祺編次、鮑書芸參定，《刑案匯覽》，冊6，卷43，〈聽從伊父毆死胞叔其父擬徒〉，頁2695。

　　聽從母親命令而毆或殺期親，可從乾隆五十八年（1792）和嘉慶二十四年（1819）的兩起說帖談起。兩起說帖的當事人包含母親和兄弟，事實方面，為弟弟聽從母命，毆或殺兄。先從乾隆五十八年的〈捆縛胞兄並不知母欲行謀殺〉[59]的說帖來看，其內容載：

> 直隸司查律載：弟毆胞兄者，杖九十，徒二年半。死者不分首從，皆斬；故殺者皆不分首從，凌遲處死等語。按謀殺有同謀、不同謀之分，若故殺，則係一人臨時獨自起意。而本律明言不分首從者，輯註謂：卑幼共毆中有一人故殺，則共毆者皆凌遲。又云：別親外人下手致死者，自坐絞；而豫毆之卑幼皆斬，別親外人故殺者，自坐斬，而豫毆之卑幼皆凌遲等語。

　　直隸司查律本文和輯註的規定，指出謀殺和故殺的區別，以及故殺「一人臨時獨自起意」的定義。[60]其次，再參照《輯註》關於「不分首從」之解釋，分為兩種情況，一是卑幼共毆中有一人若故殺，則共毆者皆凌遲；一是別親外人下手致死和豫毆之卑幼，前者自坐斬，後者凌遲處死。這樣的規範，體現出「親屬犯罪者較外人重」的立法

---

[59] 〔清〕祝慶祺編次、鮑書芸參定，《刑案匯覽》，冊6，卷42，〈捆縛胞兄並不知母欲行謀殺〉，頁2661-2662。
[60] 《輯註》的原文是：「而臨時有意欲殺，非人所知，曰故。則一人之事也，此曰故殺者，皆凌遲處死，因有皆字，故註及謀殺耳，故殺必在毆時，即在毆內。若卑幼共毆中，有一人故殺，則共毆者皆凌遲。說見前奴婢毆家長條」此處亦說出故殺一定是在毆打的當下為之。見〔清〕李瀚章等纂，《大清律例彙輯便覽》，冊10，卷26，〈刑律鬭毆・毆期親尊長〉律輯註，頁4056。

思想,更加印證前人研究裡,有關傳統中國法的相關論述。直隸司接著繼續解釋:

> 是故殺期親案內,豫毆之卑幼即不知故殺之情,亦應科以凌遲之罪。又謀殺祖父母、父母已行者,豫謀之子孫不分首從皆斬;已殺者皆凌遲處死。此言豫謀,則不豫謀者,自不在其內。其止子孫,不及弟姪等者,舉一以例其餘也。至尊長起意謀殺,在場下手之卑幼不知謀情,律例並無作何定擬明文。

原來本案的爭點是,故殺期親的案件,原則上,豫毆之卑幼即使不知故殺的情狀,仍要科以凌遲之罪。直隸司再查謀殺父母和祖父母的律文,認為此處所說的豫謀,應作反面解釋,即不豫謀者,自不在律例的構成要件內。從而罪止科子孫,不及弟姪等,以此做為例示規定。不過,本案的案件事實是,尊長起意謀殺,而在場下手的卑幼毫不知謀情,法無明文,請求判斷,才有這份說帖的誕生。所以直隸司核題案件事實:

> 韓張氏等活埋韓添太案內,韓添勇一犯,該督聲稱該犯聽從母命,幫拉伊兄胳膊,止知捆縛送官,初不知活埋情事,迨一同拉至墳旁,伊母將韓添太推入坑內,韓添烈用土掩埋。該犯並無幫埋情事,即果案情屬實,該犯雖未豫謀,其幫拉胳膊,究屬在場下手之人,即不照故殺期親尊長豫毆卑幼不分首從凌遲例問擬,而伊兄韓添太究已身死,自不得僅科毆罪。該督將韓添勇照毆死胞兄律定擬斬決,聲請夾簽,似屬酌量辦理。且伊母既令長子韓添烈豫先窆坑,又令叫回韓添勇幫同拉縛,其所稱囑令捏稱送官勿告知活埋情由之語已難憑信。而韓添勇幫同拉縛一同拉至墳旁,若謂不知活埋,豈有拉向墳旁送官之理?此不過事後捏供,希圖輕減韓添勇罪名,似難遽以從輕。應否議駁,抑或隨案核覆

之處,應候鈞定。[61]

　　此處律例的適用和案情的審視看似允協,卻有不合理的地方存在。本案的行為人有母韓張氏和韓添勇,死者是韓添勇之兄韓添太。韓添勇聲稱,其聽從母韓張氏的命令,幫拉韓添太的胳膊,係為捆縛送官,而不知活埋情事,後一同拉至墳旁,韓張氏將韓添太推入坑內,韓添烈用土掩埋,無幫埋。審理本案的直隸總督將韓添勇照毆死胞兄律定擬斬決,聲請夾籤,刑部認為妥適。

　　回到案件事實方面,刑部卻有不同的見解,直指總督的錯誤之處。首先,韓張氏先命令長子韓添烈預備挖坑,又令韓添勇幫同拉縛,所以,「囑令捏稱送官」的話語已不可信。其次,既然韓添勇幫同拉縛,又一同拉至墳旁,如果說不知活埋情事,也難以令人信服,且根本沒有拉至墳旁送官的道理存在。基於以上兩點,刑部判斷此為事後捏供,目的是要輕減韓添勇的罪名,進而認定整起案件有錯誤之處。在說帖的眉批處,刑部援引乾隆二十四年(1759)的通行:「弟殺胞兄之案,將兇犯與死者是否同母、異母逐一訊明,隨本敘明,以備查核」[62]以開示此等相類似案件的處理準則。

　　〈捆縛胞兄並不知母欲行謀殺〉的案件結束後,嘉慶二十四年,亦發生一起和此極為相似的案件,不同處在於,本次案件的死者,係屬「為匪之徒」,故又牽涉另一起「死者淫惡蔑倫」的案件,在嘉慶五年(1800)編纂成例,是為〈王仲貴毆死蔑倫之兄王仲香〉:[63]

---

[61]〔清〕祝慶祺編次、鮑書芸參定,《刑案匯覽》,冊6,卷42,〈捆縛胞兄並不知母欲行謀殺〉,頁2661-2662。
[62]〔清〕祝慶祺編次、鮑書芸參定,《刑案匯覽》,冊6,卷42,〈捆縛胞兄並不知母欲行謀殺〉,頁2662。
[63]〔清〕吳坤修等撰、郭成偉主編,《大清律例根原(叁)》,卷87,〈刑律·鬥毆下〉「毆期親尊長」條,頁1403。亦可參〔清〕曹振鏞等修,《清實錄·仁宗睿皇帝實錄》,卷65,嘉慶五年閏四月十三日,頁876。又諭的內容,可參〔清〕曹振鏞等修,《清實錄·仁宗睿皇帝實錄》,卷72,嘉慶五年八月三日,頁960上-961上。

細閱本內情節，王仲香調戲伊弟妻張氏，欲圖強姦，已屬亂倫傷化，迨經伊父王尚才斥罵不服。將伊父揪倒欲毆，尤屬目無倫紀。及伊弟王仲貴聞聲趨救，王仲香竟欲與伊父拼命，兇惡已極。伊父王尚才忿極，喝令王仲貴毆打。王仲貴央求不允。並聲言如不代毆，即欲尋死。王仲貴無奈，隨用石毆王仲香額顱殞命。是王仲香淫兇殘忍，種種蔑倫，所犯應死之罪，不一而足。及王尚才喝令王仲貴毆打伊兄。復經王仲貴代為央求，尚有不忍致死其兄之心。因王尚才不允，王仲貴始用石毆傷致斃，迥非逞兇干犯可比。乃刑部照原題，於奉父命毆死蔑倫之兄者，仍依弟毆兄致死本律，擬斬立決，並聲明倫紀攸關。措詞不當，殊失情理之平，且與維持風化之義未協。所有王仲貴一犯，著即改為杖一百、流三千里，不必再交九卿覈議。嗣後遇有此等死者自犯蔑倫之案，著刑部即行覈議。奏明請旨減等、著為令。

　　該定例編纂的重點在於，律例上仍照本律例論罪，惟可夾簽聲請上加以聲明情有可原的情事。再者，這類「毆期親尊長」的案件，重在倫紀和維持風化，死者本身已蔑倫，則似乎沒有再交由九卿議論的必要，故在這份定例中，交由刑部覈議，更為適當。部臣更在修定例文的理由裡，直言：「若因兄弟有因死之罪，蓋將毆死兄姐之犯准予減等，設父母愛憐少子，勢必裝點情節，希圖末減，誠如聖諭『不可不防其漸』」[64]是以，應明立專條，以避免混淆。薛允升則對此例文提出一個疑問，即「毆死胞兄，問擬流罪，止此一條，如下手毆打者有二人，是否均擬流罪？」亦認為該條例文的首句，似應改為「毆死期親尊長之案」。[65]以達到律例所示的構成要件。

---

[64] 〔清〕吳坤修等撰、郭成偉主編，《大清律例根原（叁）》，卷87，〈刑律・鬥毆下〉「毆期親尊長」條，頁1403。

[65] 〔清〕薛允升著、黃靜嘉編校，《讀例存疑重刊本》，第四冊，〈卷三十七刑律鬥毆下之二〉「毆期親尊長」條，編號318-10，頁948。

時間回到嘉慶二十四年的〈幫按胞兄並不知母臨時故殺〉，本案死者係屬惡徒匪類，在案件事實和律例適用的判斷上有何不同？是否錯誤？說帖內容載：[66]

> 湖廣司查：此案胡達係胡明胞弟，伊母李氏因胡明屢次為匪，復被推跌，意欲毆打出氣冀其改悔，令該犯相幫捹按。胡明出言混罵，李氏忿極，順取菜刀，將胡明疊砍致斃。是已死胡明平日屢次為匪，雖推跌其母罪犯應死，並無淫惡蔑倫情事，正與例載毆斃罪犯應死兄姊仍照毆死尊長情輕夾簽之語符合。該撫牽引王仲貴之案，隨本聲請減流，殊屬錯誤。自應駁令擬斬，夾簽聲請。[67]

顯然對刑部而言，本案死者胡明雖如案件記載所言，屢次為匪，惟推跌母親罪犯應死，沒有淫惡蔑倫的情形發生。在律例適用方面，仍應先按本例（毆期尊長門條例第3條）論處，再依據案情，夾簽聲請，因此，巡撫牽引王仲貴的案件，在案件基礎上聲請減為流，是為錯誤。刑部的處理方式，是駁令擬斬，夾簽聲請。

表3-2-2　《刑案匯覽》「聽從母親命令毆殺期親尊長」案件類型

案件名稱	捆縛胞兄並不知母欲行謀殺	幫按胞兄並不知母臨時故殺
提出者	直隸司	湖廣司
性質	乾隆五十八年說帖	嘉慶二十四年說帖

---

[66] 與本案同樣援引王仲貴案的說帖，還有第43卷的〈聽從母命謀死淫惡蔑倫胞兄〉（案39），亦屬「究未允協」。見〔清〕祝慶祺編次、鮑書芸參定，《刑案匯覽》，冊6，卷43，〈聽從母命謀死淫惡蔑倫胞兄〉，頁2696。

[67] 〔清〕祝慶祺編次、鮑書芸參定，《刑案匯覽》，冊6，卷42，〈幫按胞兄並不知母臨時故殺〉，頁2663。

案件名稱	捆縛胞兄並不知母欲行謀殺	幫按胞兄並不知母臨時故殺
使用律例門類	刑律鬭毆下毆期親尊長律本文律本文	1. 刑律鬭毆下毆大功以下尊長例13、14 2. 刑律鬭毆下毆期親尊長例10
巡撫判斷	將韓添勇照毆死胞兄律定擬斬決，聲請夾簽	牽引王仲貴之案隨本聲請減流
刑部判斷	1. 按謀殺有同謀不同謀之分若故殺則係一人臨時獨自起意而本律明言不分首從者輯註謂卑幼共毆中有一人故殺則共毆者皆凌遲。 2. 是故殺期親案內，豫毆之卑幼即不知故殺之情，亦應科以凌遲之罪。 3. 又謀殺祖父母、父母已行者豫謀之子孫不分首從皆斬；已殺者皆凌遲處死。此言豫謀則不豫謀者，自不在其內，其止子孫不及弟姪等者，舉一以例其餘也。至尊長起意謀殺在場下手之卑幼，不知謀情，**律例並無作何定擬明文（爭點）** 4. 案情屬實該犯雖未預謀其幫拉胳膊究屬在場下手之人即不照故殺期親尊長預毆卑幼不分首從凌遲例問擬而伊兄韓添太究已身死自不得僅科毆罪	1. 是已死胡明，平日屢次為匪，雖推跌其母，罪犯應死，**並無淫惡蔑倫情事，正與例載毆斃罪犯應死兄姊，仍照毆死尊長情輕夾簽之語符合** 2. 該撫牽引王仲貴之案隨本聲請減流，**殊屬錯誤**
最後適用	應否議駁抑或隨案核覆之處，應候鈞定	自應駁令擬斬，夾簽聲請

說　　明：1.黑粗體底線者為該說帖重要之處。
　　　　　2.〈捆縛胞兄並不知母欲行謀殺〉注重案件口供的審核，即不合理之處成為一種刑部認為的錯誤；〈幫按胞兄並不知母臨時故殺〉注重案情和王仲貴成案（後來成為定例）的要件是否符合，顯然「死者並無淫惡蔑倫情事」成為刑部認定巡撫援引成案錯誤的原因，是以，兩案都為錯誤案件。
　　　　　3.相類似案件，可參考案件39號〈聽從母命謀死淫惡蔑倫胞兄〉。
資料來源：〔清〕祝慶祺編次、鮑書芸參定，《刑案匯覽》，冊6，卷42，〈捆縛胞兄並不知母欲行謀殺〉，頁2661-2662。

〔清〕祝慶祺編次、鮑書芸參定,《刑案匯覽》,冊6,卷42,〈幫按胞兄並不知母臨時故殺〉,頁2663。
〔清〕祝慶祺編次、鮑書芸參定,《刑案匯覽》,冊6,卷43,〈聽從母命謀死淫惡蔑倫胞兄〉,頁2696。

綜合言之,在「聽從父母命令」這類型的糾錯類型裡,除了定例和相類似案件的參照、王仲貴成案的援引外,更重要的是依照事實的描述,針對行為人或其他犯罪參與者、關係人進行符合案情的律例適用,以達到構成要件和事實的相互契合。特別是例文所稱「死者淫惡蔑倫」、「屢次為匪」應作何種解釋。此外,從〈捆縛胞兄並不知母欲行謀殺〉的案件,可以得知,刑部依這套標準對督撫的擬判進行審查,判定下級審的錯誤之處,而在點明錯誤後,會要求督撫改正。

二、聽從卑幼和他人命令

《刑案匯覽》毆期親尊長的案件裡,除聽從父母命令的類型較為大宗外,亦有聽從「卑幼命令」犯罪的相關案件,其代表的意義是,在特定情形下,無服制之人也有參與犯罪的可能。嘉慶十九年(1814)一起〈聽從胞弟毆死胞兄並未下手〉的案件恰巧說明這樣的情形。同時,因此案之後變為成案,《刑案匯覽》後面的幾個案件有援引之,故可與其他案件相互參照,進而比較:

> 貴撫題:黃凱聽從胞弟黃海謀毆胞兄黃升身死。黃凱徒手同往,並未下手共毆。第因挾嫌助勢,雖未執有刀刃,已有逞兇情狀。將黃凱比照卑幼毆期親尊長執有刀刃趕殺情狀兇惡雖未傷例,發近邊充軍。嘉慶十九年案[68]

---

[68] 〔清〕祝慶祺編次、鮑書芸參定,《刑案匯覽》,冊6,卷42,〈聽從胞弟毆死胞兄並未下手〉,頁2659-2660。

這件成案可見刑部明示：聽從胞弟共同毆打胞兄，即使未下手，但因「挾嫌助勢」，在未執有刀刃的情況下，仍判斷為逞兇的情狀，所以，應當適用「毆期親尊長門」的第一條例文：「凡卑幼毆期親尊長，執有刀刃趕殺，情狀兇惡者，雖未傷，依律發近邊充軍」。[69]

刑部既已判斷即使未共毆下手，又在未執有刀刃的狀況下，仍要判斷是逞兇的情狀，則在其他相類似的案件裡，其是否也如此認為？黃凱成案做成的五年後，即嘉慶二十四年（1819），貴州司查一起〈聽從糾毆胞兄致兄被人毆死〉的案件，進一步製作成說帖，該案同時有「他人」的參與，說帖內容載：

> 貴州司查：此案陳近六因向次胞兄陳近易索欠被毆，向現已在逃之長兄陳近祥投訴。陳近祥因挾陳近易口角之嫌，起意糾毆。陳近六即邀張幗倫、楊老章幫毆，張幗倫等將陳近易共毆身死，陳近六並未下手共毆。該省將下手傷重之張幗倫擬抵，陳近六比照毆期親尊長執有刀刃情狀兇惡例擬軍，核與該省黃凱成案情罪相同，應請照覆。[70]

該起案件和黃凱成案比較，相同處十分明顯，即陳近六並未下手共毆。又毆打致死之人，和起意糾毆之人未有身分服制關係，從而，該省將下手傷重之張幗倫擬抵，陳近六比照黃凱成案，以毆期親尊長執有刀刃情狀兇惡例擬軍，是情罪相同，應該照覆。

---

[69] 〔清〕李瀚章等纂，《大清律例彙輯便覽》，冊10，卷42，〈刑律鬭毆下・毆期親尊長〉例文1，頁4059。

[70] 〔清〕祝慶祺編次、鮑書芸參定，《刑案匯覽》，冊6，卷42，〈聽從糾毆胞兄致兄被人毆死〉，頁2660。

表3-2-3　《刑案匯覽》「聽從卑幼和他人命令毆殺期親尊長」類型

案件名稱	聽從胞弟毆死胞兄並未下手	聽從糾毆胞兄致兄被人毆死
提出者	貴撫	貴州司
性質	嘉慶十九年案	嘉慶二十四年說帖
使用律例門類	成案	刑律鬭毆下毆期親尊長例01
巡撫判斷	將黃凱比照卑幼毆期親尊長執有刃刃趕殺情狀兇惡雖未傷例，發近邊充軍	將下手傷重之張愶倫擬抵，陳近六比照毆期親尊長執有刃刃情狀兇惡例，擬軍
刑部判斷	第因挾嫌助勢，雖未執有刀刃，已有逞兇情狀	核與該省黃凱成案，情罪相同，應請照覆
最後適用	直接說如何適用	同刑部判斷

說　明：1.黑粗體底線者為該說帖重要之處。

　　　　2.〈聽從胞弟毆死胞兄並未下手〉案件直接說如何適用，沒有駁回督撫的判斷，且下一案〈聽從糾毆胞兄致兄被人毆死〉有引用之。

　　　　3.〈聽從糾毆胞兄致兄被人毆死〉同份說帖內，還有一件「貴撫題韓三麻子」案件，亦有引用黃凱成案。

資料來源：〔清〕祝慶祺編次、鮑書芸參定，《刑案匯覽》，冊6，卷42，〈聽從胞弟毆死胞兄並未下手〉，頁2659-2660。

　　　　　〔清〕祝慶祺編次、鮑書芸參定，《刑案匯覽》，冊6，卷42，〈聽從糾毆胞兄致兄被人毆死〉，頁2660。

綜上，聽從卑幼或他人共毆的案件類型，雖結果無錯誤，惟可顯示出刑部以「成案」做為實際例子比較的基礎。大抵而言，若共同犯罪的行為人，涉及不同身分時（有服制和無服制），仍回歸各自的刑罰論處，同時卑幼若情有可原者，允許另外夾簽聲請。顯見，刑部的判斷是基於事實本身，再延伸至律例的適用。

第三節　救護情切和有心無心相關案件

自古以來，家族制度的其中一項要點，是確定成員間彼此的身份關係，進而以「規範」的形式，明確訂立何種身分應做何種行為，同時伴隨個別權利義務的發生。在這樣的論述基礎上，《刑案匯覽》毆期親尊長門的案件裡，當家族成員，特別是家內成員發生危險時，卑幼應否救護，甚至救護是否成為義務，遂成為一項議題。[71]可以思考的是，倘若卑幼無救護，會被課予何種處罰？此外，救護亦會影響有權審判者或刑部，對於行為人所做行動「有心或無心」的判斷。本節擬從《刑案匯覽》毆期親尊長門記載的多起「救護」案件，談錯誤的類型，進一步探討刑部對行為人「有心無心」的判斷標準，以及是否可以在案內聲明後，加以夾簽。

一、情急和可矜憫

嘉慶中期和道光初年，發生幾起弟為救自己的母親，而毆或殺自己親兄長的案件。毆或殺的結果，分為有傷、未傷和致斃，更甚者，還有母未傷的情狀。這時，職司審判者，延續「聽從父母親下手」案件的審理模式，即照原律例擬斷後，若情有可原者，夾簽聲請。不過並非所有案件都允許夾簽，此時，刑部會端視案件事實的因素，例如，是否情急、是屬故意或過失等綜合判斷。

嘉慶十六年（1811）的「二合一」說帖〈救母殺兄母雖未傷應准

---

[71] 身分法和身分關係間的權利義務研究，可參考日本學者高橋芳郎（たかはしよしろう,1949-2009）的相關論著。見〔日〕高橋芳郎，《宋—清身分法の研究》，札幌：北海道大學圖書刊行會，2001。中譯本請參〔日〕高橋芳郎著、李冰逆譯，《宋至清代身分法研究》，上海：上海古籍出版社，2015。書評文章參劉馨珺，〈高橋芳郎著，《宋——清身分法的研究》〉，《法制史研究》，4（臺北，2003.12）頁197-206。

夾簽、兄弟二人致死胞兄情輕夾簽〉[72]，最先體現的是審理該案的福建司，先就有無成案進行判斷：

> 福建司　查：兄弟二人毆死期親尊長，不分首從擬斬立決之案，應核其所犯情節實可矜憫者，均照例夾簽聲請。檢查嘉慶十二年，本部題覆河南省吳四與弟吳五活埋胞兄吳洪謀一案，將吳四、吳五，均依律凌遲處死。因該二犯係勉從母命，活埋逆倫應死胞兄，援例夾簽聲請。奉旨：「九卿議奏」經九卿將該二犯改為斬監候，題結在案。

福建司援引嘉慶十二年（1807）刑部題覆河南省活埋胞兄的案件，經過案件事實的陳述，原先按照律文的規定，應凌遲處死：

> 凡弟妹毆（同胞）兄姊者……故殺者，皆不分首、從凌遲處死。若卑幼與外人謀故殺親屬者，外人造意下手，從而加功、不加功各依凡人本律科罪，不在皆斬、皆凌遲之限。[73]

探究該條凌遲處死的規定，係出自倫常的有無，惟在此案，因案件事實為兩位犯人聽從母親之命令行兇，故有再議之處。按《大清律例・刑律・鬥毆下之二》「毆期親尊長門」第10條與第11條例文：

> 期親弟妹毆死兄姐之案，如死者淫惡蔑倫，復毆詈父母，經父母喝令毆斃者，定案時仍照律擬罪。法司核擬時照王仲貴之案，隨本改擬杖一百、流三千里，請旨定奪。其毆斃罪犯應死兄姊，與

---

[72] 〔清〕祝慶祺編次、鮑書芸參定，《刑案匯覽》，冊6，卷43，〈救母殺兄母雖未傷應准夾簽、兄弟二人致死胞兄情輕夾簽〉，頁2688-2689。
[73] 〔清〕薛允升著、黃靜嘉編校，《讀例存疑重刊本》，第四冊，〈卷三十七刑律鬥毆下之二〉「毆期親尊長」條，編號318-00，頁943。

王仲貴案內情節未符者，仍照毆死尊長情輕之例，照律擬罪，夾簽聲明，不得濫引此例。[74]

期親卑幼聽從尊長主使，共毆以次尊長、尊屬致死之案，凡係迫於尊長威嚇，勉從下手，邂逅致死等，仍照本律問擬斬決。法司核議時，夾簽聲請，恭候欽定，不得將下手傷輕之犯止科傷罪。[75]

上述的兩條例文，顯示出聽從尊長主使以及是否夾簽，在本案裡因屬人命服制案件，在法司核議的同時，應聲請夾簽並候欽定。[76]確定有成案的存在後，福建司接著開始審理真正的本案事實：

> 今福建省題：童元康、童元言毆死胞兄童元炯身死。職等詳核案情，童元炯將公共杉木私賣與人，伊繼母周氏查知，斥罵並欲索分木價。童元炯以周氏並非親母，出言頂撞，不允分給。周氏扭住童元炯欲毆，童元炯將周氏推跌倒地，自被帶跌，跪傷周氏左胎膊。周氏喊救，童元言、童元康聞聲趨護。童元言因推勸不開，毆傷童元炯胸膛，並拾石毆其右手腕，將周氏扶起。周氏哭罵，童元炯復向周氏撲打。維時童元康在童元炯身後，一時情急，接取柴棒連戳童元炯右腰眼倒地，搕傷偏左等處，越日殞命。

當事人有四位：繼母周氏、童元炯（兄）、童元康（弟）、童元言（弟）。從案件事實的描述，童元炯與繼母周氏發生爭吵，周氏

---

[74] 〔清〕薛允升著、黃靜嘉編校，《讀例存疑重刊本》，第四冊，〈卷三十七刑律鬪毆下之二〉「毆期親尊長」條，編號318-10，頁947-948。
[75] 〔清〕薛允升著、黃靜嘉編校，《讀例存疑重刊本》，第四冊，〈卷三十七刑律鬪毆下之二〉「毆期親尊長」條，編號318-11，頁948。
[76] 此案說帖與之後欲探討的〈刃傷胞兄不得援引舊例夾簽〉說帖，雖同樣探討夾簽的問題，可是不同的地方是，該案並非刃傷的事實，故討論的爭點不及於此，而是聽從尊長共毆的問題，於此說明。

扭住童元炯欲毆，童元炯將周氏推跌倒地，自被帶跌，跪傷周氏左胳膊。在繼母喊救命的同時，童元康和童元言前往搭救，因童元炯無法推開，童元言便以石頭毆其右手腕；周氏被扶起後叫罵，童元炯又向其撲打，這時另一位弟弟童元康正值童元炯身後，情急之下，用柴棒連戳童元炯右腰眼，致其倒地並搕傷偏左等處，越日童元炯殞命。案情陳述到此告一段落。

接著刑部開始對本案與福建省督撫的斷案評價，認為依照律例和成案的規定，這樣的斷案實屬相符，而可以照辦。[77]值得注意的是，本案真正可議之處是童元康情急之下，用柴棒連戳童元炯右腰眼致其殞命的律例評價，堂諭認為應將童元康和童元言分別論罪科刑：

> 以童元言一犯，實係救親情切，可以夾簽。童元康一犯，並非事在危急，仍應照例科斷。職等復悉心詳核此案，就後半情節而論，已死童元炯向伊母周氏撲打，並未受傷。該犯童元康輒棒戳胞兄童元炯斃命，似不得謂之救母情切。惟就全案情節通盤閱核，童元炯先將伊母推跌，帶跌跪傷，又拾石毆傷周氏右肩甲，實係逆倫罪犯應死之人。童元言因推勸不開，毆傷童元炯胸膛等處，將周氏扶起哭罵，童元炯復向周氏撲毆。維時童元康在童元炯身後，目擊伊母已被童元炯毆傷，而童元炯又復逞兇撲毆，該犯急於救母，惟恐伊母之復被毆傷並不暇計及後此被毆之尚未成傷。若必待伊母復被毆傷而後救護，似非為子者所宜。居心同一護母，而該犯獨為逆倫之兄實抵，揆之情理，亦未允協，再四公商，似應夾簽。嘉慶十六年說帖

---

[77] 內容如下：「查童元炯毆打其母係屬逆倫罪犯應死。該二犯聞母喊救趨護，將其毆戳致斃，實係救母情切。該省將該二犯照律俱擬斬立決，聲明救母情切，該司援例夾簽。核與律例及成案均屬相符，似可照辦」見〔清〕祝慶祺編次、鮑書芸參定，《刑案匯覽》，冊6，卷43，〈救母殺兄母雖未傷應准夾簽、兄弟二人致死胞兄情輕夾簽〉，頁2689。

堂諭後半情節的評價，可以突顯一個事實認定的問題，即究竟什麼是「事在危急」？根據案情的描述，童元炯撲打繼母周氏，刑部評價已非事在危急，而不能說是救母心切。但是睽諸整個案情，童元炯的打母致其跌倒，又復撲打的行為，在刑部堂官眼裡，已經屬於逆倫，這時在護母心切的危急狀況下，好像也不能苛責童元康的毆兄行徑，若繼母被毆傷後才又救護，實屬非子者所應該做的行為，故在情理上，出於同心護母，而童元炯又是例文內所稱的「淫惡蔑倫」[78]，則童元康應論以跟童元言相似的狀況，應准夾簽。

表3-3-1　《刑案匯覽》「情急和可矜憫」應夾簽類型案件

案件名稱	救母毆兄母雖未傷應准夾簽	兄弟二人致死胞兄情輕夾簽
提出者	福建司	福建司
性質	嘉慶十二年題覆	嘉慶二十四年說帖
使用律例門類	1. 刑律鬬毆下毆大功以下尊長例07 2. 刑律鬬毆下毆期親尊長律本文 3. 刑律鬬毆下毆期親尊長例11	1. 刑律鬬毆下毆大功以下尊長例07 2. 刑律鬬毆下毆期親尊長律本文
巡撫判斷	將吳四、吳五均依律淩遲處死	將該二犯照律俱擬斬立決，聲明救母情切，援例夾簽，核與律例及成案均屬相符，似可照辦
刑部判斷	因該二犯係勉從母命活埋逆倫應毆死胞兄，援例夾簽聲請，奉旨九卿議奏	1. 該司援例夾簽，核與律例及成案均屬相符，似可照辦。 2. 以童元言一犯，實係救親情切，可以夾簽。童元康一犯，並非事在危急，仍應照例科斷。職等復悉心詳核此案，就後半情節而論，已死童元炯向伊母周氏撲打，並未受傷。該犯童元康輒棒戳胞兄童元炯斃命，似

---

[78] 〔清〕薛允升著、黃靜嘉編校，《讀例存疑重刊本》，第四冊，〈卷三十七刑律鬬毆下之二〉「毆期親尊長」條，編號318-11，頁948。

第三章 刑部「毆期親尊長門」案件的類型 149

案件名稱	救母殺兄母雖未傷應准夾簽	兄弟二人致死胞兄情輕夾簽
		不得謂之救母情切。惟就全案情節通盤閱核，童元炯先將伊母推跌，帶跌跪傷，又拾石毆傷周氏右肩甲，實係逆倫罪犯應死之人。童元言因推勸不開，毆傷童元炯胸膛等處，將周氏扶起哭罵，童元炯復向周氏撲毆。維時童元康在童元炯身後，目擊伊母已被童元炯毆傷，而童元炯又復逞兇撲毆
最後適用	奉旨九卿議奏，經九卿將該二犯改為斬監候題結在案	1. 援例夾簽，核與律例及成案均屬相符，似可照辦 2. 該犯急於救母，惟恐伊母之復被毆傷並不暇計及後此被毆之尚未成傷。若必待伊母復被毆傷而後救護，似非為子者所宜。居心同一護母，而該犯獨為逆倫之兄實抵，揆之情理，**亦未允協，再四公商，似應夾簽**

說　　明：1.黑粗體底線者為該說帖重要之處。
　　　　　2.兩起案件的說帖內均有互相提出。
　　　　　3.兩起案件均明示夾簽的要件，同時說明何謂情急，更甚者，倫常秩序的維護，在兩起案件的說帖均表露無遺。
資料來源：〔清〕祝慶祺編次、鮑書芸參定，《刑案匯覽》，冊6，卷43，〈救母殺兄母雖未傷應准夾簽、兄弟二人致死胞兄情輕夾簽〉，頁2688-2689。

　　救母毆殺兄的類型，原則上，刑部還是秉持「可以夾簽、應照覆」的方向辦理。誠如嘉慶十二年（1807），福建司查及題覆一起〈救母殺兄母雖未傷應准夾簽〉[79]的案件、嘉慶十五年（1810），江蘇司查一起〈救母嚇戳胞兄致斃應准夾簽〉[80]之案，兩起案件呈現的說帖內容，均認行為人真正係屬「救護情切而誤殺誤毆兄」，從而

---

[79] 〔清〕祝慶祺編次、鮑書芸參定，《刑案匯覽》，冊6，卷43，〈救母殺兄母雖未傷應准夾簽〉，頁2688-2689。
[80] 〔清〕祝慶祺編次、鮑書芸參定，《刑案匯覽》，冊6，卷43，〈救母嚇戳胞兄致斃應准夾簽〉，頁2688。

肯定督撫的判斷，律例方面是「與例相符」、案情方面是「情實可矜」。[81]

　　當然，並非所有的案件，刑部都認為應該夾簽。這時，無法夾簽之案，可能成為這類「救護情切」案件的錯誤類型之一。嘉慶二十一年（1816），各發生刑部判定毋庸夾簽和照督撫意見夾簽的案件，並進一步撰寫成說帖，案件的行為人都「致斃」尊長，只是一為探討情形是否可憐憫，一為探討是否與例文的規範相符。首先，〈戳斃胞兄情無可憫不准夾簽〉[82]的說帖內容載：

> 浙撫　題姜好約戳傷胞兄姜好泰身死一案。奉諭：「交館查核應否夾簽」職等查姜好約因胞兄姜好泰栽種蕃菇，越占該犯所分地內。伊父姜泳堅見而斥罵，姜好泰頂撞，回罵該犯，上前理阻，姜好泰持鋤向毆，該犯逃避，因姜好泰追至該犯門首，聲喊拚命。該犯順取門旁防獸尖刀，轉身將鋤格落，復因其趕攔奪刀，並舉腳亂踢，用刀戳傷其左腿殞命。核其情節伊兄罵伊父，固屬罪犯應死，惟死者僅向該犯持鋤追趕，業經該犯用刀格落，其鋤復因其奪刀腳踢，用刀戳傷致斃。是該犯既無護父急情，又非迫於父命，並非抵格適傷，與情可矜憫之例不符，似毋庸夾簽。

　　案件事實和前述嘉慶十六年的說帖相差不大，都是被尊長斥罵後，頂撞回罵，死者本身有錯在先，並作出回擊的動作後，覆被行為人斃命。刑部針對最後是否應該夾簽，作出幾項判斷：一是有無情急

---

[81] 這類型的案件，刑部多以〈王仲貴案〉做為比較援引的標準，故評論的議題，會注重死者是否淫惡蔑倫、行為人是否可矜可憫、有無緊急情況發生等。有關這類型的審理標準至民國初年的轉變，以及影響中華民國刑法「酌減」法制的確立，可參黃源盛，〈從可矜可憫到酌減——民初大理院判決中的原情定罪〉，《高大法學論叢》，14：1（高雄，2018.9），頁79-128。

[82] 〔清〕祝慶祺編次、鮑書芸參定，《刑案匯覽》，冊6，卷43，〈戳斃胞兄情無可憫不准夾簽〉，頁2703。

第三章 刑部「毆期親尊長門」案件的類型 151

護父、二是迫於父命、三是抵格誤傷，以上三項要件，都和毆期親尊長門的情可矜憫之例不符，從而不需要夾簽。[83]

同年，陝西巡撫題一起〈被揪推跌胞嬸致斃不准夾簽〉[84]說帖的結論雖肯定該省的判斷與例相符，不過從刑部推論的過程，可以審視其將事實套入律例適用的過程：

> 陝撫　題王幅推跌胞嬸王倪氏身死一案。查此案王幅因在公場種菜，伊胞嬸倪氏上前阻擋，該犯稱係公地，伊亦可種。倪氏用頭向撞，該犯閃避，倪氏撲空，倒地搕傷偏左。倪氏起身復揪該犯衣襟詈罵，該犯用手推拒，失手將倪氏推跌仰面倒地，搕傷腦後殞命。是該犯因租種公地，手推胞嬸，搕傷致斃，已有干犯情狀，罪無可原，與誤傷及並無逞兇干犯之案不同，難以夾簽聲請，亦無矜憫情節可原，自應按律科斷。該省將該犯依姪毆死伯叔父母律擬斬立決，與例相符，應請照覆。

刑部對本案事實套入律例適用的順序，依序為是否有干犯情狀和是否為誤傷，倘不符合此兩項檢視要件，則便難以夾簽、無可矜憫之情節，從而，自要按律科斷，進一步肯認該省原有的律例適用。

不准夾簽的案件在嘉慶和道光年間仍持續受審。嘉慶二十四年（1819），雲南巡撫題一起〈回毆功兄誤斃胞嬸不准夾簽〉，道光二年（1822），刑部審視回毆胞兄的情狀是否屬於有心，而進一步檢視下級審的律例判斷是否有誤，先從嘉慶二十四年的說帖談起：

---

[83] 情可矜憫之例，本文認為實質上是兩條例文內容，一個是「期親卑幼毆傷伯叔等尊屬」，還有一個是「期親弟妹毆死兄姐之案」頁4064-4065、4067-4068。至於抵格誤傷的規範，在「毆大功以下尊長」門有較完整的規定，參〔清〕李瀚章等纂，《大清律例彙輯便覽》，冊10，卷28，〈刑律鬭毆下‧毆大功以下尊長〉例文13至15，頁4042-4049。

[84] 〔清〕祝慶祺編次、鮑書芸參定，《刑案匯覽》，冊6，卷43，〈被揪推跌胞嬸致斃不准夾簽〉，頁2703。

雲撫　題王得昌誤戳胞嬸王景氏身死一案。此案王得昌因與大功兄王際昌爭角，王際昌拾棍向毆，該犯用鐵鏢抵戳，傷其左臂膊，王際昌又向亂毆，王得昌用鏢將棍格落，連戳致傷其右臂膊。王際昌奪鏢，該犯又劃傷其左右手指。王際昌拾棍向打，該犯用鏢抵戳，王際昌閃開，詎王際昌之母王景氏走至王際昌背後拉勸，該犯收手不及，致鏢尖誤戳王景氏胸膛殞命。查王得昌誤戳王景氏身死，原非意料所及，惟先已疊戳大功兄王際昌多傷，自不得謂非逞兇干犯，是有心干犯大功兄以致戳斃嬸母。該省聲明與平人鬥毆誤傷尊屬致斃者不同，將該犯仍依本律擬斬立決，尚無錯誤，該司擬以夾簽，似未允協，仍依該省原擬照覆。[85]

　　本案值得關注的是，該省的律例適用判斷無誤，錯誤的是該司擬以夾簽，因此，刑部判斷仍照原省所提照覆。在律例適用方面，刑部檢視案件事實，認定王得昌誤戳王景氏致其死亡，並非意料所及，且先前王得昌已先行疊毆大功兄致其他多傷，那麼自屬逞兇干犯。所以，已非情有可原或情有可矜，若因此而夾簽，是屬錯誤，所幸該省察覺不同之處，進而聲明與「平人鬥毆誤傷尊屬致斃」不同，將該犯仍依本律擬以斬立決；指出該司的「擬以夾簽」有誤，仍照原省的判斷為之。

　　接著便是道光二年涉及有關回戳胞兄有心無心的判斷，是否屬情有矜憫的情況：[86]

---

[85]〔清〕祝慶祺編次、鮑書芸參定，《刑案匯覽》，冊6，卷43，〈回戳功兄誤斃胞嬸不准夾簽〉，頁2703-2704。

[86] 此案原先版放入第三節第二部分討論，但考慮到兩個原因，一是該案是陳述「回戳」情狀，和〈回戳功兄誤斃胞嬸不准夾簽〉的情狀相似，較宜相比探討；二是第三節第二部分的案件，刑部多在說帖的最後，要求下級審重新調查後「分晰敘明」，與此案的結尾處不同，故放在這節討論。此案論述，見〔清〕祝慶祺編次、鮑書芸參定，《刑案匯覽》，冊6，卷43，〈回毆胞兄並非無心不准夾簽〉，頁2704。

貴撫　題趙世得毆傷胞兄趙世才身死一案。查本年二月本部酌議：凡毆死期功尊長之案，應否夾簽，總以是否有心干犯為斷。奏准通行在案。此案趙世得與伊兄趙世才口角起釁，趙世才拳毆趙世得背上，趙世得走開，趙世才復向拳毆。趙世得拾取地下柴斧，用背格打，致傷趙世才右乳倒地，越五日殞命。檢閱供招，該犯先被伊兄拳毆背上，並未成傷。迨伊兄後向拳毆，該犯並不走避，輒即用斧回毆，重至骨損。且所用鐵斧係在地上拾取，與本來執持器械，順手抵格者不同，案係互鬥，情無可原，既據該撫於原題內聲明，實屬逞兇干犯，似難夾簽，應請照覆。

本案的行為人和死者同樣具備親屬關係，故適用尊長和卑屬的身分法。刑部和該巡撫原來的判斷並無出入，首先，依據趙世得的供詞，起初是其先被趙世才拳毆背上但未成傷，後趙世才拳毆，因趙世得走避不及，於是用斧回毆，致其兄重至骨損。其次，行為人使用的武器是地上所拾起，和本來就持有刀械，順手抵格的定義不同，綜合以上兩點，刑部斷定該案係屬互鬥，從而無情有可原的情狀，要依照巡撫題內聲明，斷定為逞兇干犯，無從夾簽。

表3-3-2　《刑案匯覽》「情急和可矜憫」不准夾簽類型案件

案件名稱	戳斃胞兄情無可憫不准夾簽	被揪推跌胞嬸致斃不准夾簽	回戳功兄誤斃胞嬸不准夾簽	回毆胞兄並非無心不准夾簽
提出者	浙撫	陝撫	雲撫	貴撫
性質	嘉慶二十一年說帖	嘉慶二十一年說帖	嘉慶二十四年說帖	道光二年說帖
使用律例門類	1. 刑律鬥毆下毆期親尊長例8、10、11 2. 刑律鬥毆下毆	1. 刑律鬥毆下毆期親尊長例05 2. 刑律鬥毆下毆大功以下尊長	1. 刑律鬥毆下毆期親尊長例05 2. 刑律鬥毆下毆大功以下尊長	無特別說明

案件名稱	戮斃胞兄情無可憫不准夾簽	被揪推跌胞嬸致斃不准夾簽	回戮功兄誤戮胞嬸不准夾簽	回毆胞兄並非無心不准夾簽
	大功以下尊長例13、14	例07	例04、07、14	
巡撫判斷	無特別說明	將該犯依任毆死伯叔父母律擬斬立決，與例相符，應請照覆	該省聲明與平人鬥毆誤傷尊屬致斃者不同，將該犯仍依本律擬斬立決	該撫於原題內聲明實屬逞兇干犯
刑部判斷	核其情節伊兄詈罵伊父，固屬罪犯應死，惟死者僅向該犯持鋤追趕，業經該犯用刀格落，其鋤復因其奪刀腳踢，用刀戳傷致斃	因租種公地手推胞嬸磕傷致斃已有干犯情狀，罪無可原與誤傷及並無逞兇干犯之案不同，難以夾簽聲請，亦無矜憫情節可原，自應按律科斷	王得昌誤戳王景氏身死原非意料所及，惟先已疊戮大功兄王際昌多傷，自不得謂非逞兇干犯，是有心干犯大功兄以致戳斃嬸母	檢閱供招該犯先被伊兄拳毆背上並未成傷，迨伊兄後向拳毆該犯並不走避輒即用斧回毆重至骨損且所用鐵斧係在地上拾取與本來執持器械順手抵格者不同案，係互鬥，情無可原
最後適用	1. 是該犯**既無護父急情**，又非迫於父命，**並非抵格適傷**，與情可矜憫之例不符，似毋庸夾簽 2. 奉諭交館查核應否夾簽	與例相符，應請照覆	**尚無錯誤**，該司擬以夾簽，**似未允協，仍依該省原擬照覆**	似難夾簽，應請照覆

說　　明：1.黑粗體底線者為該說帖重要之處。

2.不准夾簽的原因，有以王仲貴案做為審理標準者，與此不符，則會被刑部判定為錯誤；亦有刑部同意下級審判者，會以「應請照覆」四字同意之。

資料來源：〔清〕祝慶祺編次、鮑書芸參定，《刑案匯覽》，冊6，卷43，〈戮斃胞兄情無可憫不准夾簽〉，頁2703。

〔清〕祝慶祺編次、鮑書芸參定，《刑案匯覽》，冊6，卷43，〈被

揪推跌胞嬸致斃不准夾簽〉,頁2703。
〔清〕祝慶祺編次、鮑書芸參定,《刑案匯覽》,冊6,卷43,〈回戳功兄誤斃胞嬸不准夾簽〉,頁2703-2704。
〔清〕祝慶祺編次、鮑書芸參定,《刑案匯覽》,冊6,卷43,〈回毆胞兄並非無心不准夾簽〉,頁2704。

應否夾簽的說帖,在標題上不止如此。道光三年(1823)發生一起和先前情狀相似、說帖標題卻不同的案件,是為〈救母誤斃毆母之兄止准夾簽〉[87]。刑部主張「止」准夾簽,而非如先前案件所述的「應」准夾簽,說帖內容載:

> 廣東撫　題陳順盛誤傷胞兄陳順振身死一案。查例載:卑幼誤傷尊長至死,罪干斬決,審非逞兇干犯,仍准敘明可原情節,夾簽請旨。又毆死本宗期功尊長,核其情節,實可矜憫者,夾簽聲明,恭候欽定。又期親弟妹毆死兄姊之案,如死者淫惡蔑倫,復毆詈父母,經父母喝令毆斃者,定案時仍照律擬罪,法司核擬時,照王仲貴之案,隨本改擬,杖一百、流三千里,請旨定奪;其毆斃罪犯應死兄姊,與王仲貴案內情節未符者,仍照毆死尊長情輕之例,照律擬罪,夾簽聲明,不得濫引此例。各等語。詳繹例意,誠以服制攸關,未便輕議末減,必實係情可矜憫者,始得夾簽聲請。又必實係死者淫惡蔑倫,復毆詈父母,經父母喝令毆斃,此等三項兼全之案,與王仲貴之案情節相符者,始得改擬杖流。故例內復聲明,與王仲貴案內情節未符者,不得濫引此例等語,界限分明、不容牽混。歷來胞兄罪犯應死,其弟將其毆傷致斃,並非有心干犯之案,均係由斬決夾簽改為斬候。每年秋審內,似此案件正復不少。[88]

---

[87] 〔清〕祝慶祺編次、鮑書芸參定,《刑案匯覽》,冊6,卷43,〈救母誤斃毆母之兄止准夾簽〉,頁2686-2688。
[88] 〔清〕祝慶祺編次、鮑書芸參定,《刑案匯覽》,冊6,卷43,〈救母誤斃毆母之兄止准夾簽〉,頁2686-2687。

誤傷、是否逞兇干犯、情有可原夾簽的例文規定，是前述提及的刑部審理標準之一，以此項標準來判斷下級審督撫斷案有無錯誤，已屬常態。本件說帖值得注意的是「此等三項兼全之案，與王仲貴之案情節相符者，始得改擬杖流」這句話，顯示出從死刑到杖流，刑罰減輕的構成要件有三：一是實係情可矜憫、二是死者淫惡蔑倫、三是復毆詈父母，經父母喝令毆斃。如此的目的，是為達到明確的界線以及最適當的律例適用。刑部再就歷年辦理相關案件闡釋，指出每年秋審案如此者，為數不少。則本案的事實情狀又是如何，刑部接著說：

> 此案陳順盛因胞兄陳順振向伊母聶氏爭曬茶子未允，陳順振出言頂撞，並將伊母所曬茶子踩踏。伊母氣忿，拾朳向毆。陳順振奪朳，頂住伊母胸前，伊母喊救，陳順盛聞聲趨救，喝不放手，伊母愈加叫喊，陳順盛情急，用手拉朳，致朳柄退後，誤傷陳順振腎囊殞命。

事實描述頗具戲劇性，大致言之，後段所述「伊母愈加叫喊，陳順盛情急，用手拉朳，致朳柄退後，誤傷陳順振腎囊殞命」，可見，「情急誤傷」是整起案件的判斷要素。該要素具備後，原題內聲明：

> 該犯陳順盛情切救母，不特初無毆兄之心，且並無毆兄形狀。其拉朳退後，誤傷胞兄斃命。實出意料之外，援引汪應鳳、王仲貴免死減流之案，候部請旨定奪等因。查汪應鳳之案，係奉旨特加恩宥，並未纂入冊例。至王仲貴一案，已經纂入現行則例遵行，如果案情與王仲貴適相符合，自應援引辦理。

由情急和誤傷這兩點延續來看，下級審督撫的判斷，認為陳順盛的行為屬於意料之外，從而，援引汪應鳳和王仲貴減流之案，候部請旨定奪。不過刑部卻認為，並非兩案都能予以援引。第一，汪應鳳

的案件,是奉旨特加恩宥,實質上並未纂入例冊。第二,王仲貴的案件,已經纂入現行則例,若情節相符,則應遵行之。顯見兩者相較,援引王仲貴案,才能謂沒有錯誤。「應該援引正確案件」的觀念解說完後,本案究竟如何論處,刑部表示:

> 現查此案,陳順盛胞兄陳順振用朳頂住伊母胸前,該犯救護拉朳,致朳柄誤傷伊兄致斃,是死者罪犯應死,該犯因救母誤傷。其情固不無可原。惟伊兄究無淫惡蔑倫情事,又非伊母喝令毆打,核與王仲貴之案情節未符。若謂其情切救親,事在危急,則救護致斃本宗緦尊者,定例尚須聲請減軍,斷無期服尊長遂可以救親情切聲請減流之理。若謂其初無毆兄之心,亦無毆兄情狀,則該犯手奪朳柄,並非耳目所不及、思慮所不到,礙難以過失科斷。即以誤傷而論,尋常誤殺情輕者,尚無隨案減等之條,轉將服制之案,竟從寬典,尤未允協。衡情成讞,自應依情可矜憫例,夾簽聲請為允。奉批:「祇應夾簽聲請為是,交司照辦。」

刑部審理本案的事實,是套用前面探討律例規定時,所提出的援引王仲貴案標準。第一項標準「死者罪犯應死」,刑部認為妥適,但是第二項「淫惡蔑倫情事」和第三項「伊母喝令毆打致斃」則不符合,提出的理由有兩點:第一,所謂情切救親,意指事在危急,那麼救護致斃本宗緦尊之人,按照定例,還須聲請減軍,[89]並沒有期服尊長遂可以救親情切,聲請減流的道理存在。

另一方面是跟「過失」有關的判定。刑部認為,按所述,若陳順

---

[89] 聲請減軍是「毆大功以下尊長」第2條例文的規定,其內容為:「卑幼毆傷緦麻尊長、尊屬,餘限內果因本傷身死,仍擬死罪。奏請定奪。如蒙寬減,減為杖一百,發邊遠充軍」薛允升對這項例文有評論,主要著眼於凡人和服制「正限身死」的探討。見〔清〕薛允升著、黃靜嘉編校,《讀例存疑重刊本》,第四冊,〈卷三十六刑律鬭毆下之一〉「毆大功以下尊長」條,編號317-02,頁932-933。

盛無毆兄之心，也沒有毆兄的情狀發生，那麼，陳順盛手奪扎柄，就不能套用過失的律例定義「耳目所不及、思慮所不到」，從而，殊難以過失科斷。既然過失論處不可行，那麼，是否能以誤傷論之？刑部以為，正常情況下的誤殺情輕之案，並沒有隨案減等的律例規範。[90] 如果轉到這樣的服制案件而允許援用，就是「從寬典」的行為，這時錯誤就產生，被認為「未為允協」，最後的適用結果，刑部准許「依情可矜憫例，夾簽聲請」。

總結來說，綜合比較這類「救護親屬致斃兄」衍生的錯誤類型，是以成案「王仲貴案」比附援引為要，在援引的同時，端看個案事實是有符合律例的構成要件，分別是：罪犯是否應死、死者是否有淫惡蔑倫情事和復毆詈父母後，經父母喝令毆斃，檢視完這些要件，從而認定是否有歧誤。此外，誤殺傷和過失，同樣也是這類型錯誤案件的判斷標準之一，只不過在層級上，若與王仲貴案不符，才進一步探討之，且不符的話，多會以「仍照毆死尊長情輕之例，照律擬罪後，夾簽聲明」當作處理的方法。[91]

---

[90] 常人確實無此等規範。據《大清律例・刑律・人命之三》〈戲殺誤殺過失殺傷人〉第11條例文規定：「子孫過失殺祖父母、父母及子孫之婦過失殺夫之祖父母、父母，定案時，仍照本例問擬絞決。法司覈其情節，實係耳目所不及，思慮所不到，與律註相符者，准將可原情節，照服制情輕之例，夾簽聲明，恭候欽定，改為擬絞監候。至妻妾過失殺夫，奴婢過失殺家長，亦照此例辦理」本質上還是和服制有關，而且是以「過失」的立法方向為之。見〔清〕李瀚章等纂，《大清律例彙輯便覽》，冊9，卷26，〈刑律人命・戲殺誤殺過失殺傷人〉例文11，頁3739。關於此條例的立法評析，可參薛允升的論述。見〔清〕薛允升著，黃靜嘉編校，《讀例存疑重刊本》，第四冊，〈卷三十四刑律人命之三〉「戲殺誤殺過失殺傷人」條，編號292-11，頁856-857。

[91] 相同的處理方法，亦可見於《刑案匯覽》「毆期親尊長門」第43卷的33案〈救父情切毆死胞伯止准夾簽〉，該說帖做成的時間為嘉慶二十一年（1816），案件事實和督撫的論處是：「見父受傷倒地，情切救護，確係事在危急，且伊父已因傷斃命，該犯實可矜憫，此等情節，在凡人例應隨本聲請減流」刑部肯定之，指出「係服制攸關之案，自應照情可矜憫之例，夾簽聲請」可見，救父和救母親的案件，處理方式相同，若符合定例的規定，則照情可矜憫之例，夾簽聲請。見〔清〕祝慶祺編次、鮑書芸

二、有心無心應當分別晰明

救護情切可做為允許夾簽的標準，同樣在《刑案匯覽》「毆期親尊長門」裡，尚有一種刑部以行為人犯罪時的「有心和無心」，來判斷案件是否屬於錯誤的類型。此類型的案件，部分仍是討論可否或應否夾簽，特別是道光年間，同類型的案件就有兩起。道光二年（1822）一起〈有心嚇戳無心抵戳分別夾簽〉[92]，從廣東巡撫和廣東省各別題的多起案件來看，是為辨明「有心嚇戳」和「無心抵戳」的區別，以及呈現的夾簽形式。案件的說帖內容云：

> 廣東撫題：黎克干戳傷胞兄黎克迪身死。又劉大介老擲傷胞叔劉均美身死、又溫炳淑格砍小功服叔溫謹癡身死、又廣西省題廖占鳴抵戳胞兄廖占逢身死四案。查本年二月本部酌議：凡毆死期功尊長之案，應否夾簽，總以是否有心干犯為斷，奏准通行在案。[93]

兩廣的巡撫，分別在該年題出四起案件，對此，刑部以通行在案的形式，指出毆死期功尊長的案件，是否需夾簽，是以「是否有心干犯」做為判斷的標準。則若在個案方面，應如何適用，刑部指出爭議案件的各自事實：

> 今黎克幹因伊胞兄黎克迪拔刀向戳，該犯用腳踢落拾刀跑走，黎克迪趕奪並扭住該犯後衣，舉拳向毆。該犯掙脫轉身，用刀嚇

參定，《刑案匯覽》，冊6，卷43，〈救父情切毆死胞伯止准夾簽〉，頁2689-2690。

[92] 〔清〕祝慶祺編次、鮑書芸參定，《刑案匯覽》，冊6，卷43，〈有心嚇戳無心抵戳分別夾簽〉，頁2710-2711。

[93] 〔清〕祝慶祺編次、鮑書芸參定，《刑案匯覽》，冊6，卷43，〈有心嚇戳無心抵戳分別夾簽〉，頁2710。

戳,致傷黎克迪殞命。又劉大介老因胞叔劉均美扭住伊父胸衣欲毆,該犯上前解勸,劉均美將伊父鬆放,轉向該犯毆打。該犯閃避,劉均美舉腳向踢,該犯拾石嚇擲,打傷劉均美殞命。[94]

根據事實的陳述,顯然是行為人在「掙脫後嚇戳」和「閃避攻擊」的情況下,方致死者斃命。律例適用方面,刑部云:

查黎克幹用刀嚇戳、劉大介老拾石嚇擲,均係有心干犯,並非被毆抵格,無心適傷,俱應按律仍擬斬決,應請將黎克幹一案,毋庸駁審,與劉大介老一案,俱行照覆。[95]

所謂抵格,係指行為人被攻擊後,做出抵擋或反擊的行為,進而導致對方受傷或斃命。[96]兩起案件刑部的判斷,均認為是有心為之,從而,應當是「按律仍擬斬決」和照覆。最後,溫炳淑和廖占鳴兩案,刑部如此判斷:

至溫炳淑因被小功服叔溫謹洸舉拳向毆,該犯走避,溫謹洸趕上,取刀向砍,該犯奪刀過手,溫謹洸拾取柴片毆打,該犯用刀格砍,致傷溫謹洸右腳踝殞命。又廖占鳴因胞兄廖占逢用刀割傷伊妻,該犯趕救,將刀奪過。廖占逢即向該犯撲打,該犯情急,

---

[94] 〔清〕祝慶祺編次、鮑書芸參定,《刑案匯覽》,冊6,卷43,〈有心嚇戳無心抵戳分別夾簽〉,頁2710-2711。
[95] 〔清〕祝慶祺編次、鮑書芸參定,《刑案匯覽》,冊6,卷43,〈有心嚇戳無心抵戳分別夾簽〉,頁2711。
[96] 根據《大清律例》「毆期親尊長門」的規定,抵格多數是在鬥毆的情形下發生,且是無心所致,可見毆大功以下尊長的第13至第15條例文。參〔清〕李瀚章等纂,《大清律例彙輯便覽》,冊10,卷28,〈刑律鬥毆下・毆大功以下尊長〉例文13至15,頁4042-4049。此概念類似現行刑法第17條的加重結果犯,相關論述,可參林鈺雄,《新刑法總則》(臺北:元照出版,2011),頁91-100。

用刀抵戳，適傷廖占逢肚腹殞命。[97]

兩起案件，行為人都有「奪刀」的動作，只是一位是直接用刀格砍；一位特別描述「情急」的狀態。刑部做出律例適用的判斷，該判斷呈現一種規則，即「無心適傷致斃，情節尚可矜憫，應照例夾籤；有心砍戳斃命，情即無可原，自應照律擬以斬決」：

> 查溫炳淑、廖占鳴，如果均因被毆情急，順用奪獲之刀抵格，無心適傷致斃，是情節尚可矜憫，俱應照例夾籤。若係有心砍戳斃命，其情即無可原，自應照律擬以斬決。今各原題內一稱用刀格砍、一稱用刀抵戳，其或無心抵格適傷，或係有心砍戳，未據分晰敘明。應駁令各該省提犯研訊，分別聲敘明晰具題。[98]

據此，刑部認定此類期親無心或有心錯誤的類型，除上述提及的審理原則，即無心矜憫，照例夾籤、有心情無可原，照律擬斬決外，仍須於案件原題內，分別敘明，否則實屬錯誤。

表3-3-3　《刑案匯覽》「有心嚇戳無心抵戳分別夾籤」說帖比較

案件名稱	有心嚇戳無心抵戳分別夾籤	
提出者	廣東撫	廣西省
性質	道光二年說帖	
使用通行	查本年二月，本部酌議，凡毆死期功尊長之案應否夾籤，總以是否有心干犯為斷奏准通行在案	

---

[97] 〔清〕祝慶祺編次、鮑書芸參定，《刑案匯覽》，冊6，卷43，〈有心嚇戳無心抵戳分別夾籤〉，頁2711。
[98] 〔清〕祝慶祺編次、鮑書芸參定，《刑案匯覽》，冊6，卷43，〈有心嚇戳無心抵戳分別夾籤〉，頁2711。

案件名稱	有心嚇戳無心抵戳分別夾簽
案件事實	黎克干戳傷胞兄黎克迪身死。又劉大介老擲傷胞叔劉均美身死、又溫炳淑砍小功服叔溫謹瀲身死、又廣西省題廖占鳴抵戳胞兄廖占逢身死四案
刑部判斷	1. 黎克幹用刀嚇戳、劉大介老拾石嚇擲，均係有心干犯，並非被毆抵格，無心適傷，俱應按律仍擬斬決，**應請將黎克幹一案，毋庸駁審，與劉大介老一案，俱行照覆**。 2. 至溫炳淑因被小功服叔溫謹洸舉拳向毆，該犯走避，溫謹洸趕上，取刀向砍，該犯奪刀過手，溫謹洸拾取柴片毆打，該犯用刀格砍，致傷溫謹洸右腳踝殞命 3. 廖占鳴因胞兄廖占逢用刀割傷伊妻，該犯趕救，將刀奪過。廖占逢即向該犯撲打，該犯情急，用刀抵戳，適傷廖占逢肚腹殞命
最後適用	1. 溫炳淑、廖占鳴，**如果均因被毆情急，順用奪獲之刀抵格，無心適傷致斃**，是情節尚可矜憫，俱應照例夾簽。若係有心砍戳斃命，其情即**無可原，自應照律擬以斬決** 2. 今各原題內一稱用刀格砍、一稱用刀抵戳，**其或無心抵格適傷，或係有心砍戳，未據分晰敘明。應駁令各該省提犯研訊，分別聲敘明晰具題**

說　　明：1.黑粗體底線者為該說帖重要之處。
　　　　　2.四起案件的說帖，分別揭示兩項原則，首先，無心適傷致斃，情節可矜憫，那麼即可照例夾簽；若是有心砍戳斃命，則情無可原，應照律擬斬決。其次，刑部認為下級審督撫在原題內，無心的抵格和有心的砍戳，都未敘明清楚，於是採取的作法是駁令研訊，聲明清晰後再具題。
資料來源：〔清〕祝慶祺編次、鮑書芸參定，《刑案匯覽》，冊6，卷43，〈有心嚇戳無心抵戳分別夾簽〉，頁2710-2711。

　　道光二年有心無心分別夾簽的四起案件說帖外，同年和十三年（1833），又各發生一起「有心無心」的案件。一件是用刀刺斃兄弟的事實、一件是回毆時，剛好斃命兄長，在駁審的過程裡，判斷是否有心。〈奪刀扎斃兄命應分有心無心〉說帖的內容載：

陝西司查：此案馬雙兒因長兄馬元將次兄馬蹶麻二揪按用刀扎傷，並聲言：「如再強嘴，定行殺死」馬蹶麻二喊求饒恕，適該犯踵至，拉勸馬元，仍不釋手，該犯奪刀過手，馬元即向該犯不依叫罵，舉腳向踢。該犯順用小刀嚇扎，適傷馬元右臕肕殞命。將馬雙兒擬斬立決具題。查馬雙兒如果被胞兄舉腳向踢，該犯情急，順用奪獲小刀嚇抵，適傷致斃。是情節尚可矜憫，即應照例夾簽。若係有心向扎致斃，其情即無可原，自應按律擬以斬決。今原題內稱馬元舉腳向踢，該犯順用小刀嚇扎，其或無心抵格，或有心向扎，未據分晰敘明，應駁令該督訊取確供，分別聲敘明晰具題。[99]

刑部同樣道出這類案件的審理準則，並於最後指出「未敘明清晰」的錯誤，採取的具體做法是，駁令該督訊取確供，分別聲敘明晰後，再次具題。接著是道光十二年〈回毆適斃兄命駁審是否有心〉[100]：

河南司：此案唐乃同因向胞兄唐乃幗索討欠錢，唐乃幗無錢回覆。唐乃同知其有錢放賬，即囑唐乃幗隨便匯還，唐乃幗不允，斥罵唐乃同回詈。唐乃幗掌批伊右腮頰。唐乃同舉拳回毆，適傷唐乃幗右耳連耳根，倒地殞命。該撫將唐乃同依律擬以斬決等因具題。臣等查卑幼毆死期功尊長之案，如訊係有心干犯，應按律擬以斬決；若實係被毆抵格，無心適傷，例准敘明可原情節，夾簽聲請。罪名既有區別，聲敘豈容含混？今唐乃同因胞兄唐乃幗掌批伊腮頰，舉拳回毆，適傷致斃。該撫將唐乃同依律擬以斬

---

[99] 〔清〕祝慶祺編次、鮑書芸參定，《刑案匯覽》，冊6，卷43，〈奪刀扎斃兄命應分有心無心〉，頁2711-2712。
[100] 〔清〕祝慶祺編次、鮑書芸參定，《刑案匯覽》，冊6，卷43，〈回毆適斃兄命駁審是否有心〉，頁2712-2713。

決,於是否有心干犯及無心適傷之處,均未據聲敘明晰,罪名出入攸關。應令該撫再行提犯研訊確情,分別聲明,按例妥擬具題。

刑部河南司的判斷,明確指出律例規範有別,不容含混的處理準則。也誠如例內聲明和前面幾則說帖所說的情況,毆殺傷期親尊長,不論是有心或無心,應當分別審理和判斷。

表3-3-4 《刑案匯覽》道光二年和十二年「有心無心」類型案件

案件名稱	奪刀扎斃兄命應分有心無心	兄弟二人致死胞兄情輕夾簽
提出者	陝西司	河南司
性質	道光二年說帖	道光十二年說帖
使用律例門類	無特別說明	1. 刑律鬭毆下毆大功以下尊長例13 2. 刑律鬭毆下毆大功以下尊長例15
巡撫判斷	將馬雙兒擬斬立決具題	將唐乃同依律擬以斬決等因具題
刑部判斷	1. 馬雙兒如果被胞兄舉腳向踢,該犯情急,順用奪獲小刀嚇抵,適傷致斃。是情節尚可矜憫,即應照例夾簽。若係有心向扎致斃,其情即無可原,自應按律擬以斬決 2. 今原題內稱馬元舉腳向踢,該犯順用小刀嚇扎,<u>**其或無心抵格,或有心向扎,未據分晰敘明**</u>	1. 查卑幼毆死期功尊長之案,如訊係有心干犯,應按律擬以斬決;若實係被毆抵格,無心適傷,例准敘明可原情節,夾簽聲請。<u>**罪名既有區別,聲敘豈容含混?**</u> 2. 今唐乃同因胞兄唐乃幗掌批伊腮煩,舉拳回毆,適傷致斃。該撫將唐乃同依律擬以斬決,<u>**於是否有心干犯及無心適傷之處,均未據聲敘明晰,罪名出入攸關**</u>
最後適用	應駁令該督訊取確供,分別聲敘明晰具題	應令該撫再行提犯研訊確情,分別聲明,按例妥擬具題

說　明:1.黑粗體底線者為該說帖重要之處。

2.有心無心和律例的適用搭配，仍端看是否有心和情有可原，和〈有心嚇戳無心抵戳分別夾簽〉審理的標準相同。

3.比較兩案，刑部均認為兩者都有不夠敘明清晰之處，從而要求再行提犯，研訊確情後再具題，和〈有心嚇戳無心抵戳分別夾簽〉相同。

資料來源：〔清〕祝慶祺編次、鮑書芸參定，《刑案匯覽》，冊6，卷43，〈奪刀扎斃兄命應分有心無心〉，頁2711-2712。
〔清〕祝慶祺編次、鮑書芸參定，《刑案匯覽》，冊6，卷43，〈回毆適斃兄命駁審是否有心〉，頁2712-2713。

總結來說，從以上涉及有心無心的七件案件說帖，可見刑部主要認為「有心無心」的案件錯誤原因，是下級審的督撫「未分別聲敘明晰」，進而要求重新訊明後，再次具題。除此之外，從這些說帖還理出一項「有心無心」案刑部的審理原則，這樣的原則和律例適用相互搭配，即是多起說帖內聲稱的無心適傷，情節尚可矜憫，即照例夾簽；若係有心砍戳斃命，其情即無可原，自應照律擬以斬決。

第四節　小結

前三節探討有關刑部毆期親尊長門案件糾錯的類型，可分為三大類。首先，可以純粹把「誤」或「錯誤」呈現在說帖、成案或其他案例彙編標題者歸為一類。而這類錯誤案件的特色是，刑部會先從事實面審視，再從律例面著手，倘若真的有誤，則會要求下級審的督撫調查訊問清楚後，再行妥擬具題和再議。此外，若談到「誤」，多會與律例概念相似的「過失」相比較。又從當中的一份說帖來看，刑部在無恰當律例適用的情形下，「似乎」只能選擇與案情事實較符合的律例，加以適用並裁斷。

第二大類是卑幼聽從父母命令，毆殺期親尊長者，聽從卑幼或他人為之的犯罪亦為這類案件。此類刑部認定錯誤的案件，主要的審理

標準有兩項：第一，是否符合毆期親尊長門「卑幼聽從尊長下手」的律例構成要件；第二，以王仲貴案為繩，檢視其是否符合案件所示的內容。其下又有三項標準：一是實係情可矜憫、二是死者淫惡蔑倫、三是復毆詈父母，經父母喝令毆斃。倘若三者缺一，則不符合王仲貴案的適用標準，此時，若下級審的督撫援用之，則會被刑部認定為錯誤，進而要求重新審視。

　　第三類是救護親屬，這時多為父母，和犯時有心無心的類型。這類型的案件，同時亦會談及清代的夾簽制度，將這些案件逐一解讀後，可以發現若同時具備「無心干犯和實有可矜」，則刑部多會同意下級審的夾簽，反之則否認，此時錯誤隨即產生。又誠如〈有心嚇戳無心抵戳分別夾簽〉一案所示，毆死期功尊長之案，應否夾簽，總以是否有心干犯為斷，因此，「有心干犯」是可否夾簽的一項重要標準，根據上述案例剖析，也可進一步得出「無心適傷致斃，情節尚可矜憫，應照例夾簽；有心砍戳斃命，情即無可原，自應照律擬以斬決」的結論。此外，尚有一值得注意的地方，就是刑部要求下級審對行為人的有心無心應當敘明清晰。在第三節第二部分，即呈現這樣的議題，否則刑部會再次強烈要求。

　　綜上，本節以案件為標準，分門別類，整理刑部認定錯誤的類型。在每種案件類型裡，又各有刑部認為的不同錯誤緣由，當中亦搭配清代的政治文書制度進行解釋。值得關注的是，這類身分服制案件裡，刑部的審理模式及判定下級審督撫審理錯誤的理由。至於較為特殊的案件類型，例如身分關係為族長命令卑幼毆打他人，以及刑部思考這些錯誤時的法律推理，待下章探討。

第四章　刑部對司法審理的法律推理

　　第三章探討刑部對《刑案匯覽》錯誤的分類後，本章接著探討清代刑部對這類糾錯審理的法律推理，進一步來說，係指刑部對這些案件的思考模式。

　　愛荷華大學法學院（IOWA College of Law）教授史蒂文・J・伯頓（Steven J. Burton, 1949- ）在其《法律與法律推理導論》（*An Introduction to Law and Legal Reasoning*）一書認為，所謂「法律推理」，係指在法律爭辯中運用法律理由的過程。[1] 也有論者將法律推理區分成廣義、狹義，認為廣義是「法官在面對其所審理案件做成裁定之際，所經歷的種種心理過程」；狹義則是指「法官在提出其判決結果時，用以支持其判決的種種論證」。[2] 不論採取哪種定義，法律推理的內涵，包括審判者對法條的解釋，同時，有「文義解釋」與「類推適用」等解釋方法。[3]

　　關於清代刑部的法律推理，已有前人研究，[4] 主要多從事實、律

---

[1] 〔美〕史蒂文・J・伯頓著、張志銘等譯，《法律和法律推理導論》（北京：中國政法大學出版社，1998），頁1。

[2] 邱澎生，《當法律遇上經濟——明清中國的商業法律》（臺北：五南圖書出版股份有限公司，2008），頁189。

[3] 現代法學裡，法學解釋的方法有文義解釋、限縮解釋、擴張解釋、體系解釋、歷史解釋、目的解釋、當然解釋，在性質相類似的案件中，還有一種針對法律漏洞的補充是「類推適用」。有關刑法的解釋方法論，參林鈺雄，《新刑法總則》（臺北：元照出版，2011），頁46-52。

[4] 中日兩國學者的研究最多，日本學者從「裁判的機能」或「解釋方法的功能」著手，探討清代刑事審判體系裡，裁判者（刑部）、律例、成案等法源所構成的判決要素。可參考中村茂夫，〈比附の機能〉，收入氏著，《清代刑法研究》（東京，東京大學出版會，1973），頁151-182。該篇中譯文名稱為〈比附的功能〉，收入寺田浩明主編，《中國法制史考證・丙編第四卷・日本學者考證中國法制史重要成果選譯・明清卷》（北京：北京中國社會科學出版社，2003），頁260-284。小口彥太，〈清代中國

例和結論三面向綜合探討之。又一個裁判,一定有事實的描述,則可以追問的是,事實確定的「邊界」在何處?王志強從道光年間的四起案件,指出必然因果關係在卑幼致尊長自盡的案件裡經常被忽視,且清代裁判的事實界定,非以因果關係為基礎,而是建立在「行為人自身程度的過錯」分析上。[5]透過審視案件事實擴展的範圍,進而得出這樣的結論。

該文第三部分「論證的理由和過程」,透過清代刑部命盜重案判決裡的論證和過程,分析「威逼人致死門」裡的相關案件,指出刑部審判者在法律推理裡的思維邏輯是:第一,依據具體案件情節和本身職業的判斷後做出量刑,其次,律例和情節之間,會援引情節描述相同或類似的律例比照辦理,並兼顧法整體的和諧性,倘若情節一致,則引據辦理;若不一致,則另外辦理,甚至重新解釋律例,達到「情罪相符」的目的。[6]這樣的論述和成果,可以說是刑部法律推理的一個大方向原則。

原則上,本文肯定這樣的結論,惟在具體、個別的案件裡,是否存在例外的狀況?此外,期親等服制身分關係,在清代刑部法律推理的過程裡,扮演何種角色?是否僅單純做為裁判者加重減輕刑罰量刑的依據?又案件情節事實的結果,是如何影響刑部官員的律例適用?種種疑問,在閱讀《刑案匯覽》和相關研究後,逐漸浮現。

の刑事裁判における成案の法源性〉,《東洋史研究》,45:2(京都,1986.9),頁267-289。中譯文可參小口彥太,〈清代中國刑事審判中成案的法源性〉,收入寺田浩明主編,《中國法制史考證・丙編第四卷・日本學者考證中國法制史重要成果選譯・明清卷》(北京:北京中國社會科學出版社,2003),頁285-307。中國學者從律例本身分類的門類,特別是「威逼人致死」或「子孫違犯教令」來爬梳三者間之適用和法律推理,見王志強,〈清代刑部的法律推理〉和〈清代成案的效力和其運用中的論證方式〉兩篇論著,均收入氏著,《法律多元視角下的清代國家法》(北京:北京大學出版社,2003),頁68-97、頁98-123。

[5] 王志強,〈清代司法中的法律推理〉,收入柳立言主編,《中國史新論:法律史分冊》(臺北:聯經出版,2008),頁285-290。

[6] 王志強,〈清代司法中的法律推理〉,頁298。

本文擬從《刑案匯覽》毆期親尊長門的案件著手,延續第三章討論的錯誤類型,加上未解讀完成的案件,論述清代刑部官員在「毆期親尊長門」的法律推理和思考模式。首先,在「毆期親尊長」門裡,律例、定例和成案三者間,刑部究竟會如何適用?觀察該門的案件,刑部會審視案情,同時參酌律例,最後做出結論。若涉及到定例,甚至是成案的適用時,會以何種要求適用之,亦是本文關注的一項要點。[7]其次,在刑部的說帖內,有多起案件的理由係論述「以昭畫一」,顯示出其面對相類似案情的案件時,刑部處理的準則,也是值得討論之處。

「毆期親尊長」既涉及身分服制,則在案件說帖論述的法律適用裡,自然會較一般人犯罪來得特別。延續第三章第一節論及的「誤傷誤斃期親尊長」,有一類係「傷後平復」的案件,而「身分服制的加重減輕」已是裁判時刑部考量的一項因素,那麼做為結果的「平復」是否亦是考量的因素之一?本章第二節第一部分,希冀透過這些案件說帖梳理出一道脈絡。

在此之外,配合「毆期親尊長」的例文,有一類案件是期親尊長殺死有罪卑幼的情狀,這時做為行為人的期親尊長,同時身為服制裡的最高地位者,刑部在最後的法律適用方面,如何面對律例和司法實務的減罪問題?本章第二節第二部分欲解決這樣的疑問。

綜上,過去的研究側重《刑案匯覽》其他門類刑部的法律推理,本文從「毆期親尊長」門的案件,延續第三章論述的錯誤類型,討論刑部的法律推理及其思考模式,特別是刑部對「毆期親尊長」具體律例的適用方法。

---

[7] 前引王志強的文章,未討論到「成案」的部分。不過,做為《刑案匯覽》重要的組成部分之一,實有探討的必要。日本學者小口彥太(こぐちひこた,1947-)從清代中國的刑事裁判深入探討成案的法源性議題。參小口彥太,〈清代中國の刑事裁判における成案の法源性〉,頁267-289。中譯文可參小口彥太,〈清代中國刑事審判中成案的法源性〉,頁285-307。

第一節　律例和成案間的適用

觀察《刑案匯覽》毆期親尊長門的案件,根據第三章錯誤類型案件的分析,基本的律例、定例甚至是成案,會在一份說帖裡交互適用。不過,身為中央司法機關的刑部,據《大清會典》所稱,其職掌是:

> 掌天下刑罰之政令,以贊上正萬民。凡律例輕重之適,聽斷出入之孚,決宥緩速之宜,贓罰追貸之數,各司以達於部,尚書侍郎率其屬以定議,大事上之,小事則行,以肅邦紀。[8]

刑部依其職權,原則上仍會按照律例來判案,並檢視律例的合法性和合適性,另外,在必要的情況下,援引定例和成案來斷案。不過,清代成案的援用,中央和地方的想法多有不同。依據乾隆中葉,浙江紹興地區相當有名的幕友(又稱師爺)汪輝祖(1730-1807)在《佐治藥言》如此評論:

> 成案如成墨然,存其體裁而已,必援以為準,刻舟求劍,鮮有當者,蓋同一賊盜而糾夥上盜,事態多殊;同一鬪毆而起釁下手,情形迥別,推此以例,其他無不皆然。人情萬變,總無合轍之事,小有參差即大費推敲,不此之精辨而以成案是援,小則翻供,大則誤擬,不可不慎也,辦案不可有成心,不可無定見……情狀既明,自有一律一例適當其罪,何必取成案而依樣葫蘆耶?苟必成案是循,不免將就增減毫釐,千里誤事匪輕。[9]

---

[8] 〔清〕昆岡等修,《光緒會典》,卷2,〈刑部〉,頁195(收入沈雲龍主編,《近代中國史料叢刊・初編》,第13輯,臺北:文海出版社,1991)。

[9] 〔清〕張廷驤編,《入幕須知五種・佐治藥言》,收入沈雲龍主編,《近

顯見地方訴訟方面，成案的援用十分保守。知縣和幕友認為成案的援引，小是有利犯罪行為人的翻供、大則會導致誤擬的發生，所以，如果「一律一罪」是最適當的方法，何必援引成案導致錯誤？因此，進一步推論，地方督撫對成案的適用，多持否定的態度。

　　中央刑部對成案的適用想法，已有學者的研究指出，其依然秉持律例的規範，原則禁止、例外允許。[10]據《刑部比照加減成案》編者之一的熊莪（生卒年不詳）言：「蓋律例為有定之案，而成案為無定之律例。同一犯罪也，比諸彼則合，比諸此則否，匯彼此而析其義，案也，律例也。」[11]顯然，律例和成案之間，在刑部官員的眼中，其實具有相輔相承的功效。然而錯誤的援引，終會導致人命的殞落，造成律例濫殺無辜的情況發生，所以《刑部比照加減成案》這樣的成案編纂問世，身為中央刑部官員的編者，目的是為「令人人知，為百姓造命」[12]、「執已成之案，以斷未成之獄，吾能必案之無畸重畸輕，而不能必獄之無有枉濫，則所謂哀敬折獄者又自有本矣」。[13]從上可以推知，成案的引用，在清代刑部的斷案裡具有一定程度的地位。[14]

　　正是身為中央機關的刑部對律例和成案的這般思維，成案在身分法案件裡的數量並不算少數。本節第二部分，將針對《刑案匯覽》毆期親尊長門裡，刑部辦理要求援引成案或相關律例，以求「以昭畫一

　　代中國史料叢刊・初編》，第27輯，頁153-154。

[10] 小口彥太根據律例規定和《成案匯編》等案例集結冊，得出這樣的結論。見小口彥太，〈清代中國の刑事裁判における成案の法源性〉，頁269-270。

[11] 〔清〕許槤、熊莪同輯，何勤華、沈天水點校，《刑部比照加減成案》（北京：法律出版社，2009），頁4。

[12] 〔清〕許槤、熊莪同輯，何勤華、沈天水點校，《刑部比照加減成案》，〈安陸熊莪敘〉，頁4。

[13] 〔清〕許槤、熊莪同輯，何勤華、沈天水點校，《刑部比照加減成案》，〈杭州許槤敘〉，頁3。

[14] 實際上到了道光年間，有許多的成案集編纂問世，亦有學者探討這些成案集和編纂者的關係。參李明，〈清代刑部與「成案集」的整理〉，《法制史研究》，37（臺北，2020.12），頁297-321。

及平允」的說帖進行探討,這些說帖裡,有的涉及家族犯罪、有的涉及被傷後反擊的情狀。無論如何,這些案件的說帖,筆者會從未探討過之案件著手為主。至於第一部分要解決的問題是,律例、定例和成案這些所謂「法源」,如何在「毆期親尊長門」的案件進行最妥當的適用。意即,呼應第二章的錯誤類型,在這「類型」(如:尊長貪或爭奪財產而毆殺弟姪)裡,刑部側重的審理面向為何。

綜合言之,本節希望透過為探討毆期親尊長門已分類,但未討論過之案件說帖,重新塑造清代刑部斷案時,案情、律例或成案、定例之間如何適用,刑部最終注重的要點為何?建立體系後,再從中延伸其他議題,另作思考。

一、案情和律例之意應符合:兼論親屬間的竹銃誤傷

清代刑部不論在《刑案匯覽》的說帖、成案、定例或通行,其組成均含案情、律例和結論三部分。所謂案情,係指案件的情節,[15]而律例則指清代法律的各種形式。從基本形式的「律」來看,案情和律的完全符合,是刑部注重的要點,甚至是最基本的要求。嘉慶年間發生,後收於《平反節要》和《刑案匯覽》的〈弟將胞兄致傷兄被外人毆死〉一案,因案情仍未晰明,造成「弟毆兄傷者」律的適用有誤。嘉慶十四年(1809)《刑案匯覽》載的事實是:

> 蘇撫題:陳裕章與兄陳勝章爭毆扣頸,陳八將陳勝章戳傷身死。審將陳裕章擬斬立決、陳八擬絞監候具題。查陳勝章素不安分,被地保稟報,交伊弟陳裕章收管,今陳勝章為我種毛豆起釁,陳裕章將伊兄陳勝章用繩扣頸,欲拉送官。陳八踵至,用木尺戳傷

---

[15] 參〔清〕崑岡等修,《大清會典事例・光緒朝》,《續修四庫全書》,第810冊(上海:上海古籍出版社,1997),卷819,〈刑部・刑律・訴訟〉,頁59上。

陳勝章心坎殞命。陳勝章之死如果實係陳裕章縛毆,該撫自應訊取確供,按律擬以斬決,即不當復將陳八擬以絞抵。今陳勝章既係死於陳八木尺戳傷,並非死於陳裕章用繩扣頸,又不應將陳裕章遽擬斬決,應令確審妥擬。去後旋據訊明,陳裕章止將伊兄用繩套頸,並未糾約共毆,與商同共毆致死者不同。改依毆兄傷者律,杖一百、徒三年。嘉慶十四年題准案〇照平反節要錄[16]

刑部對案情的判斷可以分為訊明前後兩個階段。在訊明前的階段,刑部指出,若陳勝章的死亡,確實是陳裕章縛毆所致,則要求該巡撫訊明取得確切口供後,按律擬以斬決。根據陳裕章和陳勝章的關係,本案係屬親屬服制案件,則應按弟毆死胞兄律,擬斬;不具身分關係的陳八,巡撫的判斷是擬以絞監候。不過,刑部認為,依照上開的說法,陳八不應擬以絞抵。

刑部再提出反對巡撫判斷的依據,認為陳勝章既是死於陳八木尺戳傷,不是死於陳裕章用繩扣頸,則按照律文,構成要件已不符,則自然不應將陳裕章擬以斬決,此為案情和律意應當相符的第一部分。其次,再要求巡撫訊明後,事實案情指出,陳裕章只有將陳勝章用繩套頸,沒有糾約共毆的情事,則與商同共毆致死者不同。原則上,刑部判斷陳勝和陳裕章是單純的兄弟關係,並無大功、小功等五服,[17]從而據《大清律例・刑律・鬥毆下》毆期親尊長門本律的規定:「凡弟妹毆同胞兄姊,傷者,杖一百、徒三年」,[18]論陳裕章毆兄致傷。

---

[16] 〔清〕祝慶祺編次、鮑書芸參定,《刑案匯覽》,影清光緒12年(1886)刊本(臺北:成文出版社,1968),冊6,卷42,〈弟將胞兄致傷兄被外人毆死〉,頁2661。

[17] 〔清〕李瀚章等纂,《大清律例彙輯便覽》(臺北:成文出版社,1968),冊10,卷28,〈刑律鬥毆下・毆期親尊長〉律本文,頁4055。

[18] 附帶一提,筆者會如此解釋,是因為「毆大功以下尊長」第8條例文規範「有服親屬同謀共毆致死」的案件,除下手傷重之犯,及期服卑幼外,律應不分首從,仍各依本律問擬。說到底,仍會回歸毆期親尊長律本文「弟毆兄致死,斬」論處。至於原謀(謀劃者)若係緦麻尊長,與本段解釋較

〈弟將胞兄致傷兄被外人毆死〉將案情與律意巧妙結合，認為只要一方不符合，就會構成刑部認識的錯誤，進而要求下級審的督撫重新檢視案情，再行判斷；或是經由刑部，直接針對案情，做出恰當的律例適用。[19]

嘉慶十四年題、照《平反節要》節錄的〈弟將胞兄致傷兄被外人毆死〉，實屬重要之案，方才輯錄。而刑部究竟有無依照律例和本身意志論斷的案件？答案是肯定的，乾隆五十五年（1790），安徽巡撫向刑部諮詢一起行為人涉及外姻的犯罪，並由刑部撰寫成說帖。即〈袒護外姻故殺行竊大功堂弟〉，該說帖涉及的是，聽從外姻故殺服制弟，究竟要依故殺論，或是依擅殺應死罪人律，聽從下手之犯因其服制，僅杖九十。同時亦探討督撫就律文、例文認識有無錯誤：

> 安撫　咨程觀喜行竊祝來家首飾被程吉喜等拴勒身死一案。詳核全招，程觀喜雖係有罪之人，但程吉喜係祝來之妻舅，住隔五里，事後聽囑往孥，既非在官人役，又非事主鄰佑，與例有應捕之責者不同。況已死程觀喜係程吉喜大功堂弟，律得相為容隱。今該犯聽從妹夫祝來囑託，輒將大功弟拴縛，因其辱罵，即乘機

無關聯，暫且不論。參〔清〕李瀚章等纂，《大清律例彙輯便覽》，冊10，卷28，〈刑律鬥毆下・毆大功以下尊長〉例文8，頁4044-4045。薛允升則認為，五服之案，律本就照親疏而有等差，至於共毆案內所稱的原謀，應指凡人而非親屬，基於此，則本例形同具文；再者，原謀罪止滿流（筆者按：根據大清律例・刑律・鬥毆及故殺人的律本文推斷），雖卑幼亦屬無可復加，尊長更是難說。又總麻以上，毆非折傷，勿論。期親，即毆至篤疾，亦勿論。原謀則問以徒罪，其實並非律意。而原謀亦當有餘人，原謀既載入律內，餘人如何科斷？相關論述，參〔清〕薛允升著、黃靜嘉編校，《讀例存疑重刊本》（臺北：成文出版社，1970），第四冊，〈卷三十六刑律鬥毆下之一〉「毆大功以下尊長」條，編號317-08，頁936-937。

[19] 延續前註，值得一提的是，薛允升在《讀例存疑》毆大功以下尊長該條例文的案語，指出該條是嘉慶十四年刑部議准的定例。〈弟將胞兄致傷兄被外人毆死〉亦是嘉慶十四年的題准案，兩者的關係究竟為何，史料闕如，目前無從判定。

謀勒斃命。徇護外姻故殺服弟，應仍按服制以故殺定擬。乃該撫審照擅殺以鬥殺定擬，使長不睦之風，反啟擅殺之漸，殊與律義不符，應駁令依律改擬。乾隆五十五年說帖[20]

從案件事實的角度來看，僅是一起親屬相盜，導致「謀勒斃命」的人命案件。不過，仔細審看說帖，不論是當事人間的關係，或是安徽巡撫、刑部對律例的解讀，都有幾個值得關注的點，甚至在該說帖發佈的隔一年，有一指標性案例，促使乾隆五十八年（1793）議准定例。

當事人關係方面，本案涉及的當事人有三：程觀喜、祝來和程吉喜，程觀喜和程吉喜是堂兄弟，而程吉喜和祝來是妻舅關係。案件的起因是程觀喜前往祝來家行竊，後程觀喜被程吉喜勒斃，刑部核情，首先就地緣關係認定程吉喜的行為，是否符合《大清律例・刑律・賊盜中之二》「竊盜門」的第26條例文規定，有應捕的責任：「凡捕役、兵丁、地保等項在官人役，有稽查緝捕之責者，除為匪及窩匪本罪應擬斬絞、外遣，各照本律本例定擬外……」，[21]此例文顯示所謂「在官役人」具緝捕竊盜行為人的責任，若未緝捕，則有相對應的處罰，很顯然，程吉喜未有這類身分，進而無從適用竊盜例文的規定。

刑部說帖內引據的另一觀點，係「事主鄰佑緝捕竊盜之人」這件事，在律例裡明文規定：「強盜行劫，鄰佑知而不協拏者，杖八十」，[22]同時，不論是「白晝搶奪」、「賊盜窩主」或是「夜無故入人家」，均課予鄰人協助緝捕的義務，若不從，則面臨的刑罰效果是

---

[20] 〔清〕祝慶祺編次、鮑書芸參定，《刑案匯覽》，冊6，卷43，〈徇護外姻故殺行竊大功堂弟〉，頁2725。
[21] 〔清〕薛允升著、黃靜嘉編校，《讀例存疑重刊本》（臺北：成文出版社，1970），第三冊，〈卷二十八刑律賊盜中之二〉「竊盜」條，編號269-26，頁666。
[22] 〔清〕薛允升著、黃靜嘉編校，《讀例存疑重刊本》，第三冊，〈卷二十六刑律賊盜上之二〉「強盜」條，編號266-14，頁598。

杖刑,這樣的立法思想,清末的刑部尚書薛允升(1820-1901)亦有言:「鄰佑有守望相助之義,捕賊自係分所應為」,[23]顯見鄰里守望相助的功能,是以,刑部在審理竊盜案件時,鄰里的關係,同樣是側重的一個點,從而在說帖裡一併說明。當然,本案的刑部認定程吉喜不適用上述兩條例文,故不具備應捕罪人的責任。

刑部接著再就程觀喜和程吉喜的關係闡述法律適用。既然兩者為堂兄弟,則有所謂「親屬相為容隱」的規定:[24]

> 凡同居、同謂同財共居親屬,不限籍之同異,雖無服者亦是。若大功以上親,謂另居大功以上親屬,係服重。及外祖父母、外孫、妻之父母、女婿,若孫之婦、夫之兄弟,及兄弟妻,係恩重。有罪彼此得相為容隱。[25]

此處刑部僅是闡述兩者法律適用的關係,其實並未就此再進一步解說,便回到事實的層面,刑部以程吉喜聽從祝來囑託,將程觀喜拴縛,因其辱罵,乘機謀勒斃命。最後刑部指出安徽巡撫誤解律例之處,認為程吉喜袒護外姻故殺服弟的行為,應仍按照服制,以故殺定擬,不能援引擅殺律的規定,至於安徽巡撫援引的擅殺律規定,見《大清律例・鬥毆・毆期親尊長》第9條例文:「期親以下有服尊長,殺死有罪卑幼之案,如卑幼罪犯應死者,為首之尊長,俱照擅殺應死罪人律,杖一百。聽從下手之犯,勿論尊長凡人,各杖九十」。[26]經過一番論述後,刑部最後以「使長不睦之風,反啟擅殺之

---

[23] 〔清〕薛允升著、黃靜嘉編校,《讀例存疑重刊本》,第四冊,〈卷三十一刑律賊盜下之二〉「夜無故入人家」條,編號277-03,頁750。
[24] 「親屬相容隱」相關法律制度的介紹,可參考黃源盛,〈人性、情理、法意──親親相隱的傳統與當代〉,《法制史研究》,29(臺北,2016.6),頁153-199。
[25] 〔清〕薛允升著、黃靜嘉編校,《讀例存疑重刊本》,第一冊,〈卷五名例律下之二〉「親屬相為容隱」條,編號032-00,頁131。
[26] 〔清〕薛允升著、黃靜嘉編校,《讀例存疑重刊本》,第四冊,〈卷三十七刑律鬥毆下之二〉「毆期親尊長」條,編號318-09,頁946。

漸,殊與律義不符」作結,要求另按律改擬。

透由前述的說帖,可知本案其中一個爭點是「援引擅殺律」的律例適用紛爭,該律例的規定,其實在「親屬相盜門」和「毆期親尊長門」可看到相輔相成的例文。首先,以「毆期親尊長門」的第9條例文後半來看:

> 被疏遠親屬起意致死者如有祖父母、父母者,期親以下親屬以疏遠論。雖無祖父母、父母,尚有期親服屬者,功緦以下以疏遠論。餘仿此。均照謀故毆殺卑幼各本律定擬,不得濫引此例。[27]

綜合該條例文的前後兩部分,可以得知,不論是為首或為從的尊長,僅要符合該擅殺應死罪人律的要件,加上服制的因素,從而受到的刑罰較輕(杖一百或九十),這樣的律例規定,很容易導致裁判者(本案為安徽巡撫)的誤用,但追根究底,其實是源自於安徽巡撫對律例的不了解,原因是「不得援引」四個字已明確載於例文當中,其仍加以引用。

與本案有關的「親屬相盜門」亦記載,親屬相盜,不可隨意用擅殺律的規定:「其因搶竊親屬財物,被尊長卑幼及並無尊卑名分之人殺傷者,亦各依服制殺傷及同姓親屬相毆,並凡鬥殺傷各本律問擬,均不得照凡人擅殺傷科斷」。[28]薛允升在「毆期親尊長門」的第9條例也說:「殺死搶竊、訛詐親屬,不得照擅殺科斷」。[29]由此可見,相關律例的適用趨勢,應是碰到這類案件時,不引用擅殺律的內容,然而安徽巡撫引用之,代表對律文的認識產生錯誤,刑部認定「殊與律

---

[27] 〔清〕薛允升著、黃靜嘉編校,《讀例存疑重刊本》,第四冊,〈卷三十七刑律鬥毆下之二〉「毆期親尊長」條,編號318-09,頁947。

[28] 〔清〕薛允升著、黃靜嘉編校,《讀例存疑重刊本》,第四冊,〈卷三十刑律賊盜下之一〉「親屬相盜」條,編號272-06,頁705。

[29] 〔清〕薛允升著、黃靜嘉編校,《讀例存疑重刊本》,第四冊,〈卷三十七刑律鬥毆下之二〉「毆期親尊長」條,編號318-09,頁947。

義不符」,要求安徽巡撫更正。

相關律例的立法評判,薛允升以卑幼、尊長等「服制的正當性」和《唐律》比較,評析「毆期親尊長門」第9條例文訂立的妥適性:

> 既以卑幼所犯情罪輕重,為尊長科罪之等差,而又分別服屬之親疏,似嫌參差。假如有輩行高而服較疏者,致死之卑幼尚有服屬較近之人,即不得引此例,未免偏枯。[30]

薛氏的這番評論,體現該例「尊卑」與「服制」之間的矛盾,透過其舉例,可知服制成為是否可以援引此例的依據。在其眼中,既然尊長科罪的等差已經出來,那麼又以服制的親疏來訂定援引的依據,不免有些參差,薛氏接著援引《唐律》和《明律》做進一步的比較說明:

> 尊長之於卑幼,均係有服至親,萬無無故殘殺之理,唐律止以服制之親疏,定罪名之輕重,並不分別因何起釁。明律亦然。惟唐律有「有所規求,而故殺期以下卑幼者,絞」《疏議》謂:「姦及和略誘……爭競」等語;明律不載,遂致例文岐出,不免畸輕畸重之弊。又添入殺死為匪卑幼一條,尤與律文岐異。夫毆故殺弟姪,律止徒流,其不言何事者,以非釁起口角,即係以理訓責,既與有所規求不同,即應依律科罪。例以徒流太輕,改流為絞[31],又改徒為流,已較律文加重。而此例則又分別卑幼為匪,

---

[30] 〔清〕薛允升著、黃靜嘉編校,《讀例存疑重刊本》,第四冊,〈卷三十七刑律鬪下之二〉「毆期親尊長」條,編號318-09,頁947。

[31] 黃靜嘉編校的重刊本作「殺」,若參照光緒乙巳(31)年刊本,是為「絞」,應為筆誤。見〔清〕薛允升著,《讀例存疑》,〈卷三十七刑律鬪毆下〉「毆期親尊長」條,光緒31年乙巳京師刊本,頁10a。該刊本可參〔清〕薛允升著,《讀例存疑電子版》,引自:鈴木秀光,〈鈴木秀光の中国法制史研究ホームページ〉,2018,http://www.terada.law.kyoto-u.ac.jp/dlcy/index.htm(2022年4月16日)。

及罪犯應死,改擬杖徒,又較律文過輕,未知何故?[32]

薛氏開宗明義,指出尊長和卑幼在服制上的關係,認為沒有「無故殘殺」的理由,在《唐律》的規定裡,僅以服制親疏,來決定罪名的輕重,甚至明律也是如此,故薛氏不明白為何要在律例裡,添加「因誰起釁」的要件,進而導致例文的歧異,又《唐律》有「有所規求」的疏議解釋,[33]意即,若是屬於非因盜而起的殺傷,那麼就照故殺傷的本法論處,以絞刑作結,不以誤殺傷而科鬪殺法,[34]明律不載這樣的規定,更加重例文的分歧與輕重的不分。再者,薛氏又認為以理訓責實跟有所規求不同,從而應該照《唐律》的解釋,論以本罪,而不用服制減等的規定。

唐律和明律的規範解釋完後,回到刑度的問題。薛氏認為例文在刑度太輕的情形下,增加較原律文重的刑度,不知為何;則例文區分「卑幼為匪」和「罪犯應死」又較律文輕,完全不知何故。從薛氏的觀點來看,「毆期親尊長」的第9條例文,雖說充滿矛盾,但也可以看出只要逾越「親屬」或「服制」的界線,律例和裁判上,會儘可能避免適用親屬間擅殺減刑的規定,以達親屬之間正確的適用律例。薛允升最後對此例文的評析,是「此例之設,亦係不得已之意也,而其弊,總由於宗法不行之故」[35]

顯見,涉及親屬間相互犯罪之時,律例和實際裁判的情狀,總有

---

[32] 〔清〕薛允升著、黃靜嘉編校,《讀例存疑重刊本》,第四冊,〈卷三十七刑律鬪毆下之二〉「毆期親尊長」條,編號318-09,頁947。

[33] 見〔唐〕長孫無忌等撰,《唐律疏議》(北京:中華書局,1983),卷20,〈賊盜律〉,「盜緦麻小功親財物」條(總287條),頁365。〔唐〕長孫無忌等撰、劉俊文點校,《唐律疏議箋解》(北京:中華書局,1996),卷20,〈賊盜律〉,「盜緦麻小功財物」條(總287條),頁1405-1407。

[34] 這樣的解釋,可參考〔唐〕長孫無忌等撰、劉俊文點校,《唐律疏議箋解》,卷20,〈賊盜律〉,「盜緦麻小功財物」條(總287條),頁1407。

[35] 〔清〕薛允升著、黃靜嘉編校,《讀例存疑重刊本》,第四冊,〈卷三十七刑律鬪毆下之二〉「毆期親尊長」條,編號318-09,頁947。

出現落差的時候,「與律義不符」實際道出清代司法體系裡,各層級審判者之間,對於律例解釋的核心問題。[36] 又身為中央司法審判機構的刑部,注重的要點是案情和律文的規定是否能相符合,同時「乃該撫審照擅殺以鬥殺定擬,使長不睦之風,反啟擅殺之漸」這句話,道出刑部對整體社會秩序維護的企圖以及促成和平的目的。

　　律意未符的案件類型是如此,那麼例意不符的案件又呈現怎樣的內容?「毆期親尊長門」內,有一種是以「武器」導致尊長受傷,甚至死亡的案件,稱為竹銃鳥鎗誤傷。道光七年(1827)〈欲行銃斃胞姪誤傷胞兄平復〉[37] 可說是這類型說帖的先例,成為之後此類案件的論斷標準:

> 南撫　題張先名放銃誤傷胞兄張先發平復一案。此案張先名因挾胞姪張組義不允佃田借穀之嫌,起意施放竹銃致死洩忿。適伊胞兄張先發走至,不期砂子誤傷張先發左肩甲等處,醫治平復。

這份說帖與其他不同的地方是,刑部在開頭處即先敘明案件事實,才就南撫適用的律例、刑部本身的意見進行說明。案件事實層面,當事人有三,張先名、張組義、張先發,前兩者為叔姪關係,緣

---

[36] 其實這份說帖並沒有講到外姻祝來應如何論罪。若觀察《刑科題本》,可發現此種外姻關係的裁判審理邏輯,杜家驥在〈清代檔案刑科題本的史料價值——以「清嘉慶朝刑科題本」所反映的清代基層社會關係為例〉一文透過研究嘉慶年間的《刑科題本》,認為外姻裁判實態上,有一種「重血緣關係、親緣次之」的情況。相關論述,詳見杜家驥,〈清代檔案刑科題本的史料價值——以「清嘉慶朝刑科題本」所反映的清代基層社會關係為例〉,收入陳熙遠主編,《覆案的歷史:清代考掘與清史研究(上冊)》(臺北:中央研究院,2013),頁219-224。

[37] 此說帖原先應歸在本章第二節「罪名的減輕加重應如何處理」探討,特別是「傷後平復」的議題。不過基於說帖內有關鍵字句「未為允協」,且實際上仍涉及例文解釋、「與例不符」,故在此討論。另外,亦有兩件說帖,刑部援用此案說帖做為先例,併予探討。見〔清〕祝慶祺編次、鮑書芸參定,《刑案匯覽》,冊6,卷42,〈欲行銃斃胞姪誤傷胞兄平復〉,頁2653-2654。

起於張組義不願意佃田借穀，而施放竹銃，欲致張組義死亡，不料誤傷張先發後，張氏醫治平復。

事實陳述完畢，之後便是律例適用，南撫將張先名比照金刃誤傷期親尊長例，擬以絞候。不過此時刑部有不同的看法，導致糾錯的發生：

> 該省將張先名比照金刃誤傷期親尊長例，擬以絞候。職等查施放竹銃殺人例應以故殺論，自不應照湯火傷保辜。若係誤傷，則例內本有照湯火傷減等明文可見，鬥傷即可照湯火酌辦。今張先名係因故誤傷，律得以鬥傷論，按湯火傷保辜，尚在折傷以下，未便遽照刃傷定讞。若謂凡人火器傷人之罪重於刃傷，則鳥槍、竹銃拒捕傷人各案，向不比照刃傷擬絞，止於軍罪上加拒捕罪二等問擬。蓋以兇器、火器傷人擬軍之例，本係律外加重名例，謂加罪不加至死。若將此等案件比照刃傷問擬，勢必將兇器致傷等案一併加擬死罪，殊與例義不符。該省將張先名比例擬以絞候，未為允協。應請交司議駁。道光七年說帖

刑部率先翻查律例，據《大清律例・刑律・人命之二》「鬥毆及故殺人門」的第19條例文來看：「因爭鬥擅將鳥鎗竹銃施放殺人者，以故殺論」，[38]該條未有湯火傷保辜的相關規定，於是刑部又補充說明，指出若是誤傷，自有「凡鳥鎗竹銃向城市及有人居止宅舍施放者，雖不傷人，笞四十。誤傷人者，減湯火傷人律一等」[39]的減等明文規定，又若是鬥傷，即可照湯火傷人律，斟酌辦理。[40]

---

[38] 〔清〕薛允升著、黃靜嘉編校，《讀例存疑重刊本》，第四冊，〈卷三十三刑律人命之二〉「鬥毆及故殺人」條，編號290-19，頁844。
[39] 〔清〕薛允升著、黃靜嘉編校，《讀例存疑重刊本》，第四冊，〈卷三十四刑律人命之三〉「弓箭傷人」條，編號295-01，頁868。
[40] 律文的內容是：「折人一齒，及手足一指，眇人一目，尚能小視，猶未至瞎。抉毀人耳、鼻，若破傷人骨，及用湯、火、銅、鐵汁傷人者，杖一

接著回到案件事實,指出張先名是因故誤傷律,得以鬥傷論,且按湯火傷保辜,還在折傷以下,所以,南撫照刃傷定讞,錯誤即產生。刑部加以解釋,指凡人火器傷人之罪,是重於刃傷,那麼按鳥槍和竹銃拒捕,因而傷人的案件,是不比照刃傷擬絞,[41]從而,律例的適用僅止於軍罪上加拒捕罪二等問擬,而非加罪致死。刑部指出南撫的錯誤,認為若比照刃傷問擬,勢必將兇器致傷等案一併加擬到死罪,會發生「與例義不符」的情況,故要求議駁。

本件說帖涉及火器、金刃乃至於湯火,在律例上的評價,終究還是不同,薛允升在「鬥毆及故殺人」條的第19條例文裡,對火器和金刃傷、殺人的評論是:

> 火器為害最烈,一經施放殺人,即無論是否有意欲殺,均以故殺論擬斬。正與唐律以刃殺人與故殺同之意相符。[42]乃執持金刃兇器,將人砍戳多傷,不照故殺同科,何也。若謂金刃殺人,不必均有致死之心,施放鳥鎗,豈皆有心殺人者乎?
> 用金刃兇器,如尖刀、長鎗等類在人肚腹、腰脇虛怯處所,迭肆砍戳,而云非有心致死,可乎?[43]

薛氏認為,火器因造成效果猛烈,傷殺害人,就不論是否有意,

百」見〔清〕薛允升著、黃靜嘉編校,《讀例存疑重刊本》,第四冊,〈卷三十五刑律鬥毆上〉「鬥毆」條,編號302-00,頁889。

[41] 該例文的內容是:「如拒捕時,有施放鳥鎗、竹銃,拒傷捕人,按刃傷及折傷本例,應擬死罪者,悉照刃傷及折傷以上例,分別問擬斬絞監候」〔清〕薛允升著、黃靜嘉編校,《讀例存疑重刊本》,第五冊,〈卷四十五刑律捕亡之一〉「罪人拒捕」條,編號388-15,頁1134。

[42] 唐律的規定,可見〔唐〕長孫無忌等撰,《唐律疏議》,卷21,〈賊盜律〉,「鬥毆殺人」條(總306條),頁387-388。〔唐〕長孫無忌等撰、劉俊文點校,《唐律疏議箋解》,卷21,〈鬥訟律〉,「鬥故殺人」條(總306條),頁1478-1481。

[43] 〔清〕薛允升著、黃靜嘉編校,《讀例存疑重刊本》,第四冊,〈卷三十三刑律人命之二〉「鬥毆及故殺人」條,編號290-19,頁844。

這樣的思想正跟唐律相符,那麼,回歸清律(例)的探討,薛允升說出律例的缺失之處,第一,金刃殺人,不必均有致死之心;反面來說,施放鳥鎗殺傷人,就都是有心殺人者嗎?這樣的想法,未免過於古怪。第二,用金刃兇器在人的肚腹、腰脇等虛怯處所,迭肆砍戳,認為其非有心致死,薛氏認為也十分不妥。因此,從薛允升的論述來看,火器傷人的程度為最烈,這點無庸置疑,可是金刃就現實面來看,也能達到同樣慘烈的效果,至於是否修訂律例或律例如何解釋,薛允升在此沒有意見。以下把這兩件說帖繪製一表,呈現案情與律例不符,刑部會有的裁判實態。

綜上,各自透過一則律意不符和例意未符的節案、說帖,以及薛允升對相關立法的評析,可以得知,案情以及律文、例文的解釋,應當彼此相符,是刑部注重的要點之一。再者,從這兩份說帖亦可得知,即使是歸類在《刑案匯覽》「毆期親尊長門」的案件,不論是督撫或是刑部各司,援引的《大清律例》絕不止於「毆期親尊長條」的相關例文,亦涉及鄰里關係、竊盜強盜、鬪毆等不同律例之間的適用議題,因此,說帖案件內,是會呈現多元律例適用的樣貌。

關於卑幼和期親尊長間的竹銃施放,不期誤傷的案件討論尚未結束。同年(道光七年,1827)四川總督題一起〈放銃誤傷胞伯傷痓因病身死〉之案,除延續上開議題,亦涉及傳統中國法的「保辜」制度。若從現代刑法的角度來看,可探關於「因果歷程中斷」的疑義。其說帖載的案件事實為:

> 陳大沅屋後與胞伯陳有儀之子陳大罄等有公共柏樹一株,該犯因有礙風水,欲將樹株砍去。陳大罄見而阻止。砍伐後,陳大罄至該犯家,斥其不應私砍樹株,該犯分辯,陳大罄即拾刀向戳,該犯跑走。陳大罄隨後追戳,該犯情急,順攜防夜竹銃,並取燒燃柴塊,假裝點放。原冀嚇退,不期火星碰燃門藥,陳大罄躲避,適陳有儀正從陳大罄身後攔勸,誤被銃子轟發右腿倒地,扶回用

藥敷治，傷已結痂。嗣陳有儀染患寒病身死。[44]

當事人陳大沅和堂兄陳大馨間有服制關係。事實方面呈現三項要點：一、陳大沅的追戳致行為人情急而犯罪。二、原只是假意嚇唬，本意嚇退，不期誤傷。三、被行為人躲避，而誤傷其他尊長。和前面論及的〈欲行銃斃胞姪誤傷胞兄平復〉案情相似。然而本案律例館官員認為應論以絞監候，是因陳大沅「訊非有心干犯」，況且陳有儀之死，是出於寒病，並非陳大沅的竹銃殺傷。進而，四川總督奏諸律例，本案應適用的是嘉慶九年（1804）的毆大功以下尊長例第2條例文：「刃傷期親尊長、尊屬……訊非有心干犯，或係誤傷及情有可原者，俱擬絞監候」，[45]並以此具題。

不過，刑部律例館的官員以為律例適用有誤，並對此提出兩點理由，第一，鳥槍竹銃殺人例是照故殺擬斬，不應適用湯火傷保辜的規定。若鳥槍和竹銃誤傷，則弓箭傷人門條例內所稱「以減湯火傷人之律一等」的文字，反面解釋，則鬭傷自應照湯火傷酌辦。[46]其次，從事實方面而論，陳有儀是因病而死，並非銃傷。從保辜的時間，即陳有儀身死之日，距受傷之時已過52日。簡言之，不能因陳有儀因病身

---

[44] 〔清〕祝慶祺編次、鮑書芸參定，《刑案匯覽》，冊6，卷42，〈放銃誤傷胞伯傷痊因病身死〉，頁2654-2655。

[45] 《大清律例彙輯便覽》載該條是嘉慶十一年（1806）修併，《大清律例根原》則記為嘉慶九年（1804）。《讀例存疑重刊本》亦記為嘉慶九年。參〔清〕李瀚章等纂，《大清律例彙輯便覽》，冊10，卷28，〈刑律鬭毆下‧毆大功以下尊長〉例文2，頁4035。〔清〕李瀚章等纂，《大清律例彙輯便覽》，冊10，卷28，〈刑律鬭毆下‧毆期親尊長〉例文13，頁4071。〔清〕吳坤修等撰、郭成偉主編，《大清律例根原（叁）》，卷86，〈刑律‧鬭毆下〉「毆大功以下尊長」條，頁1387。〔清〕薛允升著、黃靜嘉編校，《讀例存疑重刊本》，第四冊，〈卷三十六刑律鬭毆下之一〉「毆大功以下尊長」條，編號318-02，頁932。

[46] 實質從鬭毆及故殺人第19條例文便可得出這樣的結論：「因爭鬭擅將鳥鎗竹銃施放殺人者，以故殺論」可見，即有在「爭鬭時，施放鳥鎗竹銃殺人」的情況下，才符合該例文的構成要件。見〔清〕李瀚章等纂，《大清律例彙輯便覽》，冊9，卷26，〈刑律人命‧鬭毆及故殺人〉例文19，頁3691。

死,即重科該犯以竹銃誤殺之罪。

從本案的說帖論述,實可看到毆大功以下尊長例、毆期親尊長例、鬪毆及故殺人例,以及弓箭傷人例,四者間的適用和法條競合。刑部律例館官員的思維模式認為,若將陳大沅論以竹銃誤殺,則過重,反之,僅論以傷罪,則和前述張先明一案情罪相符。此處並未提及這樣的論處是好或壞,但從律例館官員最後得出較為折衷的作法,將陳大沅論以竹銃傷人本例,按服制遞加科罪。

綜合言之,刑部的思考邏輯以為,即使在律例間彼此競合的情狀下,因鳥鎗和竹銃本身具有高度的危險性,且保辜殺傷的律例,因期親尊屬間具有能減低刑罰的身分關係,自應更謹慎適用。

本件說帖的因果關係值得關注,案件事實描述,胞伯陳有儀是因寒病而非陳大沅的竹銃斃命。刑部搭配保辜制度的相關規範論處,特別是「因風身死」[47]以及「餘限內外」的議題。按說帖載「僅科傷罪」之詞,審視律例,《大清律例》保辜期限的第5條例文如此規定:

> 若已逾破骨傷保辜五十日,正限尚在餘限二十日之內,及手足他物金刀傷正限外,餘限內,因風身死者,俱照毆人至廢疾律,杖一百、徒三年。至正限後,餘限外,因風身死者,止科傷罪。其因患他病身死,與本傷無涉者,雖在辜限之內,仍依律從本毆傷法。[48]

明清的保辜和唐代的不同處,所謂律文規定者,稱為「正限」;例文規定者,稱為「餘限」。本案陳有儀因寒病越52日死,是「正限

---

[47] 相關研究參吳靜芳,〈清律「原毆輕傷,因風身死」例的成立與變化〉,《東吳歷史學報》,37(臺北,2017.6),頁65-115。

[48] 〔清〕李瀚章等纂,《大清律例彙輯便覽》,冊9,卷27,〈刑律鬪毆上・保辜期限〉例文5,頁3887-3889。

後,餘限外」的範圍,從而有僅科傷罪的規定。最後,刑部認為對陳大沅的刑罰,不宜過重(竹銃誤殺)或過輕(湯火傷保辜),要求部駁在原例竹銃誤傷的基礎上,按照服制加罪,方才平允。簡言之,這份說帖對卑幼竹銃鳥槍誤傷期親尊長的裁判實態,尤其是因果關係導致的律例適用,也才告一段落。

道光九年(1829),刑部湖廣司題具一起〈銃傷兄妻誤傷胞兄傷俱平復〉[49]案件,參酌道光七年的兩起卑幼以竹銃誤傷期親尊長的說帖,認為該巡撫將行為人援例擬絞殺,係屬錯誤:

> 湖廣司　查例載:因爭鬧[50],擅將竹銃施放傷人者,發雲貴、兩廣煙瘴少輕地方充軍。又竹銃向城市及有人居止施放誤傷人者,減湯火傷人律一等各等語。此案王尚選因攜銃赴田防守,由分居胞兄王尚品門首經過,王尚品之妻王辛氏嗔伊未經理睬,斥伊無禮,該犯回罵,王辛氏趕毆,該犯順舉竹銃,聲稱施放,原冀王辛氏畏避,不期碰動火機,銃傷王辛氏胸膛等處。適王尚品聞鬧趕出查看,銃子飛開,誤傷王尚品右手背等處,傷俱平復。

湖廣司的律例引用,與前開〈欲行銃斃胞姪誤傷胞兄平復〉和〈放銃誤傷胞伯傷痊因病身死〉相似,不同的是,本案湖廣司援引的律例,部分情況適用於常人,而非親屬間的銃傷行為。案件事實方面,親屬間產生糾紛、行為人持有竹銃、後不期勿動竹銃,除行為人受傷外,亦波及另一親屬等情狀,與前開案件說帖多有類似。擬判的湖南巡撫,以例無放銃誤傷胞兄治罪明文,但實際上,火器傷人重於金刃,將王尚選比照卑幼刃傷期親尊長訊非有心干犯例,擬絞監候具題。這時,刑部律例館官員認為這樣的擬判有錯誤:

---

[49]〔清〕祝慶祺編次、鮑書芸參定,《刑案匯覽》,冊6,卷42,〈銃傷兄妻誤傷胞兄傷俱平復〉,頁2655-2656。
[50]《大清律例彙輯便覽》記為「鬪」。

> 臣等查施放竹銃殺人例,應以故殺論,自不應照湯火傷保辜。若係誤傷,則例內本有照湯火傷減等明文。至卑幼毆傷尊長擬絞之條,則專指刃傷而言,自不得於刃傷之外強為推廣。若謂凡人火器傷人之罪重於刃傷,而鳥槍、竹銃拒捕傷人各案,向止於軍罪上加拒捕罪二等問擬,從無遽照刃傷擬絞之案。查凡人火器傷人例應擬軍,卑幼誤傷尊長亦只可於凡人軍罪上,按服制遞行加等。

律例館官員審視律例,施放竹銃殺人以故殺論,與陳大沅放銃誤傷胞伯一案的解釋相同,不能依照湯火傷的規範進行保辜,再者,誤傷照湯火傷減等的規定,亦有明文,而不必做過多的解釋。至於卑幼毆傷尊長擬絞的規範,出於律本文:「若姪毆伯叔父母姑……如刃傷、折肢瞎目者,亦絞」[51]刑部從文義解釋的角度,認為該條專指刃傷,從而應將文義限縮在「刃傷」的範圍,不應隨意擴張,本案是竹銃導致的傷害,故無從適用該條。

接下來律例館官員探討一個較為複雜的律例適用疑義。據湖南巡撫所言,火器傷人之罪重於刃傷,係指在凡人(常人)的層次討論,又照罪人拒捕門第9條例文規定:「但其刃傷火器傷及,刃傷以下,仍各加本罪二等問擬」,[52]但是歷來都無照「刃傷擬絞」辦理的案件。因此,本案的當事人具有親屬關係,刑部認為正確的律例適用方法,是按照凡人軍罪,依服制加等。此類作法,實質已於道光七年八月的陳大沅一案適用。說帖接著表示:

---

[51] 〔清〕李瀚章等纂,《大清律例彙輯便覽》,冊10,卷28,〈刑律鬪毆下・毆期親尊長〉律本文,頁4056-4057。

[52] 〔清〕李瀚章等纂,《大清律例彙輯便覽》,冊12,卷35,〈刑律捕亡・罪人拒捕〉例文9,頁4772-4773。

檢查道光七年湖南省題張先名放銃誤傷胞兄一案、八年四川省題陳大沅放銃誤傷胞伯一案，俱係比照刃傷期親尊長訊非有心干犯例，擬絞監候，均經臣部改照火器傷人軍罪上，按服制遞加四等，加發新疆，仍照奏定章程改發雲貴、兩廣極邊煙瘴充軍，加枷號三個月等因，先後題駁，更正在案。此案王尚選火器誤傷胞兄王尚品平復，事同一例，自應畫一辦理。該撫將該犯比例擬絞，殊屬錯誤。應令該撫另行妥擬具題。

道光七年的張先名和陳大沅誤銃傷期親尊長的案件，下級審以刃傷期親尊長訊非有心干犯例擬絞監候，均被律例館官員認為殊屬錯誤，應該在火器傷人軍罪上，按服制遞加。王尚選一案事同一例，刑部要求畫一辦理，以求案件的一統性。下以表格呈現這類型案件說帖的相同以及相異處。

表4-1-1 《刑案匯覽》卑幼銃傷期親尊長其餘案件說帖比較

案件名稱	欲行銃斃胞姪誤傷胞兄平復	放銃誤傷胞伯傷瘁因病身死	銃傷兄妻誤傷胞兄傷俱平復
提出者	南撫	川督	湖廣司
性質	道光七年說帖	道光七年說帖	道光九年說帖
使用律例門類	刑律人命之二鬥毆及故殺人例19	1. 刑律鬥毆下毆大功以下尊長例02 2. 毆期親尊長例12 3. 毆期親尊長例13 4. 刑律人命之二鬥毆及故殺人例19 5. 刑律人命之三弓箭傷人例01	1. 刑律人命之二鬥毆及故殺人例19 2. 刑律人命之三弓箭傷人例01

第四章　刑部對司法審理的法律推理　189

案件名稱	欲行銃斃胞姪誤傷胞兄平復	放銃誤傷胞伯瘞因病身死	銃傷兄妻誤傷胞兄傷俱平復
巡撫判斷	將張先名比照金刃誤傷期親尊長例擬以絞候	將陳大沅比照卑幼刃傷期親尊屬，訊非有心干犯或係金刃誤傷例，擬絞監候具題	以例無放銃誤傷胞兄治罪明文，惟火器傷人重於金刃，將王尚選比照卑幼刃傷期親尊長訊非有心干犯例，擬絞監候具題
刑部判斷	1. 施放竹銃殺人例，應以故殺論，自不應照湯火傷保辜。若係誤傷，則例內本有照湯火傷減等明文可見。闘傷即可照湯火酌辦。 2. 今張先名係因故誤傷律，得以闘傷論，按湯火傷保辜尚在折傷以下，未便遽照刃傷定讞。若謂凡人火器傷人之罪重於刃傷，則鳥槍竹銃拒捕傷人各案，向不比照刃傷擬絞，止於軍罪上加拒捕罪二等問擬 3. 蓋以兇器火器傷人擬軍之例本係律外加重，名例謂加罪不加至死 4. 若將此等案件比照刃傷問擬勢必將兇器致傷等案一併加擬死罪，<u>殊與例義不符</u>	1. 鳥槍竹銃殺人例照故殺擬斬，自不應照湯火傷保辜。若鳥槍竹銃誤傷，則弓箭傷人門條例內明示以減湯火傷之律一等之文，舉以隅反，則闘傷自應照湯火傷酌辦。 2. 嘉慶八年八月張先名案經職等議請交司議駁在案 3. 此案陳有儀雖經身故，原驗傷已結痂，死由於病，非死於傷。核計陳有儀身死之日，距受傷之時，已越五十二日，未便因陳有儀因病身死即重科該犯以竹銃誤殺之罪 4. 若僅科傷罪，則此案與業經議駁之張先名一案情罪相等	1. 查施放竹銃殺人例，應以故殺論，自不應照湯火傷保辜。若誤傷，則例內本有照湯火傷減等明文 2. 至卑幼毆傷尊長擬絞之條則專指刃傷而言，自不得於刃傷之外強為推廣，若謂凡人火器傷人之罪重於刃傷，而鳥槍竹銃拒捕傷人各案向止於軍罪上加拒捕罪二等問擬。從無遽照刃傷擬絞之案。查凡人火器傷人例應擬軍卑幼誤傷尊長亦只可於凡人軍罪上按服制遞行加等

案件名稱	欲行銃斃胞姪誤傷胞兄平復	放銃誤傷胞伯傷瘁因病身死	銃傷兄妻誤傷胞兄傷俱平復
最後適用	<u>未為允協，應請交司議</u>駁	應將陳大沅於竹銃傷人本例，按服制遞加科罪，庶足以昭情法之平，<u>辦理亦不致歧誤</u>，似應駁改	王尚選火器誤傷胞兄王尚品平復事同一例，自應畫一辦理。該撫將該犯比例擬絞，殊屬錯誤，應令該撫另行妥擬具題

說　　明：1.黑粗體底線者為該說帖重要之處，案件事實基於篇幅，略之。

2.案件事實方面，當事人間具親屬關係，且為竹銃施放時，不期誤傷被害人，或是連同其他期親尊長一併傷害。刑部最終認為，下級審依照毆期親尊長門第12條「訊非有心干犯」例擬絞監候為錯誤。應在案件統一性、火器傷人擬軍罪的基礎上，按照服制加等。

3.依《平反節要》的案件和道光七年的說帖，刑部最後都否定下級審的斷案，具題者直接改依律、擬判者要求交付十三司議駁。另外，刑部各自均有反駁的理由，甚至道出律例適用錯誤的隱憂，如：〈欲行銃斃胞姪誤傷胞兄平復〉關於「施放火銃誤用」的規範。

資料來源：〔清〕祝慶祺編次、鮑書芸參定，《刑案匯覽》，冊6，卷42，〈欲行銃斃胞姪誤傷胞兄平復〉，頁2653-2654。
〔清〕祝慶祺編次、鮑書芸參定，《刑案匯覽》，冊6，卷42，〈放銃誤傷胞伯傷瘁因病身死〉，頁2654-2655。
〔清〕祝慶祺編次、鮑書芸參定，《刑案匯覽》，冊6，卷42，〈銃傷兄妻誤傷胞兄傷俱平復〉，頁2655-2656。

綜合言之，在「卑幼誤銃傷期親屬尊長，尊長傷後平復」這類型的案件說帖裡，刑部不適用毆期親尊長門第12條「訊非有心干犯」例，而是在火器傷人擬軍罪的基礎上，按照服制加等。解釋原因，筆者推測有以下兩點：一、「刃傷即擬絞」在清代刑部的思維裡，刑罰終究過苛，而有必要加以調節其適用。再者，火器和湯火傷，各例本就有明文的規範，棄之而不用，有違律例文適用之疑，讓律例形同具文。二、從司法案件的角度來看，既然道光七年的張先名和陳大沅兩案情節，與王尚選案相似，則沒有理由不畫一辦理，再次顯示出清代刑部對相類似案件說帖解釋的統一性。

二、定例和成案適用的以昭畫一：被毆抵格和爭姦

承前所述，成案在清代初期，原則不承認其法律上的效力，不過，隨著時間的推移，從原則變成例外的情況大有所在。初期據《大清律例・刑律・斷獄下》「斷罪引律令」第3條例文所示：「除正律、正例而外，凡屬成案，未經通行者為定例，一概嚴禁，毋得混行牽引，致罪有出入。」[53]這條例文的此段文字，突顯成案的法律地位，須經一定程序，方能適用，又此處所謂通行，和《刑案匯覽》本身所稱的通行不同，作動詞用，指準備經皇帝核准後，成為各省通用之案。[54]

成案在《刑案匯覽》「毆期親尊長」案件裡的適用並不少。本部分擬從該門類的「被毆抵格」案為主，搭配和前述未論及的說帖、被刑部判定無錯誤的案件，探討刑部要求辦案和斷案時，相關定例、成案的援引，並進一步追問如何做到定例或成案適用的「以昭畫一」。透過這些案件的相互參照比較，總結刑部對定例，乃至於成案在「毆期親尊長」的適用和推理思考。

據《刑案匯覽》對嘉慶年間說帖的記載，蘇撫、江西撫、浙撫均對刑部題有案件，致其撰成說帖。又據目錄所載，這些案件與「被毆抵格」相關，此外亦涉及重大服制命案時的夾簽制度。嘉慶元年（1796），由蘇撫題、江南道簽稱的〈被毆掙脫跌斃胞兄簽商夾簽〉，[55]包含律例的解釋和幾項成案的援用。其記載：

---

[53] 〔清〕李瀚章等纂，《大清律例彙輯便覽》，冊13，卷37，〈刑律斷獄下・斷罪引律令〉例文03，頁5281-5282。

[54] 《刑案匯覽》凡例有載：「通行自乾隆元年起至道光十三年止，除業經纂定條例引用已久、無須查看原案者不錄外，其乾隆元年至嘉慶十四年係照江蘇藩署刊本摘錄、嘉慶十五年至道光十三年係照刑部原稿彙錄共計集入六百餘件。又內有遵行一項，係部中通傳各司遵辦，並不通行外省」說明《刑案匯覽》蒐錄通行的來源，值得注意的是最後一句話，所謂刑部「內部流通」的通行不計。見〔清〕祝慶祺編次、鮑書芸參定，《刑案匯覽》，冊1，卷1，〈凡例〉，頁6。

[55] 〔清〕祝慶祺編次、鮑書芸參定，《刑案匯覽》，冊6，卷43，〈被毆掙脫跌斃胞兄簽商夾簽〉，頁2681-2683。

蘇撫　題殷世泰毆傷胞兄殷世華身死一案。據江南道御史籤稱：查服制命案向來法司夾籤聲請者，或因尊長本犯應死，卑幼一時激於義忿致斃者，或係忤逆父母，卑幼聽從父命及救父情切，毆傷致死等項。原以尊長本屬有罪之人，而卑幼迫於情形，並非無故逞兇干犯，是以量為末減。杜玉左邊至該撫所引，卑幼誤傷尊長至死，仍准敘明情有可原之例，自係著重「誤傷」二字，專指與平人鬪毆，一時無心誤傷在旁尊長至死者而言，即如平人鬪毆而誤殺旁人之類。[56]

律例的解釋是《刑案匯覽》說帖首要呈現的部分。依江南道監察御史所稱，服制命案，法司夾籤者有三種狀況，一種是卑幼一時間義憤致斃，但尊長本犯應死；一種是係忤逆父母，卑幼聽從父命，最後一種是救父情切，毆傷致死。這三種情況，都以「尊長本屬有罪之人、卑幼迫於無奈」為前提，並非無故逞兇干犯，因此才得以從輕論罪。

至於蘇撫所引的之例，係《大清律例‧刑律鬪毆下》「毆期親尊長」的第6條例文：「凡卑幼誤傷尊長至死，罪干斬決，審非逞兇干犯，仍准敘明可原情節，夾籤請旨。其有本犯父母，因而自戕殞命者，俱改擬絞決，毋庸量請末減」。[57]刑部斷定本條例文的重點在「誤傷」，是專指在跟平人鬪毆的情形下，一時無心傷害在旁的尊長而言，換句話說，即是指平人鬪毆而誤殺旁人的類型。[58]又本案裡，律例和案件事實的搭配是：[59]

---

[56] 〔清〕祝慶祺編次、鮑書芸參定，《刑案匯覽》，冊6，卷43，〈被毆掙脫跌斃胞兄籤商夾籤〉，頁2681。
[57] 〔清〕李瀚章等纂，《大清律例彙輯便覽》，冊10，卷28，〈刑律鬪毆下‧毆期待〉例文05，頁4062-4063。
[58] 這份說帖比較特別。刑部主審的司官直接同意援引江南道御史的聲明，從中亦可見監察御史的司法職能，特此說明。
[59] 〔清〕祝慶祺編次、鮑書芸參定，《刑案匯覽》，冊6，卷43，〈被毆掙脫跌斃胞兄籤商夾籤〉，頁2681。

今殷世泰因索牛起釁，經胞兄殷世華扭住，斥責其非，並未毆打成傷。該犯不得謂之情急，輒用力掙扯，以致殷世華側跌倒地，扛傷右肋，磕傷驄門身死。雖無兇惡之狀，實有鬨殺情形。況對面彼此相爭，更不得謂之誤殺。即凡人有此情節，亦難援誤殺律定擬。若謂其死出無心，即可倖邀末減；如果胞兄之死係該犯心思所及，則故殺之罪更重，又非斬決所可蔽辜。案關服制，本道職任法司，有會核刑名之責，就意見所及，遵旨先行，向部簽商。倘貴司向有成案可援，亦望查明賜覆，以便畫題等因。

「雖無兇惡之狀，實有鬨殺情形」是江南道監察御史的判斷。同時，從「服制命案權衡判斷」的視角，認為若是無心為之，則末減是允許的；若是故殺，則即使處以最重的斬決，亦無法達到「法足蔽辜」的效果。最後，其向刑部司官詢問是否有成案可以援引，達到「於法有據」的目的。據此，刑部司官給予充足的回覆並指出成案對本案的適用和一些細節之處：

本部查例載：毆死有服尊長情輕之案，該督撫按律例止於案內，敘明不得兩請，法司會同核覆，亦照本條擬罪，核其所犯情節，實可矜憫者，夾簽聲明，恭候欽定。此係乾隆十三年定例，凡遇情輕之案，俱引此條辦理。又卑幼誤傷尊長至死，罪干斬決，審非逞兇干犯，仍准敘明可原情節，夾簽請旨，此係二十一年定例。凡遇誤傷至死之案，俱引用此條辦理。是情輕及誤傷至死，各案均例應夾簽，法司核擬時，各按服制本條擬罪，照例夾簽請旨，恭候欽定，不惟情輕者，得以照例夾簽，即尊長理曲被毆身死之案，亦得援例聲明。此等案情，奉旨「九卿定擬，改為監候」者；亦有奉特旨「即改監候」者。誠以按例擬罪者，乃一定之法，而夾簽聲明者，為聖明法外之仁。檢查本部歷年辦過此等成案，難以枚舉。

司官指出，乾隆十三年（1748）和乾隆二十一年（1756）的定例，一為毆死有服尊長情輕、一為卑幼誤傷尊長至死，罪干斬決，本質即是不同的規範內容。前者是遇到情輕案時；後者是遇到誤傷至死案時，據此辦理。至於法司和九卿科道會同審理後，得出的結論有二，一是九卿定擬，改為監候；一是即改監候，無論如何，兩者的前提，均是先按例擬罪後，再依規定夾簽聲請，司官對此的定義，稱為「聖明法外之仁」。[60]這時刑部司官援引兩件成案，表示確有九卿奏議，改斬監候和即改監候的情狀發生：

> 即如乾隆六十年，奉天省民人吳添幫被胞兄吳添富揪衣欲毆，該犯掙脫，致吳添富被磕[61]受傷身死，經本部會同都察院、大理寺夾簽聲明。奉旨：「九卿議奏，改斬監候」。又四川省民人戴仕祿，因胞兄戴儒宗令將公共荒山讓伊墾種，不允被罵並舉鋤向毆，該犯奪鋤跑避，復被拾棍向毆。該犯用鋤抵格，致傷其偏左，倒地殞命。亦經三法司會同夾簽聲明，即奉旨：「改為監候」亦在案。

乾隆六十年（1795）奉天省案和四川省案，說明刑部會同其他有權審判機關審理後，做出的實務判斷，證實確有此等情形發生。不過，殷世泰案究竟如何和這些成案相互參照，做出最適當的律例判斷？刑部司官道：

---

[60] 歷來研究清代司法審判者，部分重視皇帝在整體司法體制扮演的角色。「聖明法外之仁」這句話，其實亦可解讀為中央刑部官員對皇帝「謹慎恤刑」的看法。相關研究參鄭小悠，《清代的案與刑》，太原：山西人民出版社，2019。

[61] 石頭之意。《說文解字》載：「從石，盍聲」段玉裁注：「篆體本如此，俗字則從蓋聲。口太切，十五部。按玉篇磕與硞相屬，云硞磕、石聲。廣韻亦云硞磕、石聲。是皆硞磕之誤也」參〔東漢〕許慎著、〔清〕段玉裁注，《說文解字注》（上海：上海古籍出版社，1981），〈九篇下・石部〉，頁28a。

〔筆者案：事實描述略。〕該撫將殷世泰依律擬斬，援引誤傷至死之例具題。本部核其情節，並非誤傷。其因掙脫以致失跌身死，正與情輕之例相符。該撫所引誤殺之例，本係誤會，且該撫疏內，只應聲敘可原情節，本可毋庸引例。是以本部將該犯依律擬以斬立決，援引情輕之例夾簽請旨。

刑部的判斷，認定巡撫援引之例，是屬前開探討的誤殺之例，而非應當正確援引的情輕之例。另外，若援引的是誤殺之例，則僅需聲明可原情節即可，不用引例，亦為巡撫錯誤之處。而刑部修正巡撫的錯誤之處，將本案行為人照律本文，擬以斬立決，援引情輕之例夾簽。本案的特殊點是刑部另從兄弟友愛敦睦的角度審視之。其載：

查殷世泰於伊兄向借銀兩時，必須將牛作押，固少敦睦之風。然分居各爨[62]，在自食其力之鄉愚，亦難責以解推[63]之義。即使責之，亦罪不至死。況殷世泰於上年冬底農隙時將牛押銀，業已閒養數月，迨三月耕作，方與伊兄需用，仍行借與使用，尚無不顧伊兄之情。伊兄耕種已畢，既未照原借時所言，即行送還。該犯因自需翻犁，始往牽回，亦非只知自利之徒。乃伊兄聞知，即往索討，並斥其拉回之非。該犯剖辯，又被揪住欲毆。如謂該犯借銀押牛有干不悌，而伊兄於耕種已畢之後，即非押銀借用之牛，

---

[62] 意為「炊」。《說文解字》載：「齊謂炊，㸑象持甑」段玉裁注：「為竈口，推林內火」參〔東漢〕許慎著、〔清〕段玉裁注，《說文解字注》，〈三篇上・白部〉，頁40a。

[63] 解推是指施惠於他人。運用在清代的法律體系，特別是親屬或鄉里間的紛爭時，係指應當敦親睦鄰。這樣的語句脈絡，可見本案說帖的前幾句，亦可參黃六鴻《福惠全書》所言：「凤稱朋好及素荷解推，情誼應敦」見〔清〕黃六鴻，《福惠全書》，卷4，〈蒞任部・待遊客〉，收入官箴書集成編纂委員會編，《官箴書集成》（安徽：黃山書社，1997），頁14a。

經伊弟牽去耕作而必趕往斥責，亦失友愛之道。是該犯兄弟均屬鄉愚，不可以理論也。惟執其情形而細按之，該犯被兄斥責，向其剖辯，是理而非頂撞，迨被扭欲毆，掙脫逃避，致兄失跌，扛傷斃命。則掙脫由於被毆跌扛，非因推抵。若謂伊兄扭毆時該犯並未受傷，力掙致跌，即屬不合。《家語》云：「小杖則受，大杖則走」子之事父，尚不為非，況弟之與兄何能責其束手受毆，一任其兄暴怒相陵而不得掙脫也？是該犯於伊兄並無逞兇干犯之情。核與夾簽之例相符，理合簽覆。

　　刑部判斷案情和夾簽之例相符，同時重新檢視案件事實。有以下三點：一、殷世華（死者）借銀兩給自己弟弟殷世泰需抵押一事，認為即使少敦睦之風，惟基於兄弟分居之故，罪不至死。二、刑部調查以牛押銀的來龍去脈，認為殷世華有需用時，殷世泰仍借用之，沒有不顧兄弟之情的狀況，且是殷世華未歸還，殷世泰有需而自行取回。種種事態顯示殷世泰並非只知自利。三、殷世華聞訊斥責，刑部援引《孔子家語》的典故，認為已失兄弟友愛之道。

　　刑部官員根據種種事跡，指出殷世華和殷世泰兩兄弟，係屬鄉愚，又殷世泰向殷世華斥責後回辯，是言理而非頂撞，最後，則是兩者扭毆時，殷世泰的掙脫是由於被毆後扛傷，而非推抵。此外，兩人在扭打時，殷世泰無受傷，則顯不合理。從而，殷世泰對於殷世華，並無逞兇的情狀，故符合情輕之例，即毆大功以下尊長第7條例文。

　　綜合言之，本件說帖裡，江南道御史詢問刑部司官是否有成案可循，可以看出的是，成案不僅是相類似案情或相同構成要件可以援引而已，甚至最後相關審判機關所得到的結論（法律效果），亦可做為參照的對象。如本件說帖所稱的「即改監候」或「九卿定擬，改為監候」。另外，值得注意的是，該件說帖的眉批處，記有「卑幼擅取財物，胞伯趕毆跌斃，並詈毆尊長，致令自盡案，俱載威逼人致死

條」[64]一句，顯示在「威逼人致死」門裡，有相類似說帖的記載。[65]無論如何，刑部對成案適用的以昭畫一，是在清代司法實務審判裡，注重的要點之一。

前述已及，成案的適用除案情外，法律效果的適用同等重要。則成案若變為成文法上的「定例」時，刑部又如何遵守，進而適用之？毆期親尊長門裡，有一起涉及「卑幼爭姦」的說帖，該說帖促使乾隆五十八年（1793）時，成為毆期親尊長門的第7條例文：[66]

> 江西撫題：劉乞刃傷胞叔劉兆綸，將劉乞依律擬絞立決一案。欽奉諭旨：劉兆綸為劉乞胞叔，劉喻氏亦其同族姪婦，若因劉乞與劉喻氏通姦，劉兆綸聞知，前往斥責，以致被戳，是劉兆綸竟係無罪之人，即杖責亦不應問擬。今該犯已與劉喻氏相約，及至黃昏前往，先有劉乞在彼，遂捏稱捉姦，將劉乞毆打。是劉兆綸圖姦同族姪婦，行止有虧，而又因妒姦起釁，陷伊姪於立決。刑部遽照該撫所擬定以杖責，實不足以蔽辜。劉兆綸雖係劉乞尊長，不至死罪，亦應問擬軍、流等罪，方足示懲。著刑部即另行定擬，具奏。欽此。臣等悉心酌議，應請嗣後，凡期親尊長與卑幼爭姦互鬭，卑幼將尊長刃傷及折肢罪干立決者，除卑幼依律問擬外，即將爭姦肇釁之尊長，照伯叔故殺姪律，杖一百，流二千

---

[64] 〔清〕祝慶祺編次、鮑書芸參定，《刑案匯覽》，冊6，卷43，〈被毆掙脫跌斃胞兄簽商夾簽〉，頁2681。

[65] 筆者查閱《刑案匯覽》「威逼人致死」門，其實並無一起說帖完全符合該句的記載。僅可推測為〈姪無干犯伯叔欲毆自行跌斃〉、〈行竊胞伯材板致令氣忿自盡〉和〈被詈走避之後胞叔趕毆跌斃〉三案的綜合。關於這三起案件的說帖，參〔清〕祝慶祺編次、鮑書芸參定，《刑案匯覽》，冊5，卷34，〈行竊胞伯材板致令氣忿自盡〉，頁2211-2212。〔清〕祝慶祺編次、鮑書芸參定，《刑案匯覽》，冊5，卷34，〈姪無干犯伯叔欲毆自行跌斃〉，頁2214-2215。〔清〕祝慶祺編次、鮑書芸參定，《刑案匯覽》，冊5，卷34，〈被詈走避之後胞叔趕毆跌斃〉，頁2217-2218。

[66] 〔清〕祝慶祺編次、鮑書芸參定，《刑案匯覽》，冊6，卷42，〈爭姦互鬭胞姪刃傷胞叔〉，頁2658-2659。

里；如非爭姦，仍各依律例本條科斷等因，奏准。乾隆五十八年案已纂例

體例格式方面，「欽奉諭旨」四字，代表最後依照皇帝的旨意，修改裁判的內容或律例適用。案件事實方面，當事人劉兆綸和劉乞是叔姪關係，劉喻氏則為同族的姪婦，劉兆綸和劉喻氏相約，黃昏時刻，因劉兆綸看到劉乞在劉喻氏的住處，便以捉姦為由毆打劉乞。實質上，劉兆綸有姦劉喻氏的意圖，進而誣賴劉乞，致其被處以絞立決。[67]刑部依照巡撫的擬判，將劉兆綸依毆期親尊長律本文：「伯叔姑毆殺姪，杖一百、徒三年；故殺者，杖一百、流二千里」[68]論以杖責。

皇帝不同意刑部依巡撫擬判的結果，認為不足以蔽辜。理由基於劉兆綸為劉乞的尊長，雖罪不至死（杖罪），仍要處以軍、流等刑度，達到殺雞儆猴的作用。從而，要求刑部另行擬妥，再具奏，此事促成乾隆五十八年纂為定例，通行全國，例文分為「爭姦互毆」和「非爭姦互毆」兩部分，倘卑幼將尊長刃傷及折肢，罪干立決者，除卑幼依律問擬外，即將爭姦肇釁的尊長，照伯叔故殺姪律，杖一百，流二千里；如非爭姦，仍各依律例本條科斷。要言之，司法審判機關在適用該例時，應同時考量尊長所做的行為是否可議。

既已編纂為定例，則刑部如何達到「以昭畫一」，或律例適用錯誤，如何察覺？道光元年（1821），一起〈刃傷胞兄不得援引舊例夾簽〉說帖，刑部指出若使用舊例，即屬錯誤。《刑案匯覽》對此案的記載為：[69]

---

[67] 劉乞被處以絞立決，係照毆期親尊長門的律本文：「……如刃傷折肢瞎目者，亦絞」參〔清〕李瀚章等纂，《大清律例彙輯便覽》，冊10，卷28，〈刑律鬥毆下·毆期親尊長〉律本文，頁4055。

[68] 〔清〕李瀚章等纂，《大清律例彙輯便覽》，冊10，卷28，〈刑律鬥毆下·毆期親尊長〉律本文，頁4056。

[69] 〔清〕祝慶祺編次、鮑書芸參定，《刑案匯覽》，冊6，卷42，〈刃傷胞兄不得援引舊例夾簽〉，頁2659。

河撫　題劉德紹刃傷胞兄劉德紳一案。查律載：弟毆胞兄刃傷者，絞。又乾隆五十七年定例內載：卑幼刃傷期親尊長之案，如釁起挾嫌有心刃傷者，依律問擬絞決，毋庸聲請；若非有心干犯，或係金刃誤傷，及情有可憫者，夾簽聲明各等語。嗣於嘉慶七年九月本部核覆安徽省題孫登扎傷胞兄孫梅案內，奉上諭：「嗣後刃傷期親尊長，律應問擬絞決之犯，如訊非有心干犯，或係金刃誤傷及情有可憫者，俱著問擬絞候，均毋庸夾簽聲請，著刑部纂入例冊。遵行。等因欽此」迨十一年修例時，已將此條載入例冊在案。[70]

本案涉及的爭點是刃傷期親尊長、是否有心干犯和夾簽的議題。當中「有心干犯」突顯一個乾隆五十七年、嘉慶六年、嘉慶九年，甚至到咸豐二年的律例變遷歷程，涉及的門類主要是「毆大功以下尊長」、「毆期親尊長」兩個門類的移改。首先，刑部以律文的規定開頭，指出「弟毆胞兄刃傷者，絞」。[71] 然而，律文並無法解決一切衍生的實際社會問題，故刑部再引乾隆五十七年（1792）的定例：[72]

卑幼刃傷期親尊長之案，除釁起挾嫌、有心刃傷者，依律問擬絞決，毋庸聲請外，若非有心干犯，或係金刃誤傷及情有可憫者，法司核題時，遵照李倫魁案內夾簽聲請，候旨定奪。[73]

---

[70]〔清〕祝慶祺編次、鮑書芸參定，《刑案匯覽》，冊6，卷42，〈刃傷胞兄不得援引舊例夾簽〉，頁2659。

[71]〔清〕吳坤修等撰、郭成偉主編，《大清律例根原（叁）》，卷87，〈刑律・鬥毆下〉「毆期親尊長」條（上海：上海辭書出版社，2012），頁1395。

[72] 實際上這條例文直到乾隆六十年（1795）才成為定例。乾隆五十七年十一月是該案上諭的年份。可參〔清〕吳坤修等撰、郭成偉主編，《大清律例根原（叁）》，卷87，〈刑律・鬥毆下〉「毆期親尊長」條，頁1401。上諭的內容，參〔清〕慶桂等修，《清實錄・高宗純皇帝實錄》，卷1416，乾隆五十七年十一月十一日，頁1051下-1052上。

[73]〔清〕吳坤修等撰、郭成偉主編，《大清律例根原（叁）》，卷87，〈刑

定例規定若屬無心干犯或金刃誤傷，應夾簽聲請，候旨定奪。該條在嘉慶六年（1801）新增「尊屬、外祖父母之案」等字，以完備「期親尊長」的範圍。[74]接著刑部再引嘉慶七年（1802）九月核覆安徽省題孫登扎傷胞兄孫梅的案件，根據上諭的內容，確定三種情況問擬絞候、毋庸夾簽聲請：一是訊非有心干犯、二是金刃誤傷，三是情有可憫，這樣的情形根據該案已經纂入例冊，[75]嘉慶十一年（1806）修例時，再次確認。

律例的規定既已查明，刑部回歸本案事實面的討論，列出本案的經過以及涉及的當事人：

> 此案劉德紹因胞兄劉德紳見杏果被人摘食，在門首叫罵，欲將杏樹砍去，劉德紹好言相勸，劉德紳不允，舉刀砍伐。劉德紹上前奪刀，劉德紳用刀向扎，劉德紹將刀奪獲，又被劉德紳揪毆掙不脫身，情急用手搪抵，以致手內之刀扎傷劉德紳左肋等處，傷已平復。[76]

依據案情，當事人有二，兄劉德紳與弟劉德紹，因杏果被人摘食而發生犯罪，在兄舉刀砍伐的同時，弟奪刀不慎傷及兄，後傷平復。案件事實陳述後，刑部提出安徽巡撫的犯人劉德紹犯罪適用的律例效果：

> 該省將劉德紹依律擬絞立決，聲請夾簽等因具題。查劉德紹刃傷

　　律・鬥毆下〉「毆期親尊長」條，頁1398。
[74] 〔清〕吳坤修等撰、郭成偉主編，《大清律例根原（叁）》，卷87，〈刑律・鬥毆下〉「毆期親尊長」條，頁1401。該條的例文修訂歷程，詳後述。
[75] 〔清〕曹振鏞等修，《清實錄・仁宗睿皇帝實錄》（北京：中華書局，1986），卷103，嘉慶七年九月十二日，頁383。
[76] 〔清〕祝慶祺編次、鮑書芸參定，《刑案匯覽》，冊6，卷42，〈刃傷胞兄不得援引舊例夾簽〉，頁2659。

> 胞兄,既據訊明,並非有心干犯,自應照現行條例問擬絞候。今該省援引律文仍擬絞決,聲請夾簽,殊屬錯誤。應將劉德紹改依刃傷期親尊長訊非有心干犯例,擬絞監候。道光元年說帖[77]

刑部認為犯人劉德紹屬無心干犯,根據嘉慶七年的孫登案與確定嘉慶十一年的例入冊,自應問擬絞候,無庸申請夾簽。然而,這時新舊例文適用的矛盾、錯誤即顯現,河撫依然適用乾隆六十年（1795）的例文規定,將劉德紹擬絞立決,聲請夾簽。刑部揪出這樣的錯誤,認為既已纂入例冊,自應適用較新的例文規定,要求把劉德紹改依現行例,擬絞監候。

承前所述,本案涉及的律例條文變遷,主要是「毆期親尊長門」和「毆大功以下尊長」兩門間的相互移改。最初的例文,始於《大清律例‧刑律‧鬥毆下之一》「毆大功以下尊長門」的第2條例文:

> 卑幼毆傷緦麻尊長、尊屬……如毆大功小功尊長、尊屬至篤疾者,仍依傷罪本律,問擬絞決。訊非有心干犯,或係誤傷,及情有可憫者,俱擬絞監候。若係折傷並手足他物毆傷,本罪止應徒、流者,既在餘限之外,因傷斃命,均擬絞監候,秋審時統歸服制冊內,擬入情實辦理。[78]

據薛允升的解說,該例原係三條,原載「毆期親尊長門」,當中跟此條較有關者,為乾隆五十七年（1792）刑部覆安徽省李倫魁刃傷胞兄李登魁的案件,編纂成例。李倫魁案件的刑部審理結果,上諭認為:

---

[77] 〔清〕祝慶祺編次、鮑書芸參定,《刑案匯覽》,冊6,卷42,〈刃傷胞兄不得援引舊例夾簽〉,頁2659。

[78] 為免旁枝蔓離,僅列出與本案相關的例文。見〔清〕薛允升著、黃靜嘉編校,《讀例存疑重刊本》,第四冊,〈卷三十六刑律鬥毆下之一〉「毆大功以下尊長」條,編號317-02,頁932。

將李倫魁問擬絞決,所以重倫紀而儆兇頑,向來定律實為允當。但弟兄爭毆致傷情節不一,似此案李倫魁之釁起挾嫌、有心刃傷胞兄者,自當按律予以立決。若非有心干犯,或係金刃誤傷及情有可憫者,著刑部存記、於題覆時夾單聲明。引此旨候朕酌奪,以昭情法之平。[79]

問擬絞決在兄弟間的案件裡是重倫理,但兄弟爭毆致傷的案情不同,影響律例審理適用的結果,也涉及是否夾簽的問題,又根據刑部修改編纂該例文的理由,提出:

再查卑幼誤傷伯叔父母、姑等項,尊屬致死罪干斬決之犯,審非逞兇干犯,例准敘明可原情節,夾簽請旨。今金刃誤傷胞兄及情有可憫者,既應夾簽請旨,則於別項期親尊屬有犯,自應一例辦理。謹擬將「刃傷胞兄」之處,改為「卑幼刃傷期親尊長之案」,纂入例文,以昭賅備,理合聲明。[80]

對刑部而言,雖僅為簡單的例文用字改寫,實際上顯示的是「期親尊長」真正的範圍究竟在何處,且他項同樣涉及期親尊屬犯罪的律例,也應用相同的標準辦理,以求適用的統一。嘉慶六年(1801)該條跟「凡胞姪毆傷伯叔之案」條一起提出例文的修訂理由:

查毆傷期親尊長,罪應擬流,律指伯叔父母、姑及外祖父母數項。刃傷尊長,罪應絞決,律指期親尊長、外祖父母而言。後條

---

[79] 〔清〕吳坤修等撰、郭成偉主編,《大清律例根原(叁)》,卷87,〈刑律·鬥毆下〉「毆期親尊長」條,頁1401。上諭的內容,參〔清〕慶桂等修,《清實錄·高宗純皇帝實錄》,卷1416,乾隆五十七年十一月十一日,頁1051下-1052上。

[80] 〔清〕吳坤修等撰、郭成偉主編,《大清律例根原(叁)》,卷87,〈刑律·鬥毆下〉「毆期親尊長」條,頁1401。

例內,止稱期親尊長,殊屬罣漏,後條增入「外祖父母」,以昭賅備。[81]

與乾隆六十年(1795)纂入例冊的例文相比,該條增加「外祖父母」字樣,與律同步,從而,該條例文的內容修改為:

卑幼刃傷期親尊長、尊屬及外祖父母之案,如繫起挾嫌、有心刃傷者,依律問擬絞決,毋庸聲請;若非有心干犯,或係金刃誤傷,及情有可憫者,法司核題時,遵照李倫魁案內欽奉諭旨,夾簽聲請,候旨定奪。[82]

嘉慶九年(1804),該條後半併入前條裡,起因於同年十二月,直隸總督顏檢題民人米文新誤咬期親服叔米寬手指,餘限外因傷潰爛身死一案。[83] 雖該案主要爭點為「卑幼毆期親尊長尊屬,正、餘限內身死者應如何論處」,可是在刑部的修訂理由內,認為:「是原例兩條內『夾簽聲請』之處,均應修改明晰,並應請後條移併前條例內,以資引用」。[84] 依照薛允升的按語,移改的另一項理由是「因期親而並及大功」。[85] 總結刑部的想法,既然兩者的律例構成相似,又引用的案例情境也相似,那麼應合併為一條,以利引用。咸豐二年(1852),該條例的後半部分(即「期親」部分)從「毆大功以下尊

---

[81] 〔清〕吳坤修等撰、郭成偉主編,《大清律例根原(叁)》,卷87,〈刑律‧鬥毆下〉「毆期親尊長」條,頁1401。
[82] 〔清〕吳坤修等撰、郭成偉主編,《大清律例根原(叁)》,卷87,〈刑律‧鬥毆下〉「毆期親尊長」條,頁1401。
[83] 〔清〕吳坤修等撰、郭成偉主編,《大清律例根原(叁)》,卷86,〈刑律‧鬥毆下〉「毆大功以下尊長」條,頁1386-1387。
[84] 〔清〕吳坤修等撰、郭成偉主編,《大清律例根原(叁)》,卷86,〈刑律‧鬥毆下〉「毆大功以下尊長」條,頁1387。
[85] 〔清〕薛允升著、黃靜嘉編校,《讀例存疑重刊本》,第四冊,〈卷三十六刑律鬥毆下之一〉「毆大功以下尊長」條,編號317-02,頁932。

長」門移入「毆期親尊長」門,另立專條,[86]整個例文的變遷過程,才告完成,下以表格呈現其變遷。

表4-1-2 「毆期親尊長門」有心干犯與刃傷夾簽的例文變遷

年份	修訂例文內容	門類與條號	備註
乾隆六十年（1795）	卑幼刃傷期親尊長之案,除釁起挾嫌、有心刃傷者,依律問擬絞決,毋庸聲請外,若非有心干犯,或係金刃誤傷及情有可憫者,法司核題時,遵照李倫魁案內夾簽聲請,候旨定奪	毆大功以下尊長第2條	1. 例文續纂 2. 據乾隆五十七年（1792）刑部覆安徽省李倫魁刃傷胞兄李登魁案上諭增訂
嘉慶六年（1801）	卑幼刃傷期親尊長、**尊屬及外祖父母**之案,如釁起挾嫌、有心刃傷者,依律問擬絞決,毋庸聲請……	毆大功以下尊長第2條	原例內止稱期親尊長,殊屬窒漏,增入「外祖父母」,以昭賅備
嘉慶九年（1804）	……**其卑幼刃傷期親尊長、尊屬及外祖父母之案,如釁起挾嫌、有心刃傷者,依律問擬絞決,毋庸聲請;若訊非有心干犯,或係金刃誤傷,及情有可憫者,擬絞監候,均毋庸夾簽聲明**	毆大功以下尊長第2條	1. 據嘉慶七年（1802）九月刑部核覆安徽省民人孫登扎傷胞兄孫梅案增訂 2. 據嘉慶九年（1804）十二月直隸總督顏檢題民人米文新誤咬期親服叔米寬手指案增訂 3. 前後移併成一條
咸豐二年（1852）	毆傷期親尊長、尊屬及外祖父母,正餘限內身死者……如釁起挾嫌,有心致傷者,依律問擬絞決,若凡非有心干犯,若係誤	毆期親尊長第13條	整條例文,係由毆大功尊長門分出,另立專條

---

[86] 〔清〕薛允升著、黃靜嘉編校,《讀例存疑重刊本》,第四冊,〈卷三十七刑律鬭毆下之二〉「毆期親尊長」條,編號318-13,頁949。

年份	修訂例文內容	門類與條號	備註
	傷及情有可憫者,俱擬絞監候,均毋庸夾簽聲請		

說　　明：1.底線粗體字為該年例文新增的部分。
　　　　　2.乾隆五十七年、嘉慶六年、七年、九年、咸豐二年,「毆期親尊長門」的第13條例文跟「毆大功以下尊長門」的第2條例文修訂有關,除期親的範圍確定外,刃傷可否夾簽的議題,在嘉慶七年的孫登案後改成毋庸聲請夾簽。

資料來源：〔清〕吳坤修等撰、郭成偉主編,《大清律例根原(叁)》,卷86,〈刑律‧鬥毆下〉「毆大功以下尊長」條(上海：上海辭書出版社,2012),頁1386-1387。
〔清〕吳坤修等撰、郭成偉主編,《大清律例根原(叁)》,卷87,〈刑律‧鬥毆下〉「毆期親尊長」條(上海：上海辭書出版社,2012),頁1395-1401。
〔清〕薛允升著、黃靜嘉編校,《讀例存疑重刊本》(臺北：成文出版社,1970),第四冊,〈卷三十六刑律鬥毆下之一〉「毆大功以下尊長」條,編號317-02,頁932。〔清〕薛允升著、黃靜嘉編校,《讀例存疑重刊本》(臺北：成文出版社,1970),第四冊,〈卷三十七刑律鬥毆下之二〉「毆期親尊長」條,編號318-13,頁949。
〔清〕慶桂等修,《清實錄‧高宗純皇帝實錄》(北京：中華書局,1986),卷1416,乾隆五十七年十一月十一日,頁1051下-1052上。
〔清〕曹振鏞等修,《清實錄‧仁宗睿皇帝實錄》(北京：中華書局,1986),卷103,嘉慶七年九月十二日,頁383。

　　綜合前述幾件說帖來看,刑部對定例和成案適用的以昭畫一,確實有一定程度的要求,如：不得援引舊例、成案的適用,同律例一樣,需檢視其構成要件。換言之,刑部對毆期親尊長條律例的適用,係以新例的規定為主。又該例文已纂入例冊,成為一道定例,更確定刑部適用該新例的依據所在,從而,在新舊律例之間,刑部擇用較新的律例,可說是在面對此類型的律例適用,遵循的一種律例適用結果。

第二節　罪名的減輕加重

　　期親親屬間的案件，會涉及尊長罪責的減輕，或是卑幼罪刑的加重。有別於現代刑法採高度抽象的立法原則，讓審判者在量刑時，有較大的裁量空間。[87]從唐律到清律，係採客觀具體主義，[88]相對來說，審判者自行裁量的空間減少，僅能在律例限定的最大範圍內，做刑度的加減。

　　本節擬從毆期親尊長門記載的一類「卑幼毆傷期親尊長，尊長傷後平復」的案件進行討論，特別是「平復」對行為人處罰的刑度，是否會受到酌加或酌減？此外，若平復並非刑部考量行為人刑度的要素之一，則刑部如何審理卑幼毆期親尊長「傷後平復」的類型？

　　本節第二部分，延續前述關於「毆期親尊長」的分類，探討期親尊長殺死本身戴罪的卑幼，而獲得減罪或減刑的問題。此類問題值得探討的理由在於，尊長能減罪或減刑，是因服制關係或卑幼本身有罪？若原因是前者，跟其餘家族成員的犯罪有何不同？若原因是後者，卑幼本身有罪，除「毆期親尊長」第9條例文可資適用外，是否亦有「毆期親尊長」第10條例文「死者淫惡蔑（滅）倫」的適用範疇？就此刑部注重的要點為何，是本節欲解決的疑問。

一、「傷後平復」與量減議題

　　嘉慶十七年（1812）、嘉慶十八年（1813）和道光七年（1827），

---

[87] 現代刑罰裁量的相關論述，可參考柯耀程，《刑法總則釋論──修正法篇（下）》（臺北：元照，2006），頁474-534。

[88] 相關論述可參考〔日〕瀧川政次郎，〈清律の成立〉，收入氏著，《支那法制史研究》（東京：有斐閣，1940），頁259-274。隨後島田正郎（1915-2009）依清代的黃冊清本、奏摺等檔案史料，再做進一步的論證，見〔日〕島田正郎著、姚榮濤譯，〈清律之成立〉，收入劉俊文主編，《日本學者研究中國史論著選譯：第八卷法律制度》（北京：中華書局，1992），頁461-521。

分別發生誤傷期親伯母、謀毒小功堂姪誤毒胞叔和用刀割辮誤傷兄三起案件。刑部製成說帖並收入《刑案匯覽》裡，「誤傷期親尊長」可說是三起案件的共同特色，僅有〈謀毒小功堂姪誤毒胞叔〉是「傷而未死」，其餘均為「傷後平復」的結果。而刑部如何論斷這些案件並製作說帖，先從嘉慶十七年的〈被揪圖脫用刀割辮誤傷胞兄〉[89]談起，《刑案匯覽》載：

> 東撫題　劉庭橋誤傷胞兄劉庭柳平復一案。查例載：卑幼刃傷期親尊長，訊非有心干犯，金刃誤傷者，絞監候等語。此案劉庭橋因貧，私取伊母周氏秫秸賣錢花用，經伊胞兄劉庭柳查知，向周氏告述。周氏令劉庭柳將該犯送官，該犯畏懼，在外躲避，劉庭柳夤夜找獲該犯，揪住髮辮揻按，聲言送官處死。該犯彎腰掙扎求饒，劉庭柳不允，該犯意欲割辮逃走，即拔身帶小刀，尚未舉起，劉庭柳黑暗中未經看出，用腳亂踢，誤碰刀尖致傷左右腿、左膝。劉庭柳右手往下奪刀，自將手指招傷。該犯舉刀向上往後割辮，急忙時復誤劃劉庭柳手腕、手指，隨割落髮辮脫逃。劉庭柳傷旋平復。

案件事實清楚明瞭，行為人劉庭橋因貧困，私取其母髮飾變賣，被其兄劉庭柳得知，準備押解送官。過程中用刀割辮逃脫，傷及其兄，隨傷後平復。本案的爭扁在於，金刃戳傷胞兄是否屬於有心干犯，據此，廣東巡撫率先查例的規定，該例出自《大清律例‧刑律‧鬭毆下》「毆大功以下尊長」的第2條：「卑幼毆傷緦麻尊長、尊屬……訊非有心干犯，或係誤傷，及情有可憫者，俱擬絞監候」。[90]

---

[89] 〔清〕祝慶祺編次、鮑書芸參定，《刑案匯覽》，冊6，卷42，〈被揪圖脫用刀割辮誤傷胞兄〉，頁2657-2658。
[90] 〔清〕李瀚章等纂，《大清律例彙輯便覽》，冊10，卷28，〈刑律鬭毆下‧毆大功以下尊長〉例文2，頁4034-4035。

例文的構成要件，側重「訊非有心干犯」，從而符合「誤傷」和「情有可原」者，方能適用「絞監候」的法律效果。其實，本案所述「劉庭橋因貧私取伊母周氏秕秸賣錢花用」，可能涉及「卑幼私擅用財」和「親屬相盜」的法律問題，惟根據此份說帖，刑部未加討論。[91]

質言之，刑部司員透過調查雙方當事人的口供及劉庭柳的傷口處，證明劉庭橋實屬無心干犯：

> 查劉庭柳手足被傷各處，原驗深俱不及分，如果劉庭橋有心干犯，當情急之時，黑暗中拔刀亂戳，傷痕必不至如此輕淺。且查劉庭柳供內亦稱劉庭橋並未用刀狠繁，是劉庭橋所供被揪髮掙拔刀意圖割髮逃走誤將其兄碰劃致傷之處，尚屬可信。該省將劉庭橋依卑幼干傷期親尊長訊非有心干犯例，擬絞監候，查核情罪相符，應請照覆。

司官肯定廣東巡撫的擬判，認為依照劉庭柳和劉庭橋的口供，兩者並無矛盾，特別是因被揪髮而傷之的陳述可信，而斷定劉庭橋非有心干犯，擬絞監候係屬相符。此處可以理解為，相對「傷後平復」，刑部更注重從事實陳述著手，判斷巡撫的擬判有無錯誤。因此，在本案裡，「傷後平復」並非刑部量減劉庭橋刑度的因素，而是案件事實的描述，以及被行為人劉庭柳的口供，才是量刑的決定性因素。

隔年嘉慶十八年（1813），廣東巡撫以諮文的形式，詢問一起沒有相類似律例可援引的案件，刑部隨後製成說帖，是為〈謀毒小功堂姪誤毒胞叔未死〉[92]：

---

[91] 卑幼私擅用財和親屬相盜律例的規範，見〔清〕李瀚章等纂，《大清律例彙輯便覽》，冊4，卷8，〈戶律戶役・卑幼私擅用財〉律本文，頁1495-1496。另關於卑幼引他人入室，竊取財物的處罰規範，見〔清〕李瀚章等纂，《大清律例彙輯便覽》，冊9，卷28，〈刑律賊盜下・親屬相盜〉律本文，頁3265-3266。

[92] 〔清〕祝慶祺編次、鮑書芸參定，《刑案匯覽》，冊6，卷42，〈謀毒小

東撫諮：汪鑾陞謀毒小功堂姪汪迎珂誤毒胞叔汪培珠等傷而未死一案。查律載：謀殺人而誤殺旁人者以故殺論。註云：死者，處斬不言傷，仍以鬬毆論。又例載：弟姪在十歲以下，幼小無知，尊長因謀占財產挾嫌毒斃者，依凡人謀殺律，擬斬監候各等語。是尊長因圖占財產謀殺幼小卑幼例，應依凡人謀殺科斷。若因謀殺卑幼而誤傷旁人，律既以鬬毆論，則應視被傷者是否該犯親屬，抑或凡人，分別問擬。

依據廣東巡撫的諮詢，律例館官員在說帖開頭，引用律例說明本案可能涉及的法條。首先，是因謀殺人而誤殺旁人之律，規定在《大清律例・刑律・人命之三》「戲殺誤殺過失殺傷人」條：「其謀殺、故殺人而誤殺旁人者，以故殺論。死者，處斬。不言傷，仍以鬬毆論」。[93] 所謂「誤」，《輯註》解釋為「誤是一時失手之事者」，[94] 至於為何要論以故殺的法律效果，理由是：

誤中旁人，出于不意，然其心，則欲殺傷人之心也，雖未及于欲毆欲殺之人，而旁人已被殺傷，則其毆與殺之事，已施於人矣！故由鬬毆而誤者，以鬬殺傷論；由謀殺、故殺而誤者，以故殺論。[95]

不論如何，殺人這件事情，本身已具極高的道德非難性，「人命至重」的觀念下，旁人已被著手殺傷，更需要探究其原因，進而分

功堂姪誤毒胞叔未死〉，頁2657。
[93] 〔清〕李瀚章等纂，《大清律例彙輯便覽》，冊9，卷26，〈刑律人命・戲殺誤殺過失殺〉律本文，頁3723-3724。
[94] 〔清〕李瀚章等纂，《大清律例彙輯便覽》，冊9，卷26，〈刑律人命・戲殺誤殺過失殺〉律本文，頁3724。
[95] 〔清〕李瀚章等纂，《大清律例彙輯便覽》，冊9，卷26，〈刑律人命・戲殺誤殺過失殺〉律本文，頁3725。

別論以鬭殺傷或故殺。誤殺旁人之律引用後，其次是毆期親尊長的第2條例文，闡釋關於尊長因爭產而毒殺卑幼的規範：「若弟姪年在十歲以下，幼小無知，尊長因圖占財產官職，挾嫌慘殺毒斃者，悉依凡人謀故殺律，擬斬監候」。[96]該例文源自乾隆五十六年（1791），刑部核覆四川總督鄂輝（？-1798）審題縣民王均進圖產，砍傷四歲幼弟王均連身死，依例擬絞監候一案。[97]刑部核覆時的意見，認為尊長因財產挾帶私人之情殺卑幼，出於人倫，不得適用尊長寬減之例。同時，針對卑屬幼小無知的部分，因尊長圖產而慘忍殺之，是可謂恩斷義絕，要言之，針對圖產和官職而殺害卑幼的行為，刑部斷定不可適用尊長情輕之例，並科以較重的絞監候。此外，例內所稱的年齡，參照「毆大功以下尊長」第12條有關尊長挾嫌遷怒，故殺幼小卑幼的例文，限定在12歲，以昭區別。[98]

綜合律例的規範以及解釋，刑部官員認定，若尊長因圖占財產，而謀殺幼小卑幼，應依凡人論，以謀殺科斷。另外，若因謀殺卑幼而誤傷旁人，以鬭毆論，則應視被傷者（被害人）是否和該犯具有身分關係（親屬），或是凡人，而分別問擬。就此推測，刑部官員的目的，在於使律例的法律效果加以區分。那麼，案情又是如何？刑部官員之後提及案情：

此案汪鑾陞圖得胞叔汪培珠產業，因其有孫迎珂不能承繼，輒起

---

[96] 〔清〕李瀚章等纂，《大清律例彙輯便覽》，冊10，卷28，〈刑律鬭毆下‧毆期親尊長〉例文2，頁4060。

[97] 相關內容，參〔清〕吳坤修等撰、郭成偉主編，《大清律例根原（叁）》，卷87，〈刑律‧鬥毆下〉「毆期親尊長」條，頁1397-1398。

[98] 卑幼「幼小無知」的年齡界定，「毆大功以下尊長」例文11、12條和「毆期親尊長」例文第2條最後的版本均以年齡「十歲以下，十一歲以上」為幼小。薛允升認為有失公允，其指出，原例為十二歲以下稱為幼小無知，後面修改，十一歲以上已不再以幼小無知論其罪，宜再修正。延伸論述見〔清〕薛允升著、黃靜嘉編校，《讀例存疑重刊本》，第四冊，〈卷三十七刑律鬭毆下之二〉「毆期親尊長」條，編號318-02，頁944。

意謀毒迎珂，以致誤毒汪培珠並胞嬸汪范氏及工人李平如等，傷而未死。查該犯圖產謀毒二歲幼孩，誤毒胞叔、胞嬸及雇工三人，情殊可惡。惟該犯所謀之小功服姪迎珂並未被毒，照凡人謀殺行而未傷律，罪止滿徒。其誤毒汪培珠等，按律應依鬬傷科罪。內汪培珠、汪范氏係該犯期親叔嬸，毆傷罪應擬流。該省將該犯照姪毆期親伯叔父母律，擬杖一百，流二千里，係屬按律科罪，未便違例加重。細查又無他例可以援引比附。職等再四思維，似只可照覆。

案情簡要而論，汪鑾陛因圖胞叔汪培珠的產業，而掛念於其有孫能繼承之，起念毒殺其孫迎珂（僅2歲）的同時，卻誤毒胞叔汪培珠。律例館官員對此認為，汪鑾陛同時誤毒胞叔、胞嬸和雇工三人，實屬可惡。不過，由於迎珂未被毒害，此處將汪鑾陛依照凡人謀殺行而未傷，處以徒罪。[99]至於叔嬸汪培珠等人，事涉身分關係的服制，而需依照「毆期親尊長」律本文的規定，處以加「弟毆兄姐罪」一等，而不加至絞。從而，廣東省擬判為「照姪毆期親伯叔父母律，擬杖一百，流二千里」，不論是律例館官員或是刑部十三司的官員，均認為這是按律科罪。

本案饒富趣味的是，由於沒有其他法條可以比附，經過百般思量，刑部官員（堂官），似只能同意廣東巡撫，依照該法律意見照覆。職是，本案所呈現的說帖態樣，其實並非圍繞在「傷後平復」的議題討論，而是面對實際案情，未有相同或相類似律例可以援引時，刑部處理的方法究竟為何。

從以上的論述來看，刑部堂官僅能根據律例館核覆的意見，認定督撫（本案是廣東巡撫）的擬判恰當，從而判斷「係屬按律科罪，未

---

[99] 凡人謀殺的刑事規範，位於《大清律例・刑律・人命》「謀殺人」。〔清〕李瀚章等纂，《大清律例彙輯便覽》，冊9，卷26，〈刑律人命・謀殺人〉律本文，頁3513-3520。

便違例加重」。此外，從整份說帖的論述形式，吾人可以確實看到清代刑部，或者說是律例館官員，在查詢、援用、比照律例時，層層審視的嚴謹態度。[100]

道光七年（1827）江蘇巡撫諮詢一起〈誤傷期親伯母平復未便量減〉的案件，刑部同樣以說帖的方式，指出該案未能量減。[101]理由為何，據《刑案匯覽》載：

> 蘇撫　咨卜以恪誤傷伯母卜毛氏平復一案。此案卜以恪因伯母卜毛氏當得族人卜為楷地畝，復將地當給該犯管種。嗣卜為楷將前項當地一總絕賣，與該犯為業。卜毛氏欲將先當之地向該犯分買，該犯不允，卜毛氏生氣用挂杖向該犯頭上毆打，該犯用手抵攔，誤傷卜毛氏左腮頰，卜毛氏趕向撞頭，因雪地泥濘自行跌在樹上，帶傷左額角，俱已平復。該省將卜以恪於姪毆傷伯母律量減一等，問擬滿徒等因。查例載：期親卑幼毆傷伯叔等尊屬，審係父母被伯叔父母毆打，情切救護者，照律擬以杖一百，流二千里。刑部夾簽聲明減一等，奏請定奪等語。可見並非救親情切，雖止抵格適傷之案，未便徑行量減，致乖例義，卜以恪一犯，應

---

[100] 《刑案匯覽》所載本案的性質為說帖，學者依據說帖的形式，以唐律的「輕重相舉」法理來看清代乾隆中葉開始，刑部說帖呈現的「比附重輕」情形。對於說帖的形成背景、製作單位甚至是運作形式，能有入門方式的理解。要言之，刑部的律例館官員提供給刑部堂官的法律意見書，也就是說帖，製作過程歷經查核、旁參律例、檢驗成案、折衷結論四個過程，進而做出最適當的論斷。參邱澎生，〈由唐律「輕重相舉」看十九世紀清代刑部說帖的「比附重輕」〉，《法制史研究》，19（臺北，2011.6），頁115-147。

[101] 量減之意為酌量減少，置於清代的法律體系而言，即指酌量減少刑度。「量」字，據《說文解字》的解釋為：「量，稱輕重也」段玉裁注云：「稱者，銓也。《漢志》曰：『量者，所以量多少也。衡權者，所以均物平輕重也』此訓量為稱輕重者，有多少斯有輕重，視其多少可辜搉其重輕也，其字之所以從重也」見〔東漢〕許慎著、〔清〕段玉裁注，《說文解字注》（上海：上海古籍出版社，1981），〈八篇上・重部〉，頁47a。

請交司改為杖一百,流二千里。[102]

本案的事實背景原為一起族人間地畝的典當,後轉為買賣,被行為人(伯母卜毛氏)欲向行為人(卜以恪)分買不允,肢體衝突間被誤傷。又當事人間具有期親關係,被行為人傷後平復。諮詢該案的江蘇巡撫擬判時,將行為人卜以恪照姪毆傷伯母律,量減一等,問擬滿徒。[103]然而,刑部律例館官員參酌毆期親尊長第8條例文的規定,[104]認為應請刑部司員,將本案改為杖一百,流二千里執行。

中央職司審判的刑部堂官和律例館官員的法律意見相佐,則應當審視本案爭點究竟為何。本案的爭點在於,何種情形下才可以「遽行量減」?律例館官員根據例文的內容和本案的事實,認定遽行量減的標準是「情切救護」。然而睽諸本案,雖符合被毆抵格的情事,惟和「救護情切」的要件不符,甚至可以說,並無救護的情形,從而不可遽行量減,而是要照律文的規定,擬以杖一百,流二千里。最後,也建議刑部司員如此審斷。

綜合來說,本案實質上還有許多值得探討之處,特別是律文和例文在司法實務的運用。其一,以律文和例文的面向來看,毆傷期親尊長,照律本文的規定應擬流,何以論以徒刑之說?或者進一步問,為何本案的江蘇巡撫會論以徒刑?其次,律例館的官員,援引例文的規

---

[102] 〔清〕祝慶祺編次、鮑書芸參定,《刑案匯覽》,冊6,卷42,〈誤傷期親伯母平復未便量減〉,頁2656。

[103] 其實律本文沒有「量減一等」的用語,應是「若姪毆伯叔父母、姑……各加毆兄姐罪一等」結論同樣問擬滿徒。可參考進一步解釋各類犯罪情況的律後註,原文是:「若姪毆伯叔父母、姑……傷者,杖一百,流二千里」見〔清〕李瀚章等纂,《大清律例彙輯便覽》,冊10,卷28,〈刑律鬥毆下・毆期親尊長〉律本文,頁4057。

[104] 該條例文的內容為:「期親卑幼毆傷伯叔等尊屬,審係父母被伯叔父母、姑、外祖父母毆打,情切救護者,照律擬以杖一百、流二千里。刑部夾簽聲明,量減一等,奏請定奪」見〔清〕李瀚章等纂,《大清律例彙輯便覽》,冊10,卷28,〈刑律鬥毆下・毆期親尊長〉例文8,頁4064-4065。

範來補充律文的不足,顯現清代司法實務裡,執法官員間使用律例的情況,特別是原案和例文規範的構成要件不同時,為何還能援用?誠如本案所示,是援引「父母被伯叔父母、姑、外祖父母毆打,情切救護」之例來審斷毫無救護情切之案。

本條因律文和例文矛盾,造成的司法實務問題,薛允升有提及。據其言,毆期親尊長的第8條例文,沿革是乾隆四十一年(1776)的直隸總督周元理(1706-1782),題唐縣民于添位等毆死胞兄于添金,于添金之子于瑞救父,毆傷胞叔于添位,奏准定例,後於嘉慶六年(1801)增定。[105]

薛氏對此條的評論是:「謹按,僅止毆傷,並非具題之案,似可無庸夾簽奏請。于添位係例應具題之案,毆傷尊長,屬罪應擬流之犯,例不具題,從何夾簽聲請?此例似應修改」,[106]顯見,有兩點為該例文疑似的點:一、毆傷並非具題的案件,意即無庸夾簽奏請。二、檢視于添位之案應當具題,又毆傷尊長應擬流罪,若不題,則如何夾簽?從而,薛氏認為,此例應該修改。

綜合言之,本案刑部未便讓卜以恪量減的理由,在於律例間的構成要件不符合案情。廣東巡撫作的擬判和所引的律例不合,致最後法律效果的適用出現歧誤。回歸本節欲討論的「傷後平復」究竟是否為刑部斷案著墨的要點之一,可以說毫無相干。因此,「傷後平復」並非刑部審案時的考慮因素,反而例文所稱「救護情切」和廣東巡撫的「逕行量減」才是。以下比較這三起「誤傷後平復」的案件說帖,解釋其異同之處。

---

[105] 〔清〕薛允升著、黃靜嘉編校,《讀例存疑重刊本》,第四冊,〈卷三十七刑律鬪毆下之二〉「毆期親尊長」條,編號318-08,頁946。

[106] 〔清〕薛允升著、黃靜嘉編校,《讀例存疑重刊本》,第四冊,〈卷三十七刑律鬪毆下之二〉「毆期親尊長」條,編號318-08,頁946。

表4-2-1 《刑案匯覽》卑幼毆傷期親尊長傷後平復相關案件比較

案件名稱	被揪圖脫用刀割辮誤傷胞兄	謀毒小功堂姪誤毒胞叔未死	誤傷期親伯母平復未便量減
提出者	東撫	東撫	蘇撫
性質	嘉慶十七年說帖	嘉慶十八年說帖	道光七年說帖
使用律例門類	1. 刑律關毆下毆大功以下尊長例02 2. 毆期親尊長例13	1. 刑律人命之三戲殺誤殺過失殺傷人律本文 2. 刑律關毆下毆期親尊長例02	1. 刑律關毆下毆大功以下尊長例02 2. 刑律關毆下毆期親尊長例08
巡撫判斷	將劉庭橋依卑幼刀傷期親尊長，訊非有心干犯例，擬絞監候	將該犯照姪毆期親伯叔父母律，擬杖一百，流二千里	將卜以恪於姪毆傷伯母律量減一等，問擬滿徒等因
刑部判斷	1. 劉庭柳手足被傷各處，原驗深俱不及分，若劉庭橋有心干犯，當情急之時黑暗中拔刀亂戳，傷痕必不至如此輕淺 2. 且查劉庭柳供內亦稱劉庭橋並未用刀狠扎，是劉庭橋所供被揪髮辮，拔刀意圖割發逃走，誤將其兄碰劃致傷之處，尚屬可信	1. 尊長因圖占財產謀殺幼小卑幼例，應依凡人謀殺科斷，若因謀殺卑幼而誤傷旁人律，既以關毆論，則應視被傷者是否該犯親屬抑或凡人，分別問擬 2. 該犯圖產謀毒二歲幼孩，誤毒胞叔嬸及雇工三人，情殊可惡。惟該犯所謀之小功服姪迎珂並未被毒，照凡人謀殺行而未傷律，罪止滿徒，其誤毒汪培珠等按律，應依關傷科罪，內汪培珠、汪範氏係該犯期親叔嬸，毆傷罪應擬流	根據例文，可見並非救親情切雖止抵格誤傷之案，未便徑行量減

216　清代司法實務中的錯誤──以《刑案匯覽‧毆期親尊長》為中心

案件名稱	被揪圖脫用刀割辮誤傷胞兄	謀毒小功堂姪誤毒胞叔未死	誤傷期親伯母平復未便量減
最後適用	查核<u>**情罪相符**</u>，應請照覆	係屬**按律科罪**，未便違例加重。細查又無他例可以援引比附。職等再四思維，<u>似只可照覆</u>	致乖例義，卜以恪一犯，應請交ણ，<u>**改為杖一百，流二千里**</u>

說　　明：1.黑粗體底線者為該說帖重要之處，共紀錄三起案件。
　　　　2.因案件事實均過長，省略之。
　　　　3.三件說帖均發生於嘉道年間，僅有〈誤傷期親伯母平復未便量減〉的最終適用結果有所更改。在〈被揪圖脫用刀割辮誤傷胞兄〉裡，刑部注重案情和律例的適用是否相符，特別是當事人的陳述，足以作為判斷的依據；〈謀毒小功堂姪誤毒胞叔未死〉涉及律例間的適用，尤其是具有身分關係的期親尊屬和凡人間律例適用的區別；〈誤傷期親伯母平復未便量減〉最具爭議，刑部著墨的地方有二：一、不能以律文的規範徑行量減。二、例文適用方面，唯有符合「救護情切」和「抵格適傷」兩項要件，方能援引毆期親尊長第8條例文。
　　　　4.〈誤傷期親伯母平復未便量減〉援引的毆期親尊長律文，規定應擬流，而廣東巡撫量減後，僅課以徒刑。兩者間的落差，推測是造成刑部援引例文，適用沒有「救護情切」案情的本案之因。

資料來源：〔清〕祝慶祺編次、鮑書芸參定，《刑案匯覽》，冊6，卷42，〈弟因劈柴下手稍偏誤殺胞兄〉，頁2650-2653。

　　透過以上的三份說帖，可知即使同為期親尊長門「誤傷後平復」的案件，仍有相異的細節之處。〈被揪圖脫用刀割辮誤傷胞兄〉注重的是例文和案情的關係，特別是當事人所為的陳述是否和案情相符。顯然，刑部查核當事人的陳述，肯認廣東巡撫擬絞監候的論斷，若從律例適用的層面來看，本案當事人的陳述，可作為符合例文規範「訊非有心干犯」的有力證據。
　　其次，〈謀毒小功堂姪誤毒胞叔未死〉案的說帖，涉及謀殺人的律本文和毆期親尊長第2條例文的議題。質言之，根據刑部的斷定，凡人和親屬的律例適用規定，應有所區別。此外，說帖最後的「係屬

按律科罪，未便違例加重。細查又無他例可以援引比附。職等再四思維，似只可照覆」一句，實質表示清代司法實務的一種面向，意即，「按律科罪，不在法律之外加重科罪」是整個司法實務的一種要求。又在無相類似律例可以援引的情況下，刑部據實同意督撫的法律意見，肯定其擬判。

最後，較具爭議的〈誤傷期親伯母平復未便量減〉說帖，足以說明司法實務和法律規定的不同。按照律文的規定，毆期親尊長，罪應擬以流刑，然而地方有權審理的廣東巡撫卻「量減一等」，論以徒刑，明顯和律例規範不同。再者，論中央有權審理的刑部，援引「父母被伯叔父母、姑、外祖父母毆打，情切救護」之例，來解釋毫無救護情切情狀的本案，其引用標準值得探究。不過，依照刑部審理的邏輯，唯有符合「救親情切」和「抵格適傷」兩個要件，才可逕行量減，是刑部在思考和援用律例，審理這類型案件時，相當重要的一項指標。

總結來說，嘉慶和道光年間的這三份說帖，雖在案情描述裡，有「傷後平復」的字眼，可是並非這類型案件在論罪科刑時，需考量的要素。然而，即使並非刑部審斷時的要素，卻有助於吾人理解刑部在面對此類型案件時，進行法律推理時的思考模式。

二、「期親尊長殺死有罪卑幼」的減罪議題

清代中國的家族犯罪，據前輩學者的研究，主要可分為鬥毆和人命兩類案件，犯罪的主體和客體，則是夫、妻、父母、祖父母、子孫。若對應《大清律例》的相關律例，以威逼人致死、親屬相姦和子孫違犯教令為要。[107]而從裁判實態來看，由於卑幼犯尊長的律例規範漸趨嚴苛，導致家族犯罪的審理，在人情和律例權衡間過於困難，前

---

[107] 相關論述，參石晰煒，〈清代乾嘉時期家族內部犯罪研究〉，山東：煙臺大學碩士學位論文，2017.2。

面所論及的「夾簽」制度因應而生。然而，夾簽聲請越來越氾濫，又產生新的司法實務問題。[108]

　　本節擬從毆期親尊長門內，另一種較為重要的「期親尊長殺死有罪卑幼」類型，來審視刑部的法律推理。另外，該類型可和同一門的「家族犯罪」類型相互參照，特別是在「家族犯罪」的類型裡，亦有涉及從犯為卑幼的議題，刑部如何做審理和律例如何具體適用？相關成果多以大範圍的視角來研究此一議題，[109]本節欲將其細緻化處理，即刑部對毆期親尊長第9條例文，以及第10條例文的具體適用。

　　乾隆五十六年（1791），四川總督題有一起尊長殺死為匪卑幼的案件，名為〈尊長殺死為匪卑幼分別科罪〉[110]。該案後成為毆期親尊長門第9條例文的立法背景，案件記載為：

> 川督　題邵在志毆傷服姪邵樸身死一案。緣邵樸係邵在志降服小功堂姪。邵樸素性遊蕩，乾隆五十四年，邵樸行竊邵在葵家衣物，邵在志將贓償還。五十五年十二月初五日，邵樸在符璜家借宿，復竊取白布而逸。符璜向邵在志告知，邵在志亦即賠贓，均未呈報。初九日傍晚，邵在志同兄邵在恭將邵樸尋回，搜出原贓。邵樸祖母唐氏見而向責，邵樸將唐氏推跌倒地，唐氏生氣，令邵在志等將邵樸捆縛柱上，待明日送官。唐氏進房寢息，邵在恭亦出門挑水，邵在志勸其改過，邵樸聲言，送官並無死罪，回家後當須放火殺人。邵在志因其行竊，玷辱祖宗，復不知改悔，出言強橫，一時氣忿，起意殺死。遂取鐵釘，戳傷邵樸心坎。邵樸掙扎，該犯又用鋤頭毆傷邵樸頂心偏左、囟門、左太陽，

---

[108] 相關論述，參見魏道明，《清代家族內的罪與刑》，北京：社會科學文獻出版社，2021。
[109] 此處所說的大範圍，意即夫妻妾間的犯罪、子孫違犯教令的犯罪等。
[110] 〔清〕祝慶祺編次、鮑書芸參定，《刑案匯覽》，冊6，卷43，〈尊長殺死為匪卑幼分別科罪〉，頁2723-2724。

立時殞命。

事實描繪被害卑幼邵樸平時的個性。促使該案進入司法程序的起點,在於乾隆五十五年(1790)十二月初五日,邵樸在他人家借宿行竊後,歸還贓物,被祖母和兄邵在志等人綑綁於柱上,等待送官。整個描述過程,毆傷邵樸的行為人邵在志,認為邵樸符合行竊以及玷辱祖宗,因而毆傷之而殞命。四川總督因而將邵在志依律擬絞監候。[111] 不過,律例館的官員審酌案情,認為有細節待商榷:

> 臣等細核案情,邵樸行竊為匪,不服祖母唐氏訓斥,將其推跌倒地,本屬惡逆逞兇罪犯應死,邵在志若於彼時,即將邵樸毆死,隨同伊母告官供明,自可依擅殺應死罪人擬斷。

擅殺應死罪人規定在《大清律例・刑律鬭毆下之二》:「律文的規定搭配本件的案情,律例館官員提出一種假設,若行為人邵在志,於邵樸推倒祖母之時,將其毆斃,並告官闡明,則可以論以擅殺應死罪人。但實際案情有所不同,律例館官員接著說:

> 今邵在志於伊母唐氏主令綑縛,已進房寢息,後因其出言強橫,起意致死,自與救母當場毆斃者有間。固未便即照擅殺應死罪人律擬杖,致啟尊長殘殺之端。惟是邵在志究因邵樸行竊,玷辱祖宗起見,事屬公忿,既無挾私別情,死者又係凶逆罪犯應死之人,若竟照故殺小功堂姪律問擬絞候,是以致死為匪凶逆卑幼之尊長,與恃

---

[111] 按毆期親尊長門律本文,伯叔姑毆殺姪,杖一百、徒三年,故殺者,杖一百,流二千里。刑度最多為流刑,並無絞刑。四川總督援引的律文,不知從何而來。若為例文,筆者推測是該門第三條例,凡故殺期親弟妹,照故殺大功弟妹律,擬絞監候,這時例文較律文重。見〔清〕李瀚章等纂,《大清律例彙輯便覽》,冊10,卷28,〈刑律鬭毆下・毆期親尊長〉律本文,頁4056、4060-4061。

尊慘殺無罪之卑幼,一律問擬,實不足以重倫常而懲逆惡。

官員解釋擅殺應死罪人律的適用情狀,指出邵在志原已進房休息,是因被其母叫醒綑綁邵樸,後因邵樸出言不遜,起意殺之。和擅殺應死罪人律的構成要件,有明顯不同,不足以適用。況且邵樸行竊和玷辱祖宗在先,其一,事屬公忿、其二,死者邵樸確為兇匪、罪犯應死之人。總結來說,若將殺死原先兇惡、為匪卑幼的尊長,和在不得已情狀(如:救母)殺人的卑幼,問擬相同罪名,則倫常和懲惡逆的天秤,無法獲得平衡。解釋兩者的差異後,官員認為本案實際應當適用的律例條文是:

> 似應量為末減,應請將邵在志於故殺小功姪擬絞律上減一等,如蒙俞允,臣部將該犯減為杖一百,流三千里,並請嗣後有服尊長殺死卑幼之案,總以卑幼之有罪、無罪為衡。其擅殺之尊長,應擬罪名,悉以被殺卑幼罪之至死、不至死為斷。如卑幼實係罪犯應死,確有證據,審無懷挾私忿別情者,無論謀故毆殺,即將擅殺之尊長,照擅殺應死罪人律,杖一百;其罪不至死之卑幼,如因訓誡不悛,玷辱祖宗宗族顏面起見,忿激致斃者,無論謀故,概照擅殺罪人以鬬殺論。悉按照服制,於毆殺卑幼本律罪上各減一等定擬。若有假託公忿,報復私仇及畏累圖謀各項情節者,不得濫引此例。乾隆五十六年奏准通行纂例

律例館官員將邵在志的罪刑減等,改為杖一百,流三千里,唯有如此,罪刑方能平允。同時,制定成通行,將此審理標準擴及全國,分為三個層面論之。一、擅殺卑幼的尊長論罪,以被殺的卑幼是否罪至死和不至死為判斷的標準,若卑幼罪應至死,則進一步審視是否有證據,審理時無私忿者,不論謀故毆殺,均將行為人(擅殺的尊長)擬以擅殺應死罪人律;若卑幼罪不至死,因訓誡不悛,玷辱祖宗,尊

長進而忿激致斃,無論謀故,照擅殺罪人以鬪殺論。再按照服制,於毆殺卑幼本律罪上各減一等定擬。最後,若是所謂「公報私仇」者,不可援引這條例文定擬罪刑。綜合言之,這樣的區別標準規範的相當細緻。此例在嘉慶六年(1801)和嘉慶十九年(1813)有因應例文和司法解釋進行調整:

○嘉慶六年,查卑幼罪犯應死,有服尊長忿激致斃,擬以滿杖,自屬允協。惟擅殺罪不至死之卑幼,例內悉照服制減等語意,尚屬含混。查卑幼偶然為匪,尊長逞忿擅殺,已失天顯友愛之誼,況其中挾嫌貪賄,殊難究詰,應請嗣後果係積慣怙惡,確有證據者,尊長因玷辱祖宗,忿激致斃,始准照例減科。至本犯有祖父母、父母可以訴知管教,而祖父母、父母未經起意致死,被期親以下親屬起意致死者,及雖無祖父母父母,而尚有至親族屬,並未起意致死,被疏遠親屬起意致死者,此等案情,若非挾嫌,亦屬多事。均仍照謀故毆殺卑幼本律定擬等因修改。

○十九年,因查毆死期親弟妹律止擬徒,例文加為流二千里。若致死為匪之弟。自應按擬流例上減等,方無錯誤。應於例內添入「本例」二字

嘉慶六年刑部的修例建議,側重證實「卑幼悛惡」的意義、有服尊長的範圍。嘉慶十九年則為例文刑罰量刑的議題。從《大清律例根原》的記載,能更清楚修例建議的深層意義:

同族之中不法匪徒,尊長擅行殺害,例得減等免抵,固屬創懲匪徒起見,但族廣人多,賢愚難辨,或偶挾微嫌,輒圖報復,因而架捏情由,妄稱訓誡不悛,玷辱祖宗,朋比串害,事所常有。故自定例以來,外省擅殺卑幼之案,多以玷辱祖宗為詞。其中情節

實係積慣匪徒者固多,而一時一事尚非怙惡者亦非不少。[112]

修律例的官員認為,法條雖完備,維司法實務面向繁多,有尊長以玷辱祖宗為由殺卑幼,情節確實是積惡徒者,為數仍多,不過非此類者而冤枉的情狀亦不少。因此,卑幼偶爾為匪,尊長憤而擅殺,顯然已經失去友愛的情誼。簡言之,所謂「玷辱祖宗」的說法,需要經過審慎的檢視,不然多為狡辯之詞,相類似的狀況,還有溺斃和活埋等殘忍情況,於是有必要修正例文的內容,改善司法實務所生的實際社會問題。

嘉慶六年律例的修訂,重在刑部對此類案件審判標準的正式確立。將被害的卑幼區分為罪至死和不至死,分別檢視行為人,也就是期親尊長是否適用本條例,此外,必須在基於義憤的情形下,方能適用減等。又最值得重視的是,期親尊長(也就是父母、祖父母)以外,即期親以下或關係疏遠的親屬,起意殺害的卑幼,修法官員認為是多事,仍照謀、故、殺卑幼論處,不能援引這條例。至於嘉慶十九年的修例,僅是在六年的例文「加兩千里」的規範上,明定減等。此亦可看出,刑部對於例文的適用優先於律文。下以表格方式呈現此條例文,從通行到成為定例的演變。

表4-2-2　期親尊長殺死為匪卑幼的例文變遷

年份	修訂例文內容
乾隆五十六年（1791）	有服尊長殺死有罪卑幼之案,如卑幼實係罪犯應死,確有證據,審無懷挾私忿別情者,無論謀故毆殺,即將擅殺之尊長,照擅殺應死罪人律,杖一百;其罪不至死之卑幼,如因訓誡不悛,玷辱祖宗宗族顏面起見……悉按照服制,於毆殺卑幼本律罪上各減一等定擬……若有假託公忿,報復私仇及畏累圖謀各項情節者,不得濫引此例

---

[112]〔清〕吳坤修等撰、郭成偉主編,《大清律例根原(叁)》,卷87,〈刑律‧鬥毆下〉「毆期親尊長」條,頁1399。

年份	修訂例文內容
嘉慶六年 （1801）	**期親屬以下有服尊長殺死有罪卑幼之案**……**果係積慣匪徒，怙惡不悛，人所共知確有證據**……**並本犯有至親服屬，並未起意致死，被疏遠親屬起意至死者**，如有祖父母、父母者，期親以下尊屬照以疏遠論。雖無祖父母、父母，尚有期親服屬者，功、緦以下以疏遠論。於仿此
嘉慶十九年 （1814）	期親屬以下有服尊長殺死有罪卑幼之案……其罪不至死之卑幼，果係積慣匪徒，怙惡不悛，人所共知確有證據，尊長因玷辱起見，忿激致斃者，無論謀、故，為首之尊長，悉按服制於毆殺卑幼各本律，**本例**上減一等

說　　明：1.底線粗體字為該例文的重點及該年新增的部分。
　　　　　2.嘉慶六年的修例要解決的是原先例文施行後，擅殺卑幼之案裡「玷辱祖宗」和擅殺情狀的實際司法問題。除明確規定服制親屬的範圍外，刑部要求在例文內添加「確立卑幼悛惡要有證據」的文字。此外，亦規範期親尊長未起意至死，卻被疏遠親屬為之的狀況。
　　　　　3.嘉慶十九年的修例，是根據兄姐毆死弟妹律本文和例文規範的刑度不同，所做的修正。律只有擬徒，例文定為流二千里，自然應在例文上減等方為正確。故添入「本例」二字。
資料來源：〔清〕吳坤修等撰、郭成偉主編，《大清律例根原（叁）》，卷86，〈刑律・鬥毆下〉「毆大功以下尊長」條，頁1398-1404。

　　綜上所述，刑部或律例館的官員，在面對這類期親尊長殺害為匪卑幼的案件裡，其法律推理的思維模式，主要側重「倫常」和「制裁兇惡」的平衡，乾隆五十六年將其通行的法律地位轉換成定例，可知清代全國境內的司法實務，均面臨這樣的問題。

　　司法審判方面，刑部審理此類案件的標準，可以分為三個層次論述。首先，審視卑幼是否罪應至死。若屬實，則尊長照擅殺應死罪人律，杖一百。其次，若卑幼罪不至死，但屬悛惡不馴，這時要確定證據證明之，且尊長是因卑幼玷辱祖宗，基於義憤而殺之，才能按照服制，在毆殺卑幼各本律上減一等。至於期親以下或關係疏遠的親屬，在父母和祖父母未起意致死卑幼、自行致死的情況下，則照謀、故、殺卑幼本律定擬，不能適用減等的規範。而刑部這樣的思維和審案標準，正好在服制關係裡的倫常，以及司法實務的懲治犯罪之間，取得

一種平衡地位。

嘉慶十七年（1812）和嘉慶十九年（1814）的兩件刑部說帖，延續邵在志案後，大方向同樣探討卑幼有罪，被尊長殺死的情況。嘉慶十七年係針對殺死為匪大功弟：

> 川督咨　鄭世學推溺為匪堂弟鄭世燦身死一案。此案鄭世學係鄭世燦大功堂兄。鄭世燦屢次偷竊，並調戲婦女，均經人調處寢息。鄭世學等因其屢誡不悛，欲行送究，鄭世燦倔強不行，並稱將來仍欲為匪拖累，鄭世學因其玷辱祖宗，將鄭世燦推入潭內殞命。[113]

案情描述相對單純。鄭世燦和鄭世學為堂兄弟，鄭世燦犯偷竊及調戲婦女的行為，但都息事寧人，而鄭世學屢次勸說，鄭世燦仍不改其性，並聲言仍要做匪拖累。於是，鄭世學出於其玷辱祖宗，將鄭世燦推入潭內，使其殞命。刑部律例館官員根據這樣的案情陳述，逐一檢視四川總督的定擬，是否符合律例的要件：

> 查鄭世燦屢次行竊、調戲婦女，人所共知。鄭世學等因其告誡不悛，將其推潭溺斃，係因玷辱祖宗起見。鄭世燦並無父母及期親服屬，鄭世學係其大功堂兄，服非疏遠。該省將鄭世學依尊長殺死為匪卑幼於毆殺本律上減一等例，於毆殺大功堂弟滿流律上減一等，杖一百，徒三年。鄭世華等照抬埋律擬杖。查核情罪均屬允協，應請照覆。

刑部以嘉慶六年〈期親尊長殺死為匪卑幼例〉為審查的標準。首先，鄭世燦屢次行竊以及調戲婦女，為人所周知且確有證據。其次，

---

[113] 〔清〕祝慶祺編次、鮑書芸參定，《刑案匯覽》，冊6，卷43，〈因玷辱祖宗殺死為匪大功弟〉，頁2726。

鄭世學因鄭世燦告誡不悛,將其推潭溺斃,官員認為是因玷辱祖宗起見,亦屬符合。第三,服制方面,鄭世燦並無父母及期親服屬,又鄭世學為其大功堂兄,服制並非疏遠。從而,依據尊長殺死為匪卑幼於毆殺本律上減一等例,在滿流律上減一等,以杖一百,徒三年定擬,是情罪允協的判斷。此件說帖的內容,足以證明律例館官員依律例的要件進行斷案後,再交給刑部十三司執行。嘉慶十九年時,論及的條例雖然相同,律例館官員有不同的判斷,認為下級審的論斷,係屬錯誤:

> 東撫　咨張玉恭砸死張玉明一案。查張玉恭因胞弟張玉明屢次行竊鄰村雞鴨,人所共知,該犯向其村斥,不服頂撞。該犯因其為匪行竊,玷辱祖宗,起意致死,誘至村外,用石砸傷斃命。死係行竊卑幼,例准減等科斷。惟毆死胞弟例應擬流,該撫依毆殺胞弟擬徒律於滿徒上減一等問擬,係屬誤會。應改依毆期親弟死者,照本律加一等擬流例,仍按致斃為匪卑幼減毆殺罪一等。減為杖一百,徒三年。[114]

　　律例館認為廣東巡撫擬判錯誤之處,在於減等基準的例文援引錯誤。廣東巡撫係在律上減等,但應於例上為之。意即原律是徒上減等,應改為流上減等,進而最終的律例適用,改為杖一百,徒三年。這樣的現象,反映嘉慶十九年的修例建議,驗證刑部律例館官員引用最新例文的方法。[115]

---

[114] 〔清〕祝慶祺編次、鮑書芸參定,《刑案匯覽》,冊6,卷43,〈故殺為匪卑幼應照例文減罪〉,頁2725。
[115] 和該說帖並列的,還有一起道光六年(1826)四川總督諮詢後,律例館製成的說帖。適用的律例和結論,和〈故殺為匪卑幼應照例文減罪〉相同。見〔清〕祝慶祺編次、鮑書芸參定,《刑案匯覽》,冊6,卷43,〈故殺為匪卑幼應照例文減罪〉,頁2725。

表4-2-3　尊長殺死有罪卑幼案件說帖比較

案件名稱	尊長殺死為匪卑幼分別科罪	因玷辱祖宗殺死為匪大功弟	故殺為匪卑幼應照例文減罪
提出者	川督	川督	東撫
性質	乾隆五十五年說帖	嘉慶十七年說帖	嘉慶十九年說帖
使用律例門類	1.刑律捕亡罪人拒捕律本文 2.刑律鬬毆下毆期親尊長例09		
巡撫判斷	將邵在志依律擬絞監候等因	將鄭世學依尊長殺死為匪卑幼於毆殺本律上減一等例，於毆殺大功堂弟滿流律上減一等，杖一百，徒三年	依毆殺胞弟擬徒律於滿徒上減一等問擬
刑部判斷	1.毆後直接告官，方可用擅殺應死罪人論處 2.致死為匪凶逆卑幼之尊長與恃尊慘殺無罪之卑幼，一律問擬，實不足以重倫常而懲逆惡	符合嘉慶六年該例文的各項要件	例准減等科斷，惟毆死胞弟例應擬流係屬誤會
最後適用	應量為末減，應請將邵在志於故殺小功堂姪擬絞律上減一等	查核情罪，均屬允協，應請照覆	應改依毆期親弟死者照本律加一等擬流例，仍按致斃為匪卑幼減毆殺罪一等，減為杖一百，徒三年

說　明：1.邵在志一案為尊長殺死有罪卑幼的典型說帖，後纂為通行，乾隆五十六年成為定例，嘉慶六年和十九年分別修正。

2.〈因玷辱祖宗殺死為匪大功弟〉和〈故殺為匪卑幼應照例文減罪〉兩件說帖，刑部據例科斷，檢視下級審的律例適用，是否符合例文的構成要件。此外，隨著例文的修改，應於例上減等，而非律上減等，〈故殺為匪卑幼應照例文減罪〉表明最新例文的適用。

資料來源：〔清〕祝慶祺編次、鮑書芸參定，《刑案匯覽》，冊6，卷43，〈尊

長殺死為匪卑幼分別科罪〉,頁2723-2724。
〔清〕祝慶祺編次、鮑書芸參定,《刑案匯覽》,冊6,卷43,〈因玷辱祖宗殺死為匪大功弟〉,頁2726。
〔清〕祝慶祺編次、鮑書芸參定,《刑案匯覽》,冊6,卷43,〈故殺為匪卑幼應照例文減罪〉,頁2725。

毆期親尊長第9條例文是處理尊長殺死有罪卑幼的類型,但法網恢恢,司法實務上,仍有需多律例未規範的類型。這點可從毆期親尊長門家族犯罪的另一種說帖,加以探討。在這類性的案件類型裡,有幫同族人毆死、謀殺逆倫卑幼,甚至是「國法之外」,即同族人犯罪,由族長處理,致死卑幼之案。此時,刑部的法律推理又是如何,道光年間,曾發生許多這樣的案件,先從道光十一年(1831),和尊長殺死有罪卑幼較為相關的〈幫同族人毆死怙惡不悛之子〉[116]開展:

> 陝西司 核詳丁西顯主使丁造兒,割傷伊子丁步雲身死一案。查律載:子違犯教令而父母毆殺者,杖一百。又例載:期親以下有服尊長殺死有罪卑幼之案,其卑幼罪不至死,果係積慣匪徒,怙惡不悛,人所共知,忿激致死者,無論謀故,為首之尊長,悉按服制於毆殺卑幼本律、本例上減一等。聽從下手之犯,無論尊長、凡人,各依餘人律,杖一百各等語。

說帖開頭處率先援引本案適用的律例,除毆期親尊長第9條例文,尚有子孫違犯教令的律本文,而案件的要旨,是丁西顯主使族人丁造兒,割傷自己的兒子丁步雲而死。案件事實的陳述和陝西巡撫律例適用的結果是:

> 此案丁西顯主使族人丁造兒等,割傷伊子丁步雲右腳腕筋斷身

---

[116] 〔清〕祝慶祺編次、鮑書芸參定,《刑案匯覽》,冊6,卷43,〈幫同族人毆死怙惡不悛之子〉,頁2728。

死。該省將丁西顯依主使人毆打,以主使之人為首,照子違犯教令,而父母非理毆殺律,擬以滿杖。丁造兒依凡人絞罪上減等,擬流。

既然該案為兩人共同為之,則應區分首犯和從犯,分別論罪。陝西巡撫將首犯丁西顯依子違犯教令,而父母非理毆殺律的首犯,擬以滿杖。[117]從犯的丁造兒,按照凡人絞罪上減等,擬流。隨後,刑部開始根據上開斷案進行採用與分析:

> 查丁步雲強橫無賴,伊父丁西顯將其分居另住。嗣因圖產逼嫁孀居堂嬸不從,復設計私賣未成,輒乘醉向堂嬸混罵嚇逼,實屬怙惡不悛,確有證據。在期親以下尊長毆死聽從下手之犯,尚止依餘人律,擬以滿杖,豈有怙惡不悛之子被父主使毆死,轉較聽從期親以下尊長毆死之例擬罪加至數等?比類參觀,殊不足以昭平允。該司援引例文請將丁造兒等改依餘人律問擬,洵屬允協。

律例館官員認為下級審不妥之處,在於聽從下手之犯的定擬。比較毆期親尊長第9條例文和毆大功以下尊長第4條例文,若主使的尊長是毆死「玷辱祖宗、怙惡不悛」的卑幼,為首的尊長能適用第9條例文減等,僅擬杖罪,則下手的卑幼,何以用凡人下手為從,毆死常人的規範,僅在絞罪上減等?律例館官員以為殊未允協。所以,其肯認刑部陝西司的改擬,認為為從下手的丁造兒等人,照第9條例文的內容,依餘人律問擬,方為允協。

---

[117] 該條例文並非在子孫違犯教令門內,而是毆祖父母父母門的律本文。律文是:「其子違犯教令,而祖父母、父母不依法決罰,而橫加毆打非理毆殺者,杖一百」。見〔清〕李瀚章等纂,《大清律例彙輯便覽》,冊10,卷28,〈刑律鬬毆下・毆祖父母父母〉律本文,頁4093。

道光十一年的說帖,反映出律例館官員在面對毆期親尊長,區分首從犯情狀時,更加細微的看法。既然卑幼本身即屬悛惡不馴又確有證據,而主使的尊長能論以較輕的刑度(杖一百),沒理由讓下手的從犯,改以凡人的標準,減等論刑度。這樣的推理邏輯,顯見刑部在處理這類型服制案件時,不會僅以一方呈報的情狀論罪,而是考量被害者(悛惡且確有證據)以及行為人(主使尊長或下手尊長卑幼)的關係,更甚者,還有例的構成要件,得出最適切的裁判意見。

此說帖做成的前一年,即道光十年(1830),各有一起行為主體和客體並非單純的尊長、卑幼,而是族婦。若從行為主體的首從犯來論,下手的從犯亦屬卑幼,則第9條例文應如何適用?在例無專條的情形下,〈謀殺逆倫卑幼從犯亦屬卑幼〉[118]能讓吾人得出刑部對這類情狀的法律推理:

> 浙撫　咨繆慕勳主令繆慎保等勒死罪犯凌遲之胞姪繆雲孫一案。查此案繆慕勳係繆雲孫期親服叔,繆慎保係繆雲孫緦麻服姪,繆諒孫係繆雲孫緦麻服弟。繆雲孫因母老繆邵氏不欲食餅,向其吵鬧,繆雲孫輒用繩將母老繆邵氏勒死。繆慕勳因繆雲孫凶逆,忿激起意處死,令妻繆李氏並繆慎保、繆諒孫幫按手腳,亦將繆雲孫勒斃。該撫以繆雲孫罪犯凌遲,繆慕勳等將其勒斃,例無專條,咨部示覆等因。

前段論述行為人和被害人間的服制關係,以此作為下段律例引用的參照。案件事實方面,起因於繆雲孫母繆邵氏不吃餅並吵鬧,繆雲孫用繩將其勒斃。而繆雲孫服叔繆慕勳認其凶惡,激憤起意處死,同時令妻李氏、繆慎保和繆諒孫幫忙,致繆雲孫死亡。不過,例文並無規範死者罪犯凌遲,而尊長將其勒斃致死的情形,浙江巡撫於是諮詢

---

[118] 〔清〕祝慶祺編次、鮑書芸參定,《刑案匯覽》,冊6,卷43,〈謀殺逆倫卑幼從犯亦屬卑幼〉,頁2728-2731。

刑部，刑部官員表示：

> 查期親尊長殺死罪犯應死卑幼擬杖一條例內，渾言應死卑幼所包者廣，即凌遲斬絞。同一應死，逆倫為匪；同一犯法，不得於死罪之內復為區分。是繆慕勳殺死罪犯凌遲之胞姪，自應按例擬杖，不得曲為輕減。至繆慎保、繆諒孫俱係已死繆雲孫緦麻卑幼，聽從繆慕勳將繆雲孫勒死，雖繆雲孫係罪犯凌遲之尊長，而卑幼向無擅殺尊長之例，有犯仍依本律問擬。即謂聽從殺死行同梟獍[119]之尊長，而服制中最輕之緦麻卑幼，未便悉予實抵[120]。亦祇可仍依服制本律定擬，酌量比照殺姦之例，聲請減流。庶於執法之中，已寓矜全之意。謹擬稿尾。

刑部先對現行法文義不清之處，稍加批判，指其渾言。該條例所言應死卑幼範圍很廣，包含犯凌遲和絞斬的卑幼。因此，縱使律例無明文的規定，基於「同一應死，逆倫為匪；同一犯法，不得於死罪之內復為區分」的相等解釋，繆慕勳身為已死繆雲孫的胞叔，自應按照毆期親尊長例第9條例文擬杖一百，不得再減輕。

主使的尊長既刑罰已定，下手的卑幼係屬死者繆雲孫緦麻卑幼，遍尋律例，無卑幼擅殺尊長的規範。這時刑部以為，應回歸本律問擬。換言之，服制重的尊長，不可和服制最輕的緦麻卑幼相提並論實

---

[119] 梟獍，梟指惡鳥，會食母；獍指惡獸，會食父。比喻不孝之子或忘恩負義之人。《漢書・郊祀志上》載：「祠黃帝用一梟破鏡」孟康注曰：「梟，鳥名，食母。破鏡，獸名，食父。黃帝欲絕其類，使百吏祠皆用之。破鏡如貙而虎眼」如淳曰：「漢使東郡送梟，五月五日作梟羹以賜百官。以其惡鳥，故食之也」見〔東漢〕班固著、〔唐〕顏師古注，《漢書》（北京：中華書局，1962），卷25，〈郊祀志第五上〉，頁1218。

[120] 實，檢核之意。抵，抵銷之意。置於清代法律體系的脈絡解讀，是指律例規範的罪名抵銷。見〔東漢〕許慎著、〔清〕段玉裁注，《說文解字注》，〈七篇下・穴部〉，頁22a。〔東漢〕許慎著、〔清〕段玉裁注，《說文解字注》，〈十二篇上・手部〉，頁28b。

抵。因此,為從的緦麻卑幼,應仍照本律問擬,斟酌比照姦殺的例文規定,聲請減流,才是正確的律例適用方法。[121]

該說帖後面附有稿尾。論其重點,在於倫紀的維護和情罪的允協,「謀殺緦麻尊長律,應不問首從皆斬。禮由義起,法貴準情,自應略名分,而從末減」反映這樣的倫理精神。至於說帖後面論及的「酌量比照殺姦之例,聲請減流」則參考殺死姦夫門的第27條例文:「本夫、本婦之有服親屬捉姦,殺死犯姦尊長之案⋯⋯若殺係本宗緦麻及外姻功緦尊長,亦仍照毆故殺本律擬罪」。[122]後需法司夾簽聲明,以便隨本律,減為流刑。

隨後刑部又參照兩條例文,一為聽從毆斃、毆詈父母,罪犯應死,期親兄姊隨本減流的規範,認為情狀不同,無從適用。二為卑幼迫於尊長之命毆斃尊長案內,下手傷輕之卑幼止科傷罪(後廢除),專指幫毆而均非有心致死,亦和此情狀不同。進而,基於服制處罰的衡平,僅能將下手為從的緦麻卑幼,照服制本律定擬,比照殺姦之例,聲請量減擬流。[123]

綜合言之,刑部面對廣東巡撫的諮詢,想方設法尋找最合適的律例適用,也突顯根據實際司法案情,在律例無明文的狀況下,刑部的價值判斷。基於維護倫常和服制處罰的衡平性,既然行為人從犯和死者間的服制關係近似,又和尊長相較,不可同等論處。最終判定尊長可適用減輕刑等的規定,而為從下手、有心干犯的緦麻卑幼,僅可按律科斷,隨姦殺之例,聲請量減。

---

[121] 《大清律例》和司法實務內,服制無法實抵者,還有因姦而威逼人致死,從《唐律》以來便有規範。大抵而言係因「姦」事涉複雜,態樣繁多。相關論述,參陳郁如,〈清乾隆時期刑科題本之研究——以調姦本婦未成致本婦羞忿自盡類型案例為例〉(臺北:國立政治大學法律學研究所碩士學位論文,2005.7),頁78。
[122] 〔清〕李瀚章等纂,《大清律例彙輯便覽》,冊10,卷28,〈刑律人命・殺死姦夫〉例文27,頁3583-3584。
[123] 〔清〕祝慶祺編次、鮑書芸參定,《刑案匯覽》,冊6,卷43,〈謀殺逆倫卑幼從犯亦屬卑幼〉,頁2729-2731。

表4-2-4　同族者殺死有罪卑幼相關案件說帖比較

案件名稱	幫同族人毆死怙惡不悛之子	謀殺逆倫卑幼從犯亦屬卑幼
提出者	陝西司	浙撫
性質	道光十一年說帖	道光十年說帖
使用律例門類	1. 刑律訴訟之二子孫違犯教令律本文 2. 刑律鬬毆下毆期親尊長例09	1. 刑律人命之一謀殺祖父母父母律本文 2. 刑律鬬毆下毆期親尊長例09
巡撫判斷	1. 丁西顯依主使人毆打，以主使之人為首，照子違犯教令而父母非理毆殺律，擬以滿杖 2. 丁造兒依凡人絞罪上減等擬流	以繆雲孫罪犯淩遲繆慕勳等將其勒斃，例無專條，咨部示覆
刑部判斷	丁步雲實屬怙惡不悛，確有證據，又期親以下尊長毆死聽從下手之犯，尚只依餘人律，擬以滿杖，怙惡不悛之子被父主使毆死，無法較聽從期親以下尊長毆死之例擬罪加至數等	繆雲孫係罪犯淩遲之尊長，而卑幼向無擅殺尊長之例，有犯仍依本律問擬，而服制中最輕之緦麻卑幼，未便悉予實抵，只可仍依服制本律定擬，酌量比照殺姦之例，聲請減流

說　　明：〈幫同族人毆死怙惡不悛之子〉說帖指出，怙惡不悛之子被父主使毆死，無法較聽從期親以下尊長毆死之例擬罪加至數等。進而改依餘人律問擬，為妥適。〈謀殺逆倫卑幼從犯亦屬卑幼〉說帖認為，卑幼向無擅殺尊長之例，有犯仍依本律問擬，又服制中最輕之緦麻卑幼，仍依服制本律定擬，酌量比照殺姦之例，聲請減流。

資料來源：〔清〕祝慶祺編次、鮑書芸參定，《刑案匯覽》，冊6，卷43，〈幫同族人毆死怙惡不悛之子〉，頁2728。
　　　　　〔清〕祝慶祺編次、鮑書芸參定，《刑案匯覽》，冊6，卷43，〈謀殺逆倫卑幼從犯亦屬卑幼〉，頁2728-2731。

道光十年（1830）和十八年（1838），分別發生一起族長致死卑幼之案。兩案的不同之處在於，族長本身是否和死者具備服制關係。〈無服族長活埋忤逆應死族婦〉[124]的說帖，亦反映婦女是毆期親

---

[124] 〔清〕祝慶祺編次、鮑書芸參定，《刑案匯覽》，冊6，卷43，〈無服族

尊長例所指涉的「卑幼」範疇。其載：

> 江蘇司　查律載（筆者按：律文內容略）……此案吳德仁係吳許氏之翁吳均重無服族弟。因吳許氏屢次違犯吳均重教令，吳均重因其並不養贍向斥，吳許氏輒肆頂撞，並將吳均重趕逐出外。吳均重寄信向其子吳修道告知，吳修道因生意羈絆，未能回家。覆信內有「投族處治」之語。嗣吳均重回家，吳許氏仍不養贍，吳均重赴祠將吳許氏忤逆情由向族眾告知，並取吳修道之信給眾閱看後，回家抱忿自縊。

該說帖就案件事實部分，論述極為詳盡。另值得注意的是，江蘇境內關於尊長處理族務紛爭的程序。不過限於篇幅和論述的重點，在此姑且不論。本案吳德仁和吳均重具兄弟關係，吳均重的媳婦吳許氏因違犯教令和不養其翁，在吳均重子吳修道的建議下，投族論處。幾經波折，吳均重仍自盡。於是刑部開始追查該案的實際情形：

> 經人查知，吳德仁係族內輩分最尊之人，[125]往告吳德仁忿激，以吳許氏罪犯應死，如投保送究，往返需時，起意將吳許氏活埋致死。令吳顯幅等買棺兩口，先將吳均重收殮，隨令吳許氏自進棺內。吳許氏啼哭延挨，吳德仁稱欲動手，吳許氏隨自爬進棺內，吳德仁等將棺掩釘，擡至祖山掩埋，旋被訪獲。該撫以殺死有罪卑幼，必須至親尊長方准照例減等。若疏遠親屬起意致死，均應照謀故殺卑幼本律定擬。今吳德仁激於義忿，致死蔑倫肆逆之犯，而與致死尋常應死罪人一律擬以駢首，似覺無所區別。可否

長活埋忤逆應死族婦〉，頁2731-2733。
[125] 值得一提的是，北京法律出版社的校註本，「吳德仁係族內輩分最尊之人」一句被改為「向係族內輩分最尊之人吳德仁往告」。參照光緒12年（1886）的刊本，應採「吳德仁係族內輩分最尊之人」為是。

將吳德仁等於謀殺本罪上量減，分別問擬流徒之處，諮請部示等因。

說帖除詳細說明吳許氏被活埋於棺內，掙扎的情形外，應探討的是下級審咨請部示的原因。依照巡撫的理由，殺死有罪卑幼，必須為至親尊長，才准照例減等，且若是疏遠親屬起意致死，仍要按照本律問擬。回歸本案的適用，若將吳德仁激於義忿，而致死蔑倫肆逆之犯的情形，和致死尋常應死罪人，論以相同罪名（駢首），巡撫認為無所區別，亦突顯不出服制身分罪刑的不同。綜言之，巡撫諮詢刑部，是否能將吳德仁等於謀殺本罪上量減，分別問擬流徒，得到的答覆是：

> 查尊長殺死罪犯應死卑幼，必係期親以下有服親屬，方准依例問擬。若同姓服盡親屬，雖尊卑名分猶存，至死應同凡論。律例載有明文。至擅殺應死罪人之條，除有服尊長擅殺卑幼及官司差役擅殺應捕罪人，並各律例內載明之外，其餘皆不准牽引。

針對尊長殺死罪犯應死卑幼，刑部的推理邏輯要是，必屬於期親以下有服親屬，才能按例問擬。因此，若為同姓服盡親屬，雖所謂尊卑的名分還存，至死仍應同凡人論處。此外，尊長擅殺應死罪人的規定，只有兩種情形方能適用，一是有服尊長擅殺卑幼，二是官司差役，擅殺應捕罪人。除上述兩種情形外，其餘不能牽引。例文解釋完後，刑部實質如何看待本案？其指出：

> 此案吳德仁既非有服尊長，又非官司差捕，自不得照擅殺應死之例。惟該犯係族中輩分最尊之人，殺死罪犯應死之族婦，若概以凡論，照謀殺問擬，是將激於公忿之族長，而抵罪犯重辟之人，未免情輕法重。該撫既將吳德仁等援謀殺本例，又復量減，分別擬以流徒，亦未允協。查吳德仁雖非有服尊長，吳許氏究係罪犯

應死,且其夫信內本有投族處治之語,其翁生前亦有赴祠告知之事,是該犯等即有應捕之責。衡情酌斷,自應照罪人不拒捕而擅殺之律問擬,以昭平允。應令該撫再行研訊,按律妥擬具題。

案情和律例之間,在刑部的衡酌之下,認為巡撫的問擬定未為允協。從說帖的這段論述來看,顯然為律例向事實的妥協。刑部首先審查尊長擅殺應死罪人的規定,指出吳德仁非有服尊長,亦非官司差捕,所以不能適用尊長擅殺應死卑幼之例。可是念在其為家族裡輩分最高之人,殺死的是有罪的族婦,已具有一定的影響力。如果單純論以凡人,按照謀殺和故殺的律文問擬,是將因公忿而殺應死卑幼的族長,去和重大犯罪的罪人相提並論,從而淪為「情輕法重」的局面。進一步言之,巡撫將吳德仁在謀殺本律量減的問擬並未允協。

綜上所言,刑部再次審看事實,提出應依罪人不拒捕而擅殺之律問擬。理由有二:一是吳德仁雖非有服尊長,惟吳許氏是屬罪犯應死。二是吳許氏丈夫的信內,確實有「投族處治」的用語,況且吳均重亦有生前赴祠告知的行為,結合這兩項要點,刑部認為吳德仁等人有應捕的責任,理應論以罪人不拒捕而擅殺之律。

本件說帖可以看到,律例無規範到身分服制的情狀時,刑部如何論處。就程序來看,第一,端看有無類似的律例和例條,加以援用。其次,解釋律例規定的情狀,即構成要件。最後,套入本案的案情,若案情和律例有出入者,「衡酌情斷」。有時會偏律例面、有時會偏事實面。從上開說帖來看,族長即使無服,惟因地位崇高,刑部仍想盡辦法,依據案件事實,如:信狀告知論罪和赴祠告知惡狀,進而視為尊長。又同樣依據案件事實,推定族長等人對有罪婦附有應捕之責。縝密的邏輯推演,是在這類律例無明文的服制案件說帖裡,刑部依循的模式。[126]

---

[126] 該說帖後還有一份說帖,是嘉慶二十五年(1820),蘇撫題的一起族長推溺同族卑幼的說帖,最後的律例適用加重刑罰,論以斬候。刑部認為,族

《刑案匯覽》在道光十四年（1834）完成，而光緒十二年（1886）的刊本，收錄一起道光十八年（1838）的說帖。[127]同樣為母親將有罪的卑幼，送交族長懲治，律例館官員和四川總督論述的重點，族長是否為例文規範的「疏遠親屬」，內容載：[128]

> 川督諮　羅紹成主使羅九莖等毆傷為匪無服族姪孫羅錫華身死一案。（按：律例略）註云：如有父母者，期親以下親屬，以疏遠論等語。細繹例文，必被殺之卑幼，別無至親服屬，兇犯實係期親以下有服尊長，方可依例擬杖。若兇犯雖係死者有服尊長，而死者尚有至親服屬，猶不得濫引此例。則無服尊長殺死罪犯應死卑幼，更不能強為援引。

律例館官員解釋律註所言「期親以下尊屬，以疏遠論」應當何解。其認為有兩項要件，首先，被殺的卑幼，必須別無至親服屬。其次，兇犯確實為期親以下有服尊長。滿足這兩項要件，方能援引該例。本案的適用情形，說帖接著記載：

> 此案羅紹成向充羅姓祠堂族長，因無服族姪孫羅錫華素行遊蕩為匪，屢經其母彭氏送祠堂並伊訓責。嗣羅錫華又竊熊文炳曬穀被獲，送交羅紹成轉叫彭氏等同到祠堂訓責。彭氏與夫弟羅九莖、羅九發、及長子羅贊華同往斥罵。羅錫華頂撞，並將母彭氏推跌墊傷左臀。羅紹成因其屢教不改，又敢忤逆，喝令羅九莖等用竹片疊毆羅錫華左右臂膊、左右腿因傷處進風，越十八日殞命。羅

長雖無服制，惟具聲望，不能照下級審所提，按疏遠親屬例問擬，顯見族長的威權。見〔清〕祝慶祺編次、鮑書芸參定，《刑案匯覽》，冊6，卷43，〈無服族長活埋忤逆應死族婦〉，頁2733。
[127] 會有這樣的情況，可能為沈家本後輯有《刑案匯覽三編》所致。不過，能一探同為道光年間，相類似案件說帖，刑部的判斷，是好事一樁。
[128] 〔清〕祝慶祺編次、鮑書芸參定，《刑案匯覽》，冊6，卷43，〈母將為匪子送責被族長責斃〉，頁2733-2735。

紹成畏罪，出給銀四十兩，囑令彭氏頂認驗訊擬詳。旋經訪聞，審悉前情。

案件事實和前開族長之案有些許不同。本案的行為人羅紹成自稱羅姓祠堂族長，因無服族姪孫羅錫華為匪遊蕩。其母求好心切，將羅錫華送交羅氏祠堂訓責，惟在一次「竊熊文炳曬穀」的事件裡，羅錫華不堪叔叔羅九莖和母彭氏等人的責罵，出言頂撞，後又推跌彭氏，被「族長」羅紹成喝令疊毆，過十八日，終致斃命。後羅紹成畏罪出錢囑令彭氏頂罪。實非族長和出錢令他人頂罪，兩樣情狀和〈無服族長活埋忤逆應死族婦〉說帖，顯然不同。刑部審視律例和事實情狀，作出判斷：

> 查羅錫華為匪忤逆，推跌伊母致傷，固屬罪犯應死。羅紹成喝令將其毆斃亦由激於公忿。惟係無服尊長，並非有服至親，自不得牽引擅殺應死罪人之例。乃該省以羅紹成喝令毆死羅錫華為擅殺應死罪人，係屬輕罪不議，依行賄兇犯計贓治罪例擬徒，年逾七十，照例收贖，引斷實屬錯誤。至首犯既不得以擅殺應死卑幼科斷，則從犯亦不能依餘人擬杖。而聽從毆打之羅九莖、羅九發、羅贊華三犯，均係羅錫華期親尊長，按兄及叔毆弟姪篤疾，至折傷以下，律得勿論。自應免議。該省將羅九莖等依有服尊長殺死罪犯應死卑幼案內餘人例，各杖九十，亦屬錯誤。罪名均關出入，應請交司駁令，改擬具題。

刑部論處甚為周詳，本案論及三個面向。其一，冒充族長的羅紹成，因無服制，不能援引尊長殺死有罪卑幼之例，進一步適用擅殺應死罪人律的法律效果。其次，畏罪行賄囑令彭氏頂罪方面，不能依行賄兇犯計贓治罪例擬徒，年逾七十，照例收贖。[129]換言之，首犯既不

---
[129] 該例文參「有事以財請求」門第2條例文的規定。本案未論及收贖的彭氏

得以擅殺應死卑幼科斷,從犯亦不能依餘人擬杖,原因係出於本身無服制,無從適用這些律例。

囑令的羅紹成論罪科斷完成,和羅錫華有實質服制的羅九莖等人,應回歸毆期親尊長的律本文論罪。律例館官員判斷,三人均為羅錫華的期親尊長,故按兄及叔毆弟姪篤疾,至折傷以下,律本文規定得勿論,自應免議。[130]該省援引毆期親尊長門第9條例文,引斷錯誤。於是,律例館官員交給十三司駁議,另行具題。下以表格呈現這兩起族長殺死有罪卑幼說帖的要旨與區別。

表4-2-5　族長殺死有罪卑幼相關案件說帖比較

案件名稱	無服族長活埋忤逆應死族婦	母將為匪子送責被族長責斃
提出者	江蘇司	川督
性質	道光十年說帖	道光十八年說帖
使用律例門類	1. 刑律人命之一殺死姦夫例09、10、12 2. 刑律鬪毆下毆期親尊長例09 3. 刑律捕亡之一罪人拒捕律本文	刑律鬪毆下毆期親尊長例09
巡撫判斷	1. 以殺死有罪卑幼必須至親尊長方准照例減等若疏遠親屬起意致死均應照謀故殺卑幼本律定擬 2. 將吳德仁等於謀殺本罪上量減,分別問擬流徒之處,咨請部示等因	1. 將羅紹成依行賄兇犯計贓治罪例擬徒,年逾七十,照例收贖 2. 將羅九莖等依有服尊長殺死罪犯應死卑幼案內餘人例,各杖九十

應論何罪,照脈絡,受賄頂兇者,減正犯罪二等,故彭氏應以此論處。見〔清〕李瀚章等纂,《大清律例彙輯便覽》,冊11,卷31,〈刑律受贓・有事以財請求〉例文2,頁4428。

[130] 參毆期親尊長律本文和第4條例文的規定。見〔清〕李瀚章等纂,《大清律例彙輯便覽》,冊10,卷28,〈刑律鬪毆下・毆期親尊長〉律本文、例文4,頁4056、4061-4062。

第四章 刑部對司法審理的法律推理

案件名稱	無服族長活埋忤逆應死族婦	母將為匪子送責被族長責斃
刑部判斷	1. 吳德仁係族中輩分最尊之人，若概以凡論照謀殺問擬，是將激於公忿之族長而抵罪犯重辟之人，未免情輕法重 2. 吳德仁有應捕之責，衡情酌斷，自應照罪人不拒捕而擅殺之律問擬	1. 無服尊長並非有服至親，自不得牽引擅殺應死罪人之例 2. 首犯既不得以擅殺應死卑幼科斷，則從犯亦不能照餘人擬杖，羅九荃三人犯均係羅錫華期親尊長，按兄及叔毆弟姪篤疾，至折傷以下律，得勿論自應免議
最後適用	應令該撫再行研訊，按律妥擬具題	1. 引斷實屬錯誤 2. 亦屬錯誤，罪名均關出入應請交司駁令改擬具題

說　　明：〈無服族長活埋忤逆應死族婦〉，刑部基於吳德仁係族中輩分最尊之人，若以凡論，照謀殺問擬，有失允協。再從事實面推論，吳德仁有應捕之責，應照罪人不拒捕而擅殺之律論處。〈母將為匪子送責被族長責斃〉顯示無服制者，不能適用尊長減輕之例，照本律問擬，其餘行為人若和死者有服制關係，依本律問擬。

資料來源：〔清〕祝慶祺編次、鮑書芸參定，《刑案匯覽》，冊6，卷43，〈無服族長活埋忤逆應死族婦〉，頁2731-2733。
　　　　　〔清〕祝慶祺編次、鮑書芸參定，《刑案匯覽》，冊6，卷43，〈母將為匪子送責被族長責斃〉，頁2733-2735。

　　質言之，道光十年至十八年間，陝西、浙江、江蘇和四川都發生卑幼被族長致死的案件。由於律例並無明文規範這類型的案件如何論處，以致成為疑難雜案，提交刑部和其底下的律例館審斷。這些說帖仍圍繞在毆期親尊長門第9條例文，尊長殺死有罪卑幼之案的討論。

　　吾人可以得知兩個刑部審斷時，注重的法律推理思考模式：其一，聽從下手之犯定擬方面，主使的尊長毆死「玷辱祖宗、怙惡不悛」的卑幼，下手的卑幼，不能以凡人論，僅在絞罪上減等。其次，從律例構成要件來看，期親尊長殺死罪犯應死卑幼，所謂「應死卑幼」定義很廣，在凌遲斬絞的極刑之下，不需再區分。因此，仍依照

本律例問擬，無從減輕，服制中最輕之緦麻卑幼，也不可實抵。審理的準則，同樣依服制本律定擬後，酌量比照殺姦之例，聲請減流。顯見，刑部或律例館官員，對律例的援用相當謹慎。

　　司法實務方面，道光十年和十八年的說帖，解釋族長和冒充族長，可否以期親尊長論之。〈無服族長活埋忤逆應死族婦〉說帖顯示，族長即使無服制，因地位崇高和具有一定影響力等多重因素，仍視為尊長。從而，自應照罪人不拒捕而擅殺之律問擬。至於冒充無服尊長是屬特殊情況，因無服制，自不能論以毆期親尊長門第9條例文，而和死者具服制關係的尊長，則適用律本文問擬，無法適用第9條所稱「案內餘人」科斷。各種因素交錯考量下，體現刑部在毆期親尊長各類型案件裡，不同的法律推理模式，目的很單純，案關服制、人命為要、衡酌律例、妥適運用，最終達到情法衡平。

第五章　結論

　　本文以《刑案匯覽》為史料，針對毆期親尊長門記載的案件，包含說帖、成案和通行，做類型化的處理，以及刑部法律推理的討論。類型化方面，強調錯誤類型的區分，並以說帖事實描述為標準，指出刑部或律例館官員認為下級審斷案錯誤的地方。法律推理部分，注重各別律、例實際的適用結果，特別是遇到疑難雜案的案情時，刑部如何論處。其衡酌情與法，糾正和建議下級審如何斷案，當中亦可一探刑部堂官、律例館官員以及督撫三者間的司法關係。

　　唐明清三代，毆期親尊長的法律沿革應先解析。唐代「期親尊長」在《名例律》的「八議」和「稱期親祖父母等」條（總52條）定義已相當清楚。而「期親」在《唐律疏議》和實際服制的不同處是，律「升高」原先在服制中地位較低者。以母及祖父母為例，在服制上皆低於父，但在律例上「升同」父。顯見，唐律有意擴大服制的範疇，惟其動機為何？值得另撰文深究。

　　明代「期親尊長」的解釋沿用唐代的定義。不過，「出嫁之姐妹應否、如何適用服制」遂成為明代律文的爭議問題，引起明清的律學家加以探討，眾說紛云。主張保留者，援引《唐律疏議》，指出女子出嫁和男子出繼，皆降本服一等，若有犯是要各依本服，不得以出降，即依輕服之法。認為這是服而罪不降的明文。主張刪除者，指出律雖無降服減罪的文句，不過喪服圖既然置律之首，正是尊卑有犯，降服亦減其罪的表徵。認為不能服大功後，仍論以期親之罪。綜合言之，基於明律延續唐律的脈絡，主張保留者的見解，多被當時的法律制定者接受。

　　時至清代，律和例的劃分更加細緻，律文是基本的綱要；而例是因應不同情狀後，更加具體的規範。《大清律例》毆期親尊長門計有13條例文，每條例文分別規定不同的具體情狀。要言之，第1條和第2

條的規範，延續明律，規定卑幼執刃趕殺期親尊長和期親尊長爭奪弟姪財產官職；第3至最後的第13條例文，可知例文定罪量刑的原則，即不同身分、不同情狀，應以示區別。當律例和司法實務相遇時，有不同的判斷適用，作為司法審判者的刑部，在毆期親尊長的案件裡，嘗試綜合事實和律例，作出適當的審判。

毆期親尊長的13條例文裡，透由《大清律例根原》與《大清律例匯輯便覽》等立法資料，可見當時一些重要的立法議題。道光四年（1824）刑部官員將「期親卑幼聽從尊長，共毆期親尊長、尊屬致死，下手輕傷的卑幼，止科傷罪」的規範編入例裡。然而，道光四年（1824）時任江西道監察御史的萬方雍，對刑部的律例適用提出不同意見，基於案件裡，旗人身分的特殊性以及卑幼聽從尊長下手的無奈，認為應將下手輕傷的卑幼，止科傷罪，隔年亦因此成為定例，纂入例內。

道光十三年（1833），同樣身為江西道監察御史的俞焜，從倫常紀律的角度，主張「卑幼止科傷罪」應刪除。卑幼聽從尊長毆打以次尊長，仍需回歸本律的適用。另外，從《刑案匯覽》記載的道光六至八年（1826-1828）說帖來看，即使道光四年和五年增加「下手輕傷之卑幼，止科傷罪」的規範，仍非一概適用該例新增的部分，若不符例文的構成要件，仍需以「聲明可原情節」聽候夾簽。

本文第三章《刑案匯覽》毆期親尊長門的案件說帖，呈現的情狀多元，筆者亦嘗試將其依照陳述的事實面向，進行刑部糾錯的分類。有三大糾錯的類型，首先為誤傷期親尊長之類，這類型的案件說帖、成案或通行，特性有三：其一，談到「誤」，多會與概念相似的「過失」相較，惟會依據實際案情的不同，肯定或否定原省做出的律例適用和判斷。其次，犯罪之卑幼，犯案後的「自行悔悟」是減刑的一項標準，甚至成為刑部從寬認定的準則。最後，在其中一起案件說帖裡，表現這類糾錯，刑部對成案的尋找以及適用。不過無法解答刑部在無成案援引的情況下，選擇另起案件比較之基準因素。

第二項糾錯類型，為卑幼聽從親屬或他人為之的犯罪，又可分為聽從父母犯罪和同為卑幼、他人的類型。「聽從父母」和「聽從母命」的案件類型，涉及有錯和無錯案件說帖的比較，分析後可以發現，刑部判斷「有無錯誤」的依據，是案件呈現的事實。督撫援引的律例構成要件，即使制定的十分妥適，和事實不符，仍會論以錯誤，進而科以卑幼較重之刑。

至於聽從卑幼或他人共毆的案件類型，在《刑案匯覽》中，刑部最後認定均無錯誤、甚為允協。但是，顯示出刑部重視「成案」的情況，不亞於律例。這類型的案件說帖，多起是以實際案例作為論罪比較的基礎。揭示的原則是，即使是共同犯罪的行為人，涉及不同身分時（有服制和無服制），仍回歸各自本律的刑罰論處，同時卑幼情有可原者，允許另外夾簽聲請。

第三項糾錯類型，與清代家族犯罪裡，論及的「夾簽制度」有相當大的關係。吾人亦可一探夾簽制度的實務運作。這類型的案件，在毆期親尊長門裡，多為卑幼救護父母或親屬，以及犯時有心無心的案件。而刑部斷定錯誤和否決下級審的夾簽聲明標準，是端視是否同時具備「無心干犯和實有可矜」。在道光二年（1822）的一起說帖裡，刑部更開示歷年的審案準則，即：毆死期功尊長之案，應否夾簽，總以是否有心干犯為斷。顯見，「有心干犯」是可否夾簽的一項重要標準，透由這類型的案件說帖分析錯誤之處，得出「無心適傷致斃，情節尚可矜憫，應照例夾簽；有心砍戳斃命，情即無可原，自應照律擬以斬決」的結論。當然，刑部亦要求下級審對卑幼致傷的有心無心，應當敘明清晰。

糾錯類型分析後，再針對刑部的法律推理以及思考模式進行分析，而刑部組織的構成，尚包含律例館之官員，透過說帖，能清楚理解清代司法實務對毆期親尊長門的看法，亦對各類型的案件說帖有一清晰的比較。

延續糾錯的類型，法律推理首先從刑部對律例、定例和成案間

的適用分析之。從尊長傷後平復，以及親屬間的竹銃誤傷類型而論，刑部多數時候認為，這類情形不適用毆期親尊長門第12條「訊非有心干犯」例，而應在火器傷人擬軍罪的基礎上，按照服制加等。又刑部對定例和成案的適用，具有相當程度的以昭畫一。其一，不得援引舊例。換言之，刑部對毆期親尊長條律例的適用是以新例為主。其次，和律例一樣，需檢視其構成要件。因此，在新舊律例、成案或是通行之間的適用，刑部會以事實為基礎，擇取較適用之部分，惟會注意其構成要件是否符合。此為清代刑部在面對毆期親尊長門案件，不論有無錯誤，所秉持的準則。

筆者得出毆期親尊長的錯誤類型以及刑部在糾錯審理內的法律推理外，本文還想提供另一種研究取向。在清末的法律改革裡，毆期親尊長的律例條文如何改變，是增加抑或刪除？從岡田朝太郎（1868-1936）主導編纂的《欽定大清刑律》，到沈家本（1840-1913）主導編纂的《欽定大清現行刑律》，[1] 可得到一些蛛絲馬跡。觀察《大清現行刑律》，原《大清律例》之13條例文刪除，僅剩7條。而原先例文第1條至第5條、第7條均刪除，刪除的例文內容，計有：執有刀刃趕殺、爭奪弟姪財產官職、故殺期親弟妹、有服尊長卑幼之案，依理訓責，卑幼誤傷尊長至死審非逞兇干犯、尊長卑幼爭姦互鬬。[2] 以本文的論述脈絡來看，這些例文實為毆期親尊長門的核心價值。問題是，這些例文何以消失？

其實，從清末刑部收攬的「法律人才」主張，或許可以推測這個問題的答案。法律需要解釋，而解釋的方法因人而異，可能進一步

---

[1] 清末的法律改革討論者很多，茲不贅言。其中黃源盛的論著具有極高的代表性。參考黃源盛，《中國傳統法制與思想》，臺北：五南圖書出版，1998。亦可參黃源盛，《晚清民國刑法春秋》，臺北：梨齋社公司，2018。

[2] 本文採用的《欽定大清現行刑律》版本為宣統二年（1910）印行，海南出版社的故宮珍本叢刊。見故宮博物院編，《欽定大清現行刑律》，海南：海南出版社，2000。此外，《欽定大清現行刑律》亦有點校本，參陳頤點校，《欽定大清現行刑律（點校本）》，北京：北京大學出版社，2017。

導致派別的出現。光緒初年,律學有陝豫派之分,陝派的代表以薛允升為最。[3]而同樣身為《欽定大清現行刑律》編纂者之一的吉同鈞（1854-1934）,在其編纂的《大清律例講義》裡,針對《名例律》「稱期親祖父母」條的中西法進行比較。[4]除延續薛允升對明律的部分解釋外,其在「服制」指出:

> 再者,服制一項,歷代相傳,雖少有變易,而大綱嚴正,乃中華國粹所存。西法諸多精細,惟此從略。《日本刑法》雖有親屬一條,亦與中律諸多不合。如謂高曾祖父母、外祖父母均稱祖父母;繼父母、嫡母均稱父母,庶子、曾元孫、外孫均稱子孫;異父異母之兄弟姐妹,均稱兄弟姐妹云云。夫高曾父母均稱祖父母;繼母、嫡母均稱父母;庶子、曾元孫均稱子孫,此尚與中律不差。[5]

吉同鈞比較中國和《日本刑法》關於期親稱謂的部分,指出大部分和中國法律相去不遠。然而,在外祖父母以及異父母姐妹的議題上,即有顯著差別:

> 若外祖父一項,雖較尋常小功服為重,中律有犯,比之期親已覺尊嚴。若統與本宗祖父母並論,未免無外內之分矣。至於異父異

---

[3] 陝派律學的相關研究,包含提出及其興衰等議題,參〔清〕吉同鈞纂輯、閆曉君整理,《大清律例講義》（北京:知識產權出版社,2018）,〈代序〉,頁001-006。

[4] 吉同鈞的生平簡譜,見〔清〕吉同鈞纂輯、閆曉君整理,《大清律例講義》,〈吉同鈞年譜〉,頁195-252。清末沈家本和伍廷芳（1842-1922）奏請增設法律學堂,即邀吉同鈞為講師,編成《大清律例講義》講授。相關論述參〔清〕吉同鈞纂輯、閆曉君整理,《大清律例講義》,〈代序〉,頁009。

[5] 〔清〕吉同鈞纂輯、閆曉君整理,《大清律例講義》,《名例律》「稱期親祖父母」條,頁63-64。

母之兄弟姐妹,中律大有分別,異母之兄弟姐妹,固可與同胞兄弟姊妹並論。若異父之兄弟姊妹,則系異姓,不同一宗,並無服制。中律雖有犯奸較凡加重之文,然究與同父兄弟〔姊〕妹輕重懸絕,彼則相提並論,不但無內外之別,並無同姓異姓之分矣。再彼法所稱配偶者之兄弟姐妹之子,是即中國之妻也,配偶者之父母之兄弟,是即中國之叔岳也,在中律有親無服,有犯均以凡論,而彼均列親屬之中,亦與中律不合。若以中學論之,殊覺駭人聽聞矣。現在變法,諸傚東律此等恐不易行。因論期親之文而縱言及此仍未脫平日守舊積,恐不值新學高明家一噱也。[6]

引文的內容確實能看出吉同鈞的擔憂。其實吉同鈞最單純的想法,在於服制這項制度,應該體現較高輩分之尊長,以及異姓父兄弟姐妹的處罰有別,以示倫理的秩序。可是現行法和《日本刑法》卻主張相提並論,科處凡論。這樣的立法思想欲被現行法所吸收,「均列親屬之中」,以中學論之,駭人聽聞!因此吉同鈞發出感慨,不容易實行,確有再商榷的必要。不過,在《賊盜門》的「親屬相盜」條,吉同鈞肯定《日本改正刑法》中,該條涉及的「其他親屬告訴乃論」的作法。他說:「雖不如中律以服制之遠近為減罪之層次較為詳細平允,然其敦睦親厚、教人恤族之心則一也。至於親屬因盜殺傷律外,又有總例分斷甚明,足補律所未備。備錄於下,以備研究」,[7]顯見「敦睦親厚、教人恤族之心」是其最重要的關懷。從另一方面來看,如此的身分倫理秩序觀念,其實還存於刑部的立法人才心中。

是以,在新舊法交替和其他國家立法思想下,毆期親尊長的「刑罰因身分不同而有等差」的規範和司法實踐,已經不被立法潮流所接

---

[6] 〔清〕吉同鈞纂輯、閆曉君整理,《大清律例講義》,《名例律》「稱期親祖父母」條,頁64。
[7] 〔清〕吉同鈞纂輯、閆曉君整理,《大清律例講義》,《賊盜律》「親屬相盜」條,頁109-110。

受。即使刑部的法律人才有主張其廢除的不合理處，然實質上已有其他的「替代方案」，足以顯示刑法處罰的形式平等。但吾人也可以省思，傳統身分倫理秩序的親屬立法規範，應還存於現今的法律或社會規範內。

徵引書目

一、文獻史料

十三經注疏整理委員會編,《孝經注疏》,北京:北京大學出版社,2000。

十三經注疏整理委員會編,《儀禮注疏》,北京:北京大學出版社,2000。

十三經注疏整理委員會編,《禮記正義》,北京:北京大學出版社,2000。

〔漢〕班固等,《漢書》,北京:中華書局,1977。

〔唐〕長孫無忌等撰,《唐律疏議》,北京:中華書局,1983。

〔唐〕長孫無忌等撰、劉俊文點校,《唐律疏議箋解》,北京:中華書局,1996。

〔清〕王永彬,《圍爐夜話》,北京:中華書局,2008。

〔清〕吉同鈞纂輯、閆曉君整理,《大清律例講義》,北京:知識產權出版社,2018。

〔清〕吳坤修等撰、郭成偉主編,《大清律例根原》,壹至肆冊,上海:上海辭書出版社,2012。

〔清〕吳壇著、馬建石主編,《大清律例通考校注》,北京:中國政法大學出版社,1992。

〔清〕李瀚章等纂、戴炎輝點校,《大清律例匯輯便覽》,臺北:成文出版社,1975。

〔清〕沈家本著、鄧經元等點校,《歷代刑法考附寄簃文存》,北京:中華書局,1985。

〔清〕段玉裁注,《說文解字注》,上海:上海古籍出版社,1981。

〔清〕祝慶祺編次、鮑書芸參定,《刑案匯覽》,影清光緒12年(1886)刊本,臺北:成文出版社,1968。

〔清〕祝慶祺編次、鮑書芸參定,楊一凡、尤韶華標點,《刑案匯覽全編·刑案匯覽》,北京:法律出版社,2007。

〔清〕趙爾巽等撰,《清史稿》,北京:中華書局,1977。
〔清〕潘德畬等纂,《大清律例按語》,海山仙館藏板,1847。
〔清〕薛允升著、黃靜嘉編校,《讀例存疑重刊本》,臺北:成文出版社,1970。
故宮博物院編,《欽定大清現行刑律》,海南:海南出版社,2000。
陳頤點校,《欽定大清現行刑律(點校本)》,北京:北京大學出版社,2017。

二、檔案資料與官書典籍

中國第一歷史檔案館,《乾隆朝上諭檔》,北京:檔案出版社,1991。
中國第一歷史檔案館,《嘉慶道光兩朝上諭檔》,桂林:廣西師範大學出版社,2000。
〔清〕巴泰等修,《清實錄・世祖章皇帝實錄》,北京:中華書局,1985。
〔清〕鄂爾泰等修,《清實錄・世宗憲皇帝實錄》,北京:中華書局,1983。
〔清〕慶桂等修,《清實錄・高宗純皇帝實錄》,北京:中華書局,1986。
〔清〕曹振鏞等修,《清實錄・仁宗睿皇帝實錄》,北京:中華書局,1986。
〔清〕文慶等修,《清實錄・宣宗成皇帝實錄》,北京:中華書局,1986。
〔清〕托津等撰,《欽定大清會典・嘉慶朝》,《近代中國史料叢刊・三編》,第64輯,第631-640冊,臺北:文海出版社,1991。
〔清〕托津等撰,《欽定大清會典事例・嘉慶朝》,《近代中國史料叢刊・三編》,第65-70輯,第641-700冊,臺北:文海出版社,1991。
〔清〕崑岡等修,《大清會典事例・光緒朝》,《續修四庫全書》,第794冊,上海:上海古籍出版社,1997。
〔清〕崑岡等修,《欽定大清會典事例・光緒朝》,《續修四庫全書》,第798-814冊,上海:上海古籍出版社,1997。
《清代宮中檔奏摺及軍機處檔摺件資料庫》,臺北,國立故宮博物院。

三、專書著作

丁凌華，《中國喪服制度史》，上海：上海人民出版社，2000。
丁凌華，《五服制度與傳統法律》，北京：北京商務印書館，2013。
山本英史等編，《中国近世法制史料読解ハンドブック》，東京：東洋文庫，2019。
王志強，《法律多元視角下的清代國家法》，北京：北京大學出版社，2003。
王信杰，《元代刑罰制度研究—以五刑體系為中心》，新北市：花木蘭文化出版社，2016。
那思陸，《清代中央司法審判制度》，臺北：文史哲出版社，1992。
那思陸，《清代州縣衙門審判制度》，北京：中國政法大學出版社，2006。
亞圖‧考夫曼（Arthur Kaufmann）著、吳從周譯，《類推與「事物本質」：兼論類型理論》，臺北：學林事業有限公司，2016。
林山田，《刑法通論》上下冊，臺北：元照出版，2008。
林鈺雄，《新刑法總則》，臺北：元照出版，2021。
邱澎生，《當法律遇上經濟—明清中國的商業法律》，臺北：五南圖書出版股份有限公司，2008。
胡旭晟，《解釋性的法史學》，北京：中國政法大學出版社，2005。
胡興東，《中國古代判例法運作機制研究—以元朝和清朝為比較的考察》，北京：北京大學出版社，2010。
范忠信，《中國法律傳統的基本精神》，濟南：山東人民出版社，2001。
徐淵，《《儀禮‧喪服》服敘變除圖釋》，北京：中華書局，2017。
張伯元主編，《法律文獻整理與研究》，北京：北京大學出版社，2005。
莊吉發，《清代奏摺制度》，臺北：國立故宮博物院，1979。
陳惠馨，《清代法制新探（修訂第二版）》，臺北：五南圖書出版，2014。
鹿智鈞，《根本與世僕：清朝旗人的法律地位》，臺北：秀威資訊，2017。

傅宗懋，《清制論文集（上）（下）》，臺北：臺灣商務印書館，1977。
黃源盛，《中國法史導論》，臺北：犁齋社，2016。
黃源盛，《中國傳統法制與思想》，臺北：五南圖書出版，1998。
劉怡君，《援經入律—《唐律疏議》立法樞軸與詮釋進路》，臺北：萬卷樓圖書，2022。
鄧聲國，《清代五服文獻概論》，北京：北京大學出版社，2005。
鄭秦，《清代法律制度研究》，北京：中國政法大學出版社，2000。
賴惠敏，《但問旗民：清代的法律與社會》，臺北：五南圖書出版，2005。
賴惠敏，《乾隆皇帝的荷包》，北京：中華書局，2016。
瞿同祖，《中國法律與中國社會》，北京：中華書局，1981。
魏道明，《清代家族內的罪與刑》，北京：社會科學文獻出版社。
蘇亦工，《明清律典與條例（修訂版）》，北京：商務印書館，2020。
顧元，《服制命案、干分嫁娶與清代衡平司法》，北京：法律出版社，2018。
黃源盛，《晚清民國刑法春秋》，臺北：犁齋社公司，2018。
〔日〕桑原騭藏著、宋念慈譯，《中國之孝道（再版）》，臺北：中華書局，2019。
〔日〕桑原騭藏，《桑原騭藏全集第三卷・支那法制史論叢》，東京：岩波書店，1968。
〔日〕高橋芳郎，《宋―清身分法の研究》，札幌：北海道大學圖書刊行會，2001。
〔日〕高橋芳郎著、李冰逆譯，《宋至清代身分法研究》，上海：上海古籍出版社，2015。
〔日〕滋賀秀三等著、王亞新譯，《明清時期的民事審判與民間契約》，北京：法律出版社，1998。
〔美〕史蒂文・J・伯頓著、張志銘等譯，《法律和法律推理導論》（北京：中國政法大學出版社，1998。
〔美〕布迪與莫里斯著、朱勇譯，《中華帝國的法律》，南京：江蘇人民出版社，1995。
〔英〕馬若斐著、陳煜譯，《傳統中國法的精神》，北京：中國政法大

出版社,2013。

四、中文期刊論文與論文集論文

小口彥太,〈清代中國刑事審判中成案的法源性〉,收入寺田浩明主編,《中國法制史考證・丙編第四卷・日本學者考證中國法制史重要成果選譯・明清卷》,北京:北京中國社會科學出版社,2003,頁285-307。

王小丹,〈淺析清代子孫違犯教令罪——以《刑案匯覽》為中心〉,《經濟師》,252,山西,2011.4,頁86-87。

王小丹,〈清代丈夫懲戒權研究——從《刑案匯覽》中看理與法容忍的家庭暴力〉,《理論界》,463,湖北,2012.4,頁82-84。

王小丹,〈清代越訴案件多元樣態之解構——以《刑案匯覽》為中心〉,《黑河學刊》,199,黑龍江,2014.2,頁105-108。

王忠春、張分田,〈從清代「親親」的懲戒權問題看皇權之「尊尊」——以《刑案匯覽》為主要視角〉,《歷史教學》,555,天津,2008.5,頁44-49。

王泰升,〈論清朝地方衙門審案機制的運作——以《淡新檔案》為中心〉,《中央研究院歷史語言研究所集刊》,第86本第2分,臺北,2015.6,頁421-469。

白陽,〈清代錯案追責制度運行中的困境及原因探析〉,《浙江社會科學》,271,浙江,2019.7,頁48-55、156。

白陽,〈優禮與管控之間:清代錯案責任「雙軌制」之形成及其原因探析〉,《交大法學》,33:3,上海,2020.7,頁71-85。

石泉,〈清代「強盜」案中主從犯歸責標準及啟示——以《刑案匯覽》中「孫倡讀」案為例進行分析〉,《保山學院學報》,39:1,雲南,2020.2,頁98-102。

佐立治人,〈《清明集》的「法意」與「人情」——由訴訟當事人進行法律解釋的痕跡〉,收入楊一凡、寺田浩明主編,《日本學者中國法制史論著選・宋遼金元卷》,北京:中華書局,2016,頁353-385。

呂姝潔,〈關於清代「有錯必糾」刑事司法原則的分析〉,《前沿》,391,內蒙古,2016.5,頁54-60。

宋偉哲,〈清代越獄犯罪的分析與啟示——以《刑案匯覽》為例〉,《犯罪研究》,252,上海,2016.4,頁18-25。

李明,〈清代刑部與「成案集」的整理〉,《法制史研究》,37(臺北,2020.12),頁297-321。

李杰,〈《刑案匯覽》中的法律適用研究〉,《臨沂大學學報》,山東,39:1,2017.2,頁135-144。

李鳳鳴,〈清代重案中的成案適用——以《刑案匯覽》為中心〉,《北京大學學報(哲學社會科學版)》,57:2,北京,2020.3,頁147-157。

狄君宏,〈論《孝慈錄》之改制與影響〉,《臺大中文學報》,56,臺北,2017.3,頁95-150。

周磊,〈淺析清代的存留養親制度——以《刑案匯覽》八十一個案例為藍本〉,《知識經濟》,181,重慶,2011.4,頁32。

林志堅,〈清代比附援引新探〉,《江蘇警官學院學報》,江蘇,27:1,2012.7,頁97-105。

林智隆、陳鈺祥,〈前事不忘・後事之師——清代粵洋海盜問題的檢討(1810-1885)〉,《美和技術學院學報》,28:1,彰化,2009.3,頁121-142。

邰婧,〈從《刑案匯覽》看清朝鹽政中的緝私——從道光年間報司有名巡役殺死拒捕鹽匪案說起〉,《法制與社會》,25,雲南,2007.1,頁218-219。

邱澎生,〈以法為名:訟師與幕友對明清法律秩序的衝擊〉,《新史學》,15:4,臺北,2004.12,頁93-147。

邱澎生,〈由唐律「輕重相舉」看十九世紀清代刑部說帖的「比附重輕」〉,《法制史研究》,19,臺北,2011.6,頁115-147。

邱澎生,〈真相大白?明清刑案中的法律推理〉,收入熊秉真主編,《讓證據說話(中國篇)》,臺北:麥田出版,2001,頁135-198。

邱澎生,〈淺析《刑案匯覽》的知識史〉,《中研院歷史語言研究所法律史研究室2004年第九次研讀會》,頁1-10。

姚志偉,〈清代刑事審判中的依法判決問題研究——以《刑案匯覽》的誣告案件為基礎〉,《社科縱橫》,22:12,甘肅,2007.12,頁58-60。

柯耀程,〈限制三審上訴之規範檢討——評釋字第七五二號解釋〉,《月旦法學雜誌》,271,臺北,2017.12,頁147-154。

祖偉，〈論清律「子孫違犯教令」的定罪與量刑〉，《法制與經濟》，237，廣西，2017.3，頁167-168、171。
袁松、閆文博，〈清代刑部議駁案件制度的糾錯功能探析〉，《南開法律評論》，第10輯，天津，2015.12，頁57-67。
張小也，〈從「自理」到「憲律」：對清代「民法」與「民事訴訟」的考察：以《刑案匯覽》中的墳山爭訟為中心〉，《學術月刊》，38：8，上海，2006.8，頁139-147。
梁弘孟，〈尊長權與貞節的衝突——以刑案匯覽中「子婦拒姦殺傷伊翁」類案件為例〉，《國立中正大學法學集刊》，50，嘉義，2016.1，頁53-112。
梁弘孟，〈共犯關係下的「準服制以論罪」——以《刑案匯覽》「聽從尊長殺害以次尊長」類案件為例〉，《法制史研究》，39，臺北，2022.12，頁101-148。
陳小潔，〈中國傳統司法判例情理表達的方式——以《刑案匯覽》中裁判依據的選取為視角〉，《政法論壇》，33：3，北京，2015.5，頁114-124。
陳昌見，〈從《刑案匯覽》探析嘉道年間的私鹽案〉，《賀州學院學報》，廣西，35：4，2019.12，頁30-33。
陳登武，〈再論白居易「百道判」——以法律推理為中心〉，《臺灣師大歷史學報》，45，臺北，2011，6，頁41-72。
陳新宇，〈比附援引：罰當其罪還是「罪」當其罰？從兩個具體案例入手〉，《清華法學》，2，北京，2003.11，頁335-341。
陳新宇，〈清代的法律方法論——以《刑案彙覽三編》為中心的論證〉，《法制史研究》，6，臺北，2004.12，頁99-133。
陳新宇，〈規則與情理——「刺馬」案的法律適用研究〉，《清華法學》，22，北京，2009.7，頁116-120。
程實，〈重新審視清律中的不行之造意者——對中法史共同犯罪理論的反思〉，《法制史研究》，38，臺北，2021.12，頁289-322。
賀文潔，〈論案外因素之於古代法官的比附援引實踐——以《刑案匯覽三編》為中心〉，《法制與社會》，85，雲南，2009.5，頁145-146。
黃源盛，〈古今之間——唐律與台灣刑法中關於「錯誤」的規範及其法理〉，《政大法學評論》，126，臺北，2012.4，頁1-56。

楊曄，〈法外施仁的背後：以清代「存留養親」論傳統法特質之原理〉，《研究生法學》，34：3，湖北，2019.6，頁10-20。
熊謀林、劉任，〈大清帝國的贖刑：基於《刑案匯覽》的實證研究〉，《法學》，469，上海，2019.6，頁100-121。
管偉，〈試論清代司法實踐中比附適用的類比方法——以《刑案匯覽三編》為例〉，《法律方法》，9，上海，2009.10，頁305-312。
管偉，〈論中國傳統司法官比附援引實踐中的思維特色——以《刑案匯覽》為例〉，《法律方法》，7，上海，2008.4，頁267-275。
趙晶，〈論中村茂夫的東洋法制史研究〉，《法制史研究》，臺北，36，2019.12，頁275-304。
劉志勇，〈清代刑部對「因公科斂」案件的處理——以《刑案匯覽》收錄案件為例〉，《貴州社會科學》，226，貴州，2008.10，頁117-123。
劉佳惠，〈清代不孝罪述評——以《刑案匯覽》有關案例為依據〉，《湖北經濟學院學報（人文社會科學版）》，13：6，湖北，2016.6，頁94-97。
劉怡君，〈《儀禮》對《唐律疏議》的影響——以「親屬名分」諸問題為探討核心〉，《中央大學人文學報》，55，桃園，2013.7，頁147-189。
劉馨珺，〈高橋芳郎著，《宋——清身分法の研究》〉，《法制史研究》，4，臺北，2003.12，頁197-206。
劉馨珺，〈論宋代獄訟中「情理法」的運用〉，《法制史研究》，3，臺北，2002.12，頁95-137。
鄭定，〈不可能的任務：晚清冤獄之淵藪——以楊乃武小白菜案初審官劉錫彤為中心的分析〉，《法學家》，89，北京，2005.4，頁46-55。
魏曉立，〈從刑部和督撫之爭論清代刑部駁案制度——以《刑案匯覽·鹽法》商巡案件為中心〉，《鹽業史研究》，113，四川，2015.12，頁22-27。
邊芸，〈文武之道：從夾簽制度看乾隆朝前期治國之策的轉變〉，《青海民族研究》，33：1，青海，2022.3，頁170-175。
邊芸，〈清代刑事審判中的「兩請」與「夾簽」〉，《青海社會科學》，2020：1，青海，2020.1，頁193-194。
顧元，〈名分攸關與夾簽聲請——清代服制命案中的嚴格責任與衡平裁斷〉，《法制史研究》，31，臺北，2017.7，頁31-80。

五、中文學位論文

李燕,〈清代審判糾錯機制研究〉,北京:中國政法大學博士學位論文,2008.3。

邊芸,〈清代服制命案中的夾簽制度研究〉,青海:青海師範大學博士學位論文,2020.11。

六、日文期刊論文與論文集論文

〔日〕岡野誠,〈唐律疏議における「例」字の用法(下)〉,《明治大學社會科學研究所紀要》,37:2(東京,1999.3),頁135-147。

〔日〕岡野誠,〈唐律疏議における「例」字の用法(上)〉,《明治大學社會科學研究所紀要》,33:1(東京,1994.10),頁55-64。

〔日〕小口彥太,〈清代中國の刑事裁判にぉける成案の法源性〉,《東洋史研究》,45:2,京都,1986.9,頁267-289。

〔日〕小口彥太,〈清朝時代の裁判にぉける成案の役割について—刑案匯覽をもとにして〉,《早稻田法學》,57:3,東京,1982.7,頁345-378。

〔日〕中村茂夫,〈清代の刑案:《刑案匯覽》を主として〉,收入滋賀秀三編,《中国法制史:基本資料の研究》,東京:東京大學出版會,1993,頁715-737。

〔日〕中村茂夫,〈清朝の刑法における過失〉,收入氏著,《清代刑法研究》,東京,東京大学出版会,1973,頁17-149。

史地傳記類　PC1145　國立臺灣師範大學歷史學系研究叢書05

清代司法實務中的錯誤
——以《刑案匯覽·毆期親尊長》為中心

作　　者 / 王學倫
責任編輯 / 孟人玉、吳霽恆
圖文排版 / 黃莉珊
封面設計 / 嚴若綾

發 行 人 / 宋政坤
法律顧問 / 毛國樑　律師
出　　版 / 國立臺灣師範大學歷史學系、秀威資訊科技股份有限公司
印製發行 / 秀威資訊科技股份有限公司
　　　　　114台北市內湖區瑞光路76巷65號1樓
　　　　　電話：+886-2-2796-3638　傳真：+886-2-2796-1377
　　　　　http://www.showwe.com.tw
劃撥帳號 / 19563868　戶名：秀威資訊科技股份有限公司
　　　　　讀者服務信箱：service@showwe.com.tw
展售門市 / 國家書店（松江門市）
　　　　　104台北市中山區松江路209號1樓
　　　　　電話：+886-2-2518-0207　傳真：+886-2-2518-0778
網路訂購 / 秀威網路書店：https://store.showwe.tw
　　　　　國家網路書店：https://www.govbooks.com.tw

2024年11月　BOD一版
定價：360元
版權所有　翻印必究
本書如有缺頁、破損或裝訂錯誤，請寄回更換

Copyright©2024 by Showwe Information Co., Ltd.
Printed in Taiwan
All Rights Reserved

國家圖書館出版品預行編目

清代司法實務中的錯誤：以《刑案匯覽.毆期親尊長》為中心/王學倫著. -- 一版. -- 臺北市：秀威資訊科技股份有限公司, 2024.11
　　面；　公分. -- (史地傳記類；PC1145)(國立臺灣師範大學歷史學系研究叢書；5)
BOD版
ISBN 978-626-7511-20-6(平裝)

1.CST: 中國法制史 2.CST: 司法制度 3.CST: 清代

580.927　　　　　　　　　　　　　　　113013896